Les Faisans des îles

Du même auteur
dans la même collection

La Quatrième Durango (n° 171)
Crépuscule chez Mac (n° 276)
Traîtrise ! (n° 317)
Voodoo, Ltd (n° 318)

dans la collection Rivages/Thriller

Les Faisans des îles
La Quatrième Durango
Crépuscule chez Mac
Voodoo, Ltd

Ross Thomas

Les Faisans des îles

Traduit de l'américain
par Jean-Patrick Manchette

Collection dirigée
par François Guérif

rivages/noir

Titre original : *Out on the Rim*

106, boulevard Saint-Germain - 75006 Paris

ISBN : 2-86930-526-5
ISSN : 0764-7786

Les trois survivants de l'embuscade sur la plage de sable noir étaient le sous-lieutenant d'infanterie de dix-neuf ans, le guérillero d'un mètre soixante, et le volumineux infirmier militaire, quelque peu cinglé, qui pendant la semaine suivante avait perdu plus de sept kilos à force de suer, de jeûner et de délirer.

Pourtant ce fut Hovey Profette, l'infirmier de l'Arkansas, qui repéra le premier les deux fusiliers impériaux dans la vallée en contrebas, comme ils émergeaient lentement d'un bouquet de cocotiers négligés. L'infirmier eut un chuchotement rauque et pressant :

– Flingue ces petits enculés !

Booth Stallings, sous-lieutenant d'infanterie et chef putatif de la patrouille de reconnaissance depuis l'embuscade, s'aplatit entre les deux rochers noirs recuits par le soleil. Après avoir écarté ce qui semblait être six douzaines de mouches, les yeux étrécis dans la brume de l'après-midi, il observa les deux silhouettes en uniforme moutarde. Les fusiliers impériaux s'étaient tous deux immobilisés et examinaient vivement les alentours, l'air inquiet comme des hommes de pointe qui soupçonnent qu'on va leur tirer dessus.

– Je dirai que le second de ces petits enculés fait au moins un mètre quatre-vingt-dix, peut-être même quatre-vingt-quinze, dit Stallings.

– Fusiliers marins impériaux, chuchota le guérillero. Ils ont une taille minimum obligatoire.

Pour la quatrième fois ce jour-là, la terrible rage de l'infirmier explosa sans avertissement. Elle afflua comme une vague brillante dans son énorme cou, ses oreilles bizarrement petites devinrent couleur de rouge à lèvres et son visage se crispa en un nœud de colère rose et gras – un nœud qu'on ne pourrait peut-être jamais défaire, pensa Booth Stallings.

– Tu vas même pas essayer de les descendre, hein, lieutenant Lachiasse ? dit l'infirmier dans un murmure suffisamment chargé de menace pour devenir meurtrier.

Booth Stallings fit non de la tête en continuant d'observer les deux fusiliers impériaux qui à présent progressaient lentement à travers la clairière jadis plantée de maïs.

– Ce sont des éclaireurs, Hovey, dit-il en s'efforçant de répondre d'un ton raisonnable. Ils ont au moins une section derrière eux. Peut-être un peloton. Peut-être même une compagnie.

– Probablement une compagnie, dit le guérillero avec cet accent du Kansas, plat et presque détimbré, acquis auprès d'une dame célibataire thomasienne qui avait pris pied sur ces rivages en 1901 et passé les quarante années suivantes à apprendre à des petits garçons à la peau brune à parler et écrire l'anglais d'Amérique comme on le parlait et l'écrivait là-bas à Emporia.

Hovey Profette, toujours cramoisi et bouillant de fureur, négligea le guérillero et tendit la main droite vers le fusil de Stallings, seule arme à feu de la communauté.

– Donne-moi le flingue, réclama-t-il. Je vais descendre ces enculés.

De nouveau Stallings fit non de la tête, tâchant d'exprimer un regret qu'il n'éprouvait pas :

– Il n'y a pas de mire, Hovey. Le maquisard mort à qui je l'ai pris a dû arracher le cran de mire et le jeter. Les maquisards croient qu'une mire est un pur emmerdement ; pas vrai, Al ?

Alejandro Espiritu, le guérillero d'un mètre soixante, sourit poliment :

– Dans mon pays, c'est une vieille et très vivace tradition militaire.

– Tu sais ce que t'es, Stallings, mon lieutenant ? fit l'infirmier d'une voix presque trop forte, le visage bien trop rouge. Tu n'es que... qu'un énorme tas de chiasse, voilà.

Hovey Profette plongea sur le Garand, l'arracha facilement à Stallings, se cala la crosse contre l'épaule droite, et il visait le long du canon sans mire quand la lame du bolo du guérillero trancha presque la moitié de son très gros cou.

L'infirmier fit un bruit, mi-soupir mi-aspiration, et s'effondra sur le fusil muet. Suivit un gargouillis qui parut à Stallings durer une éternité mais qui prit fin en quelques secondes. Quand ce fut terminé, Hovey Profette, infirmier d'infanterie et objecteur de conscience raté, gisait mort sur la butte de roches volcaniques tropicales, dotée d'un côté de fusiliers marins impériaux, et de l'autre d'une jolie vue sur la mer des Camotes.

Stallings arracha le Garand sans mire de sous le cadavre. Sans se soucier d'essuyer le sang, il ôta la sûreté et braqua le fusil sur le guérillero accroupi qui ne réagit pas et continua d'enlever le sang de Profette du bolo avec une poignée d'herbe à singe.

– Merde, pourquoi ne l'as-tu pas juste un peu piqué ? demanda violemment Stallings.

Le guérillero Espiritu examina soigneusement le bolo de soixante centimètres avant de le rengainer dans son étui de bois artisanal.

– Il aurait pu crier, dit-il enfin, et il indiqua du menton la vallée où une longue file de fusiliers impériaux progressait à présent vivement à travers la clairière. Au moins une compagnie, ajouta-t-il. Juste comme on pensait tous les deux.

Booth Stallings porta son regard sur les fusiliers impériaux japonais qui se hâtaient, puis sur l'infirmier américain mort, puis de nouveau sur le guérillero philippin. Il lui vint à l'esprit que c'était le deuxième Philippin qu'il en était venu à bien connaître, le premier ayant été Edmundo quelque chose, de San Diego, qui apparaissait chaque printemps comme un rouge-gorge près de l'école puis du lycée de Stallings, envoyé par les gens du Yo-yo Duncan pour faire la démonstration de leur produit. Edmundo pouvait faire faire n'importe quoi à un yo-yo, et durant trois printemps de son enfance, Booth Stallings avait pris un nombre limité de leçons particulières au prix exorbitant de cinquante *cents* l'heure, jusqu'à ce qu'atteignant treize ans, il eût découvert la masturbation, les Lucky Strike et les filles, à peu près dans cet ordre.

– Et qu'est-ce qu'on va raconter au major, bon Dieu ? demanda Stallings.

Le guérillero de vingt-deux ans parut peser la question avec soin.

– Nous – toi et moi – dirons au major Crouch que notre camarade mort est tombé bravement en défendant l'arrière-garde. (Il fit une pause pour contempler pensivement le corps de Profette.) Les cochons sauvages l'auront mangé d'ici demain matin.

Pendant une douzaine de secondes, Booth Stallings regarda fixement le guérillero toujours accroupi avec une expression figée qui ne marquait pas d'accord. Car durant ces douze secondes, Stallings avait trébuché sur ce qui était pour lui un credo neuf et réconfortant, une espèce de vision miraculeuse, avec ablation bien nette des impératifs moraux et qui le laissait non seulement réconforté, mais aussi plus sagace et plus âgé. Beaucoup plus âgé. Au moins vingt-six ans.

Conservant son expression figée et oublieux de la sueur qui dégoulinait dessus, Stallings parla avec sa nouvelle voix froide et adulte :

– Tu as tout un tas d'élastiques dans la tête, hein, Al ? Je veux dire, tu peux les étirer et embobiner dedans à peu près tout ce que tu veux.

– Je crois, dit Alejandro Espiritu qui faillit sourire, se ravisa et reprit : je crois que nous devrions proposer pour ce pauvre Profette une décoration, l'étoile de bronze, ou d'argent peut-être ?

Booth Stallings contempla le corps de l'infirmier (et quaker déchu).

– Qu'est-ce que ça fout ? Proposons-le pour la DSC.

1

A trois heures de l'après-midi ils convoquèrent Booth Stallings, l'expert en terrorisme, dans la bibliothèque de l'immeuble de sept étages de la fondation, juste à l'est de Dupont Circle, sur Massachusetts Avenue, et ils le sacquèrent autour d'un verre de Xérès espagnol très convenable. C'était les ides de mars, qui tombaient un samedi en 1986, et exactement deux mois après le soixantième anniversaire de Booth Stallings.

Le renvoi fut exécuté, sans aucune répugnance visible, par Douglas House, trente-cinq ans, directeur exécutif de la fondation. House fit ça poliment, bien sûr, sans nulle trace d'acrimonie, et avec à peu près l'expression d'autant de regret qu'il aurait pu mettre s'il avait appelé la messagerie du *Washington Post* afin d'interrompre la distribution du journal à son domicile pour cause d'absence.

C'est le président de la fondation, Frank Tomguy, cinquante et un ans, qui se chargea des éloges et consolations de pure forme, arborant un air d'excuse et même de déférence et l'un de ses complets trois-pièces à onze cents dollars. Tomguy épilogua encore et encore sur de sévères restrictions budgétaires, puis aborda la qualité du travail de Booth Stallings, qui avait été brillante, il le jurait. Sans conteste. Absolument, totalement brillante.

Tomguy ayant fini ce massage, Douglas House parla argent. Il y aurait trois mois d'indemnités salariales à dater de la notification, et la fondation continuerait pendant six mois de payer les cotisations d'assurance maladie de Stallings. Il ne fut pas question de retraite car l'expert en terrorisme ne travaillait pour la fondation que depuis dix-huit mois, bien que ce fût trois mois de plus que n'avait duré aucun de ses autres emplois.

Tandis que la parlote formaliste continuait, Stallings s'en désintéressa et laissa errer son regard sur la bibliothèque lambrissée de noyer, vraisemblablement pour la dernière fois. Il finit par remarquer le silence qui se prolongeait. A présent qu'ils t'ont si joliment emballé et si élégamment complimenté, tu es censé dire quelque chose de convenable. Aussi dit-il la seule chose qui lui vint à l'esprit :

– J'ai vécu ici, vous savez ?

Ce n'était pas ce que Douglas House attendait et il changea de position malaisément dans son fauteuil de cuir à oreillettes, comme s'il craignait que Stallings se lançât dans des adieux sentimentaux, voire bêlants. Mais Tomguy, le président, parut comprendre mieux. Il sourit et posa la question évidente :

– C'est-à-dire quoi, « ici », Booth ?

– Ici même, dit Stallings avec un petit geste circulaire. Avant que la fondation construise cet immeuble – en combien ? soixante-douze ? –, il y avait une grande demeure ancienne de quatre étages en grès rouge qu'on avait divisée en appartements pendant la guerre. (Il jeta un coup d'œil à Douglas House.) La Seconde Guerre mondiale. (House hocha la tête.) J'ai loué le logement numéro un du troisième étage en février soixante et un, poursuivit Stallings. En partie parce que ça me permettait d'aller à pied à mon travail et en partie à cause de l'adresse – 1776, Massachusetts Avenue. (Ses lèvres s'étirèrent en ce qui pouvait être un petit sourire, ou non.) Une adresse de patriote.

Tomguy s'éclaircit la gorge.

– C'est à la Maison Blanche que vous alliez à pied à ce moment-là, n'est-ce pas, Booth ? Et vous reveniez d'Afrique ou quelque chose comme ça ?

– Je venais de rentrer de Stanleyville et j'allais à pied à l'ancien Bureau exécutif, qui ne faisait pas partie de la Maison Blanche, et n'en fait toujours pas partie [1].

– Une période excitante, fit Douglas House dans la seule intention apparente de dire quelque chose.

Stallings toisa brièvement House, sans lui en vouloir d'avoir eu dix ans en 1961.

– C'est de l'histoire ancienne, dit-il, et il revint à Tomguy. Que devient mon rapport sur l'Angola ?

1. Pour le lecteur américain, ce dialogue implique clairement que Booth Stallings était alors conseiller de la présidence pendant le mandat de John F. Kennedy. (N.d.T.)

Tomguy avait un visage rose, carré et trop honnête et des cheveux blonds grisonnants et clairsemés dont, avec raison, il ne cherchait pas à dissimuler la rareté. Derrière ses verres à double foyer sans monture, son regard humide et brun, légèrement exophtalmique, considérait la perfidie de ce monde comme s'il en était sans cesse stupéfait. Tout de même c'était une figure faite pour inspirer confiance, allons donc, avec son menton en marche d'escalier, sa bouche en tirelire (mais charnue) et un agressif nez romain qui était au total rassurant. Un parfait visage de banquier, songea Stallings, si seulement il pouvait bien feindre, ce qu'il paraissait incapable de faire.

La question du rapport sur l'Angola fit se tourner Tomguy vers le directeur exécutif, à la recherche d'un soutien. Avec un léger sourire qui pouvait signifier n'importe quoi, Douglas House contempla posément Stallings qui se prépara aux inévitables faux-fuyants.

– Nous l'avons fait lire à des gens de là-haut, fit House toujours souriant, ses yeux gris pleins d'indifférence.

– Ah bon ? (Stallings lui rendit son sourire.) Quels gens ? Les gars de Georgetown ? Les types d'ici ? Peut-être quelques gamins de Langley ? Est-ce que tout le monde a adoré ?

– Tout le monde a trouvé qu'on pourrait le restructurer un peu.

– C'est-à-dire qu'ils veulent bien que je qualifie Savimbi de brillant, pourvu que je ne le traite pas de brillant truand ex-maoïste. Ce qu'il est, et ils le savent foutre bien.

Tomguy, le conciliateur cauteleux, émit des sons apaisants :

– La publication est toujours prévue pour cet été, Booth. Ce sera notre texte majeur.

– Mais restructuré.
– Avec des coupes, dit House.
– Alors enlevez ma signature. (Stallings haussa les épaules et se leva. De nouveau il jeta un dernier regard à l'élégante bibliothèque.) Merci pour le verre.
Tomguy se dressa vivement, tendant la main droite. Stallings la serra sans hésiter.
– Désolé que ça n'ait pas pu tourner autrement, Booth.
– Vous êtes désolé ? dit Stallings. Pas moi.
Il adressa un signe de tête à Douglas House toujours assis, se détourna et gagna la porte, sa haute silhouette dégingandée marchant d'un petit galop glissé. Il avait un chaume de cheveux gris courts et en désordre qui lui enserrait le crâne comme une vieille casquette. Au-dessous, il offrait au monde un visage si raviné et tanné que beaucoup de gens s'y reprenaient à deux fois pour le regarder, ne sachant s'il était affreux ou beau et, découvrant qu'il n'était ni l'un ni l'autre, le jugeaient spécial.
Après le départ de Booth Stallings, Tomguy regarda en silence House se lever, gagner le téléphone et taper de mémoire un numéro de la ville. On décrocha dès la première sonnerie.
– C'est fait, dit House au téléphone. Il vient de partir. (House écouta une question ou un commentaire.) Bien, fit-il et il raccrocha et se tourna vers Tomguy : ils sont tous, je cite, extrêmement reconnaissants, déclara-t-il.
Tomguy hocha la tête, le visage rogue.
– Bordel de merde, dit-il, ils ont intérêt !

* * *

Booth Stallings, assis sur son banc favori à l'extrémité nord de Dupont Circle, sirota un gorgeon de

Smirnoff de quatre-vingts degrés issu d'un flacon dissimulé dans le traditionnel sac en papier brun. A un banc de distance, une jolie jeune maman lui jeta à nouveau un regard anxieux et se hâta de fourrer ses jumeaux de dix-huit mois dans leur poussette spéciale ultra-sophistiquée où ils allaient se trouver face à face pour rentrer à la maison.

Stallings tenta un sourire rassurant qui fut un échec manifeste car la mère lui lança derechef un regard noir, empoigna la poussette et se hâta de s'éloigner. Le jumeau assis dans le sens de la marche se mit à hurler. L'autre babilla joyeusement et agita la main à l'adresse de Stallings qui lui porta un toast avec sa flasque de vodka. Il prit un nouveau gorgeon et fourra le flacon dans une poche de la veste de daim vieille de huit ans qu'il avait eue pour pas cher à Istanbul.

C'est alors que Stallings remarqua l'heure et le temps qu'il faisait. C'était devenu frisquet et c'était presque le crépuscule, d'où la question de savoir quoi faire du samedi soir qui s'étirait devant lui comme une tranche d'infini.

Le choix était limité. Stallings pouvait passer la soirée seul avec un livre ou une bouteille dans son appartement sous-loué de Connecticut Avenue, en face du zoo, ou bien il pouvait surgir sans invitation, sans prévenir, et éventuellement sans être accueilli avec plaisir, soit chez sa fille de Georgetown, soit chez son autre fille qui habitait à Cleveland Park.

A Georgetown le dîner serait sans doute plus élaboré mais les convives (au moins six invités un samedi soir) passeraient la soirée à faire des pronostics sur la course à la présidence de 1988, tirant leurs augures et présages des mêmes entrailles imprimées que chacun d'eux aurait examinées pendant la semaine dans le *Post* et le *Times* et autres lectures qu'ils avaient.

Booth Stallings, enfant de la Grande Dépression, ne s'était jamais vraiment beaucoup soucié de l'identité du président depuis la mort de Roosevelt. Il n'avait voté qu'une fois et cela remontait à 1948, donnant alors allègrement sa voix, à vingt-deux ans, à Henry Agard Wallace [1]. Chaque fois qu'il y repensait à présent, c'est-à-dire bien rarement, il se félicitait de cet emballement juvénile.

Stallings prit un ultime trait de sa vodka, se leva du banc et partit à la recherche d'un téléphone public, ayant décidé d'appeler sa fille de Cleveland Park. Il trouva un rang de téléphones près du Peoples Drugstore, sur la courbe sud-ouest de Dupont Circle. Utilisant l'unique appareil qui ne fût pas démoli, il appela Lydia, trente-trois ans, qui avait épousé Howard Mott peu avant que celui-ci ne quitte le ministère de la Justice, en 1980, pour se spécialiser dans la défense d'opulents criminels en col blanc. Mott aimait à qualifier sa pratique d'activité en pleine croissance. Après deux années de lent démarrage, Mott s'était mis à devenir lui-même opulent.

– Qu'y a-t-il pour dîner ? demanda Stallings quand sa fille de Cleveland Park décrocha.

Lydia Mott eut un hoquet de surprise.

– Oh mon Dieu, tout le monde est au courant !

– De quoi ?

– On t'a viré. T'es déjà ivre ?

– Pas encore, et « tout le monde » veut dire Joanna, hein ?

Joanna était la fille de Stallings, celle de Georgetown, trente-cinq ans. Elle avait épousé l'héritier d'une chaîne de stations-service que sa fortune et

1. Candidat « progressiste », taxé de communisme par ses adversaires (N.d.T.)

ses appuis politiques avaient doté d'un poste dans les sphères supérieures du Département d'État. Stallings, intérieurement, surnommait parfois son gendre Neal l'Ignorantin.

– Elle a téléphoné trois fois, dit Lydia Mott.

– Pourquoi ?

– Parce qu'elle a arrangé un projet de dîner pour toi. Il s'agit d'un boulot et le type voudrait dîner avec toi vers sept heures et demie dans la salle Montpelier du Madison et, doux Jésus ! ça va lui coûter chaud, non ?

– Lydia, fit Stallings avec patience, il s'agit de qui ?

– Ah oui. Question pertinente. Eh bien, c'est un certain Harry Crites.

– Le poète.

– Poète ?

– On le publie.

– Ouais, mais qu'est-ce qu'il *fait ?*

Stallings hésita.

– Je ne suis pas très sûr. Plus très sûr.

– Ah bon. Ce genre. Eh bien, tu veux que j'appelle Joanna pour qu'elle lui dise quand il rappelle que tu le retrouves là-bas à sept heures et demie ?

Stallings hésita de nouveau, jaugeant le profit d'un samedi soir passé en compagnie de Harry Crites. La réflexion se poursuivit jusqu'à ce que sa fille impatientée lui dise :

– Eh bien ?

– Pardon, dit Stallings. Je tentais seulement une analyse syntaxique de ta dernière phrase. Mais d'accord. Appelle Joanna et dis-lui oui.

– Écoute papa, fit sa fille après un bref silence. Si tu ne veux pas manger avec le poète, pourquoi ne pas venir chez nous ? Il y a du ragoût d'agneau et Howie racontera des histoires vécues obscènes.

– Quel asile et quel réconfort tu m'offres ! en attendant la maladie d'Alzheimer.

– Ça veut dire non merci, hein ? Bon. Pourquoi ils t'ont viré ?

Stallings entreprit de hausser les épaules et renonça en se rendant compte qu'elle ne pouvait le voir.

– Restrictions budgétaires, selon eux.

– *Budgétaires ?* Avec tous leurs millions ?

– Je t'appellerai, dit Stallings.

– Demain.

– Bon. Demain.

Booth Stallings raccrocha le téléphone public, traversa jusqu'aux vitrines éclairées du drugstore et utilisa le reflet pour examiner ce qu'il portait : la vieille veste de daim d'Istanbul ; la cravate noire et marron trop large qu'il se rappelait avoir achetée à Bologne ; une chemise brun clair de chez Marks & Spencer de Londres qu'il considérait comme sa « mille kilomètres » depuis qu'il avait entendu un VRP chevronné désigner ainsi une chemise analogue ; et le pantalon de flanelle grise qu'il ne se rappelait plus avoir acheté, mais dont les grands plis creux suggéraient qu'il n'avait pas été acquis aux États-Unis. Quant aux chaussures, Stallings savait sans les regarder qu'il portait ce qu'il portait toujours : des mocassins marron bon marché à talon plat qu'il achetait par demi-douzaines, éliminant chaque paire quand elle était usée.

Tout de même, c'était un attirail qui lui permettrait d'entrer au Madison. Et c'était certes adéquat pour dîner avec Harry Crites qui, la première fois que Stallings l'avait rencontré, voici vingt-cinq ans, portait un complet bleu usé, aux coudes luisants et au fond de pantalon étincelant. Trente minutes plus tard, Crites lui avait emprunté trente-cinq dollars pour régler une mensualité d'accession à la propriété qui avait quatre semaines de retard.

En se retournant pour chercher un taxi en maraude, Stallings tâcha de se rappeler si Harry Crites lui avait jamais rendu les trente-cinq dollars, et estima finalement que non.

2

Booth Stallings, assis dans le hall du Madison Hotel près de deux Saoudiens à l'air maussade, attendait Harry Crites qui avait déjà dix-neuf minutes de retard. Mais Crites avait toujours été en retard, même au début des années soixante quand il surgissait dans une réunion un quart d'heure après le début, avec un grand sourire joyeux, un inévitable cigare King Edward, et étreignant une chemise de documents irrémédiablement mélangés. Sur ce, il désarmait tout le monde, même les maniaques de la ponctualité, en lançant contre lui-même une blague tordue qui les faisait tous pouffer.

Après la mort de Kennedy, en 1963, Harry Crites avait démissionné de ce qu'il continua toujours d'appeler, avec une certaine inexactitude, « ma tâche à la Maison Blanche » et était passé à la Défense, où il ne se plut pas du tout, et de là au Département d'État où il se trouva un strapontin dans le suspect Programme de sécurité publique de l'Agence pour le développement international. Cette AID envoya Crites en mission dans sept ou huit pays en voie de développement d'où revinrent des rumeurs à propos de certains accords financiers qu'il avait passés avec divers souverains, présidents à vie et premiers ministres. Mais Stallings ne s'en était jamais beaucoup soucié.

D'ailleurs, c'est vers cette époque – en 1965 – que Stallings, sa femme et leurs deux petites filles, confortablement installés sur la bourse de vingt mille dollars fournie par une fondation, avaient quitté Washington pour Rome où Booth devait continuer son étude du terrorisme.

Les sept ou huit années suivantes, Booth Stallings ne repassa par Washington et parfois New York que lorsqu'il était obligé de soutirer des fonds supplémentaires à des fondations généralement peu compréhensives. Et de temps en temps il tombait sur Harry Crites à tel ou tel inévitable cocktail ou soirée d'ambassadeurs.

Le temps passant, le complet bleu élimé de Harry Crites, le cigare King Edward et la vieille Ford Fairlane aux ailes mangées de rouille n'étaient plus que de lointains souvenirs. Les costumes venaient de chez J. Press, les cigares sentaient le havane et la voiture était une conduite intérieure Mercedes beige, pas le modèle le plus cher, mais pas non plus le diesel.

Lors de ces rencontres épisodiques, Harry Crites et Booth Stallings ne se disaient jamais guère plus que bonjour et comment ça va, quoique Crites ne donnât ni n'attendît jamais de réponse ou presque, car il y avait toujours d'autres personnes à qui il voulait parler beaucoup plus qu'à Stallings, et en général il était déjà en train de leur faire signe et de leur sourire.

Une fois cependant il n'y avait personne – du moins personne d'intéressant – et Harry Crites lui avait dit qu'il avait quitté le ministère et faisait maintenant du travail de liaison, ce qui signifiait qu'il proposait des influences, comme on disait encore, ce que plus tard on appela plus pudiquement des entrées. Stallings s'était parfois demandé à la solde de qui pouvait être Crites, et ses conclusions l'avaient déprimé comme rarement.

* * *

Harry Crites avait vingt-deux minutes de retard quand la force de frappe entra dans le Madison et balaya le hall de son regard standard, rapide, pas vraiment distrait, passant fugitivement sur Booth Stallings, s'attardant un instant sur les deux Saoudiens, comptant le personnel et repérant les issues. Après quoi la force de frappe tira légèrement sur le lobe de son oreille, comme pour vérifier la présence de son petit anneau d'or.

Booth Stallings décida aussitôt que c'était une des trois femmes les plus frappantes qu'il eût jamais vues. A cause de son immense aplomb il lui donna environ trente-deux ou trente-trois ans. Mais il savait qu'il pouvait se tromper de cinq ans dans un sens ou dans l'autre à cause de sa façon de se mouvoir comme une jeune athlète qui a encore huit bonnes années de carrière devant soi.

Elle faisait au moins un mètre quatre-vingts et n'était pas tout à fait aussi svelte que sa haute taille la faisait paraître. Elle n'avait pas de sac et portait un pantalon de sport en gabardine crème et une veste noire taillée dans quelque matière charbonneuse, assez courte pour lui donner l'air encore plus grande, mais assez vaste pour dissimuler l'automatique qu'elle portait, Stallings en était certain.

Elle avait une épaisse chevelure d'un brun rougeoyant où le roux étincelait. La coupe simple et courte paraissait parfaite, et donnait aussi l'impression que, pour paraître ainsi, la jeune dame n'avait rien d'autre à faire que se peigner avec les doigts.

Stallings soupçonnait que rien de parfait n'est aussi facile. La chevelure brun-roux encadrait un visage à peu près ovale dont les traits semblaient avoir été placés exactement où il fallait – sauf le front, qui était un peu haut. Les yeux étaient verts, sans que Stallings pût décider s'ils étaient vert d'eau ou vert émeraude. Mais comme elle avait l'air coûteux, il conclut finalement à un vert dollar.

Quelques secondes après qu'elle se fut pincé le lobe de l'oreille gauche, Harry Crites fit son entrée, arborant un cigare à neuf dollars et un pardessus en poil de chameau à mille. Il portait le pardessus flottant sur les épaules, tout à fait comme un riche poète, si ça existe, ce dont Stallings doutait.

La femme hocha la tête à l'adresse de Crites. Ce fut un hochement neutre qui pouvait vouloir dire bonsoir ou pas de danger. Crites s'arrêta. La femme lui ôta le pardessus des épaules sans la moindre servilité. Stallings se demanda combien coûtaient ses services et ce qu'ils incluaient. Le pardessus sur le bras gauche, la femme se détourna et sortit de l'hôtel par la porte donnant sur la 15e Rue.

Quand Harry Crites aperçut son invité il étrécit ses yeux bleus qui scintillèrent, supposa Stallings, derrière des verres de contact. La large bouche de plaisantin, plus pâle d'un ton ou deux qu'une bande de caoutchouc rouge, s'étira en un sourire ravi, découvrant quelques dents remarquablement blanches que Stallings savait recouvertes de jaquettes. S'étant rappelé que Crites, quand il lui avait emprunté en 1961 ces trente-cinq dollars toujours pas remboursés, avait vingt-sept ans, Stalling fixa son âge actuel à cinquante-deux ans.

Se levant lentement, Booth Stallings tendit la main droite. Crites la saisit entre les deux siennes et pompa tout en parlant à travers son énorme cigare et autour.

– Nom d'un chien, Booth, ça fait trop de bon Dieu d'années.

– Quatorze, dit Stallings qui possédait ce genre de mémoire. Le 17 juin 1972.

Crites ôta son cigare de sa bouche, feuilleta son propre almanach mental et fit aller ses yeux de côté et d'autre, singeant la panique :

– Le casse du Watergate. Seigneur ! je ne t'y ai pas vu.

Stallings ne put réprimer un petit sourire.

– Le vingt-et-unième anniversaire de ma fille Joanna. C'est celle à qui tu as parlé aujourd'hui – celle qui a épousé le secrétaire ignorantin du Département d'État.

– Neal Hineline, dit Crites en hochant gravement la tête. Un grand cerveau du quatorzième siècle. Fiable. (Il fronça les sourcils.) Mais je ne me rappelle pas l'anniversaire de Joanna.

– Parce que tu n'y étais pas. Tu entrais dans ce truc chichiteux qui a fermé et a failli devenir un McDonald's. Le, euh...

– *Sans Souci.*

– C'est ça. Et j'allais avec Joanna à son déjeuner d'anniversaire au Mayflower et tu m'as regardé sans me voir.

Crites effleura son œil droit avec son doigt.

– C'était avant que je trouve le remède miracle pour vaniteux. Verres de contact. Maintenant si tu as fini de me traîner dans la merde, dînons.

– Ton amie va se joindre à nous ?

Crites jeta un coup d'œil par-dessus son épaule dans la direction où la grande femme était partie, puis regarda Stallings avec un faible sourire.

– Ce n'est pas exactement une amie.

– Alors mangeons, dit Booth Stallings.

Harry Crites eut droit à une excellente place, sur la banquette du coin nord-est de la salle Montpelier presque vide. Lui et Stallings burent d'abord un verre, Perrier et bitter pour Crites, vodka avec glaçons pour Stallings. Ils commandèrent tous les deux une salade et le veau, et une double portion de haricots verts primeurs extra qui, le serveur en jurait, avaient été cueillis le matin même dans le comté de Loudoun (Virginie), bien que Stallings soupçonnât que c'était la veille près d'Oxnard (Californie). Ensuite, Harry Crites commanda le vin, ce qui exigea un grave colloque de cinq minutes avec le *sommelier.*

Après avoir commandé le vin, Harry Crites prit ses aises, sirota son verre, et examina Stallings comme si c'était encore une chose qu'il serait formidablement avantageux d'acheter bien que la provenance en fût douteuse.

Stallings le toisa en retour, modérément déçu que Crites eût si bien vieilli. Il avait juste un peu de graisse au niveau de la taille, encore que le veston bien coupé aidât très bien à la dissimuler. Le menton du visage rond n'était pas encore double. Excellente couleur aussi, guère de couperose, et l'expression bien maîtrisée continuait de marquer tantôt la gaieté, tantôt une gaieté accrue.

Quelques rides de plus, bien sûr, mais apparemment aucune qui provienne du souci. Les cheveux demeuraient châtain clair, un ou deux tons au-dessous de la vraie blondeur, et il en restait tout à fait assez. Seule manquait la jeunesse. Elle s'était enfuie – avec ses deux copines jumelles, la spontanéité et la légèreté désinvolte. Restait un homme dans la force de l'âge, prudent sinon tout à fait précautionneux, manifestement prospère, et qui projetait toujours de devenir riche.

– Alors ils t'ont lourdé, dit Harry Crites sans y mettre de point d'interrogation.

– Ah bon ?

– On est à Washington, Booth, fit Crites en haussant les épaules. Où penses-tu atterrir ?

– Aucune idée.

– Ça t'intéresse, un coup ponctuel ?

– Pourquoi moi ?

– Tu es l'unique source possible.

– C'est-à-dire que je peux prendre très cher.

– Très-très.

– Bon, dit Stallings. D'abord je mange ; ensuite j'écoute.

Après le veau, qui se révéla spécialement bon, Stallings et Crites commandèrent une grande cafetière, laissant tomber le dessert et refusant un cognac recommandé par le serveur. Après deux gorgées de café, Booth Stallings reposa sa tasse et sourit à Crites.

– Est-ce pas bizarre, quand même ?

– Quoi donc ?

– Je suis viré à trois heures et à huit heures et quart je suis assis au Madison, à manger du veau à vingt-six dollars et à t'écouter m'offrir un coup ponctuel en tant que source unique. La manip vient de qui ? De la fondation ?

Crites poursuivit l'allumage de son cigare d'après-dîner, prenant son temps, jouissant manifestement du rituel. Après plusieurs bouffées il considéra le cigare avec tendresse. Quand il parla, ce fut davantage à son cigare qu'à Stallings :

– Si je disais que ça vient de moi, tu penserais que je me vante. Si je disais que ça ne vient pas de moi, tu penserais que je mens. Alors je vais te laisser penser ce que tu veux.

– Alors j'écoute, dit Stallings. L'offre.

– Les Philippines.
– Tiens donc.
– Tu as été là-bas.
– Pas récemment.
– Il y a longtemps, dit Crites. Pendant la guerre.
– Oui. Il y a longtemps.
– Nous, c'est-à-dire certaines personnes à qui je suis lié...
– Qui ça ? coupa Stallings.
– Laisse-moi parler, Booth, tu veux ? Quand je baratine j'aime garder le rythme. (Stallings haussa les épaules.) Eh bien, reprit Crites, ces personnes voudraient que tu y retournes.
– Pour faire quoi ?
– Rencontrer un homme.
– Qui ?
– Un type qui a lu ton espèce de bouquin, celui qui a été si applaudi.
– Je n'ai écrit qu'un seul livre, Harry.
– Ouais. *Anatomie de la terreur.* Je l'ai lu. En partie, en tout cas. Mais notre type l'a lu en entier et est très, très impressionné. On pourrait dire que c'est un fan.
– Et que ferais-je, si je le rencontrais ?
– Tu le convaincrais de redescendre du maquis.
– Comment ?
– Nous irons jusqu'à cinq millions de dollars américains mis en banque à Hong-Kong.
– Il s'appelle comment ? Aguinaldo ?
– Qui est Aguinaldo ?
– Un type qui a quitté le maquis pour un tas d'argent il y a longtemps et qui est allé à Hong-Kong.
– Jamais entendu parler de lui, dit Crites. Qu'est-il arrivé ?
– On l'a doublé.

– Et puis ?
– Il est retourné aux Philippines et s'est changé soit en terroriste imbécile, soit en héros révolutionnaire, les opinions divergent.
– Ça se passait quand, tout ça ?
Stallings fronça les sourcils, le regard lointain, comme s'il essayait de se rappeler exactement.
– Il y a environ quatre-vingt dix ans. Dans ces eaux-là.
– Ne va pas chercher des comparaisons historiques, dit Crites.
– Pourquoi ? C'est utile.
– Pas cette fois. Notre gars est prêt à traiter, mais nous avons besoin d'une meilleure approche ; d'un garant. Toi.
– Moi.
– Il te connaît.
– Par mon livre, tu veux dire ? fit Stallings, essayant de ne pas anticiper la réponse de Crites.
– Pas seulement par ton livre. Personnellement.
– Il a un nom ?
– Alejandro Espiritu. Tu le connais vraiment, non ?
– On s'est rencontrés, dit Booth Stallings.

3

Dans la demi-heure qui suivit, Stallings et Crites burent trois tasses de café et discutèrent de la révolution de février aux Philippines, récente et pas tout à fait pacifique. Ils évoquèrent l'exil de Ferdinand Marcos à Hawaï ; les chaussures d'Imelda ; l'état d'effondrement de l'économie philippine ; les désastreux cours du sucre sur le marché mondial ; l'avenir de Mme Aquino comme présidente (précaire, estimaient-ils tous deux) ; et la somme (était-ce quatre milliards de dollars, ou bien huit ?) que Marcos s'était débrouillé pour emporter dans ses poches. Ayant constaté qu'ils n'en savaient guère plus, l'un et l'autre, que ce qu'ils avaient lu, ou vu à la télévision, ils revinrent à Alejandro Espiritu.

– A quel point l'as-tu connu ? demanda Crites.

– Assez bien.

– Comment était-il, à l'époque ?

– Petit. Environ un mètre soixante.

– Allons, Booth.

– D'accord. Il était malin. Peut-être même très intelligent. A peu près vingt-deux ou vingt-trois ans et déjà un dur. Et relativement arrangeant – pour un maquisard.

– C'était un de ces guérilleros communistes, hein ? ceux qu'on appelait les Huks.

– Les Huks étaient surtout dans le Nord, à Luçon. Nous étions en bas, dans le Sud. Cebu et Negros. La plupart du temps, à Cebu.

– Ça voulait dire quoi, au fait, Huk ? J'oublie.

– *Hukbong bayan laban sa Hapon,* dit Stallings, content de se rappeler encore le tagalog. Ça signifie à peu près « armée populaire de lutte antijaponaise ». On abrégeait en Hukbalahapa et ça s'est finalement raccourci en Huks pour que ça tienne dans les manchettes de journaux. Puis Lansdale s'est amené, dans les années cinquante, et a aidé Magsaysay à les écrabouiller. Tu te rappelles le général Lansdale, hein, le fouet de l'Orient ?

Crites négligea la question et dit :

– Maintenant ils s'intitulent la NPA – Nouvelle Armée Populaire.

– C'est pas la même bande. La plupart des Huks survivants sont devenus mercenaires et briseurs de grèves.

– Tu es sûr ?

– Bon sang, Harry, si c'étaient toujours les mêmes gars, ce seraient des guérilleros très usagés et cacochymes qui se baladeraient dans ces montagnes en haletant.

– Mais la NPA est aussi rouge qu'une rose.

– Et alors ? fit Stallings en haussant les épaules.

– As-tu jamais parlé politique avec Espiritu ?

– J'avais dix-neuf ans. Mon boulot était de tuer des gens, pas de parler de dialectique.

– Laisse-moi te dire ce qu'Espiritu est pour la NPA, dit Crites qui tira sur son cigare, inhala une petite portion de la fumée puis la souffla intégralement (mais pas sur Stallings). C'est leur archevêque séculier. Leur grand mamamouchi. Leur oracle. Leur grand lama. Leur gardien de la flamme sacrée et inextinguible. Certains prétendent qu'il est même allé à Moscou.

– Moscou, fit Stallings. Nom d'un petit bonhomme.

– Écoute, Booth. Si Espiritu descend du maquis et s'exile à Hong-Kong, mes amis estiment qu'il y a neuf chances sur dix pour que Mme Aquino puisse passer un accord avec la NPA et rester présidente.

Stallings étudia l'expression de Harry Crites, cherchant le stratagème ou le mensonge, mais il ne vit que la conviction inattaquable et la voracité normale d'un vendeur émérite.

– Avec un ou deux ministres communistes pour faire joli, hein ?

– Et pourquoi pas, bon sang ?

– Parce qu'alors tout serait fini pour la NPA, Harry. Capitulation. Reddition. Défaite. Et pour quoi ? Pour qu'ils puissent redescendre crever de faim dans les barrios ? Ils peuvent faire ça dans la montagne. Écoute. Si la NPA passe un accord avec

Aquino, ils ne gagneront rien et ils auront perdu ce qu'ils avaient de puissance. Ça ne marche pas comme ça. Pas aux Philippines. Ni en Afghanistan. Ni au Salvador ou au Liban. Ni au Pérou. Ni au Pays Basque ou en Irlande du Nord. Nulle part.

Crites éteignit son cigare dans le cendrier, prenant son temps, tapotant soigneusement jusqu'à l'extinction totale de toute étincelle. Quand il releva les yeux, il avait une expression d'où toute amitié avait disparu. Les yeux bleus s'étaient retirés et glacés et la large bouche de plaisantin était passée de la gaieté à la morosité. Stallings se rendit compte avec un léger étonnement que le salopard ne l'aimait pas – il n'était pas étonné de la chose elle-même, mais plutôt d'en être surpris.

– Ils disent que c'est toi l'expert, dit Crites sans chercher à dissimuler son incrédulité. Ils disent ça. Tous. Mais mes amis sont prêts à parier cinq millions de dollars que tu te trompes.

– Avec cinq millions, la NPA pourrait s'acheter un sacré tas de M 16 et d'AK 47 et d'Uzi, peut-être suffisamment pour ramener la loi martiale.

– Mes amis estiment que cinq millions ne suffisent qu'à acheter un seul mec.

– Et c'est qui, tes amis, bordel, Harry ?

– Des amis généreux, qui d'autre ?

– Je crois que ce sont les petits canards.

Le givre fondit soudain dans les yeux de Crites et le sourire malin réapparut :

– Les petits canards de Langley, tu veux dire ?

– Tu cacardes tout à fait comme eux, fit Stallings en hochant la tête.

– C'est pas des canards, dit Crites.

– Alors qui ?

– Suppose qu'il y ait un groupe de gens, déclara Crites avec lenteur et prudence, appelons ça un consortium, qui ait déjà investi un milliard environ aux Philippines. Et que ce consortium espère toujours faire un bénéfice sur son investissement, ou obtenir un résultat blanc, ou peut-être juste réduire un peu ses pertes. Mais pour ça, son seul espoir est un gouvernement stable.

Crites fit une pause comme s'il attendait un encouragement. Stallings lui fit un signe de tête impatienté pour qu'il continue.

– Bon. Donc, si ce consortium dépense encore cinq millions, soit peut-être un demi pour cent de ce qui est déjà englouti là-bas, eh bien, il aura une chance de s'en tirer. Voilà la chose, Booth. Toute la pièce montée. La stabilité au lieu du désordre. Quelques années de paix et de tranquillité. Et mes amis sont disposés à dépenser quelques dollars pour ça.

– Et pour acheter le principal casse-pied.

– Lui offrir une retraite dorée.

– Vous allez l'acheter, Harry, et tu veux que je porte le pognon.

– Ce n'est pas moi qui veux. C'est lui. Espiritu. Comme les neuf dixièmes de la planète, il n'a guère de confiance ni d'affection pour les Américains. On se demande pourquoi, vu qu'on est si formidables. Mais il causera avec son vieux copain du temps de la guerre. Ce qui signifie que tu seras notre garant, notre certificat, et que tu le convaincras que l'affaire est vraiment saine. Ensuite il peut prendre sa retraite à Hong-Kong, dépenser son blé et regarder les chinetoques prendre les choses en main.

– Donc il est déjà un peu partant, non ? dit Stallings. Sinon, on ne serait pas en train de causer, toi et moi.

– Il est accroché.

Il y eut un long silence pendant que Stallings traçait un soigneux quadrillage sur la nappe avec les dents de sa fourchette à dessert inutilisée. Les traits formèrent une hutte nipa des Philippines. Un sourire de triomphe imminent se forma doucement sur le visage de Harry Crites.

– Eh bien ? dit-il et il poursuivit sans attendre de réponse : tu marches, non, Booth ?

Booth Stallings leva lentement les yeux de son croquis.

– Je veux dix pour cent.

Le sourire victorieux de Crites s'évanouit et sa bouche forma un petit O choqué. Ses yeux s'élargirent sous l'effet de ce que Stallings estima être de la pure horreur. La fureur fut également indéniable dans le murmure qui suivit :

– Tu veux un demi-million de dollars ?

– Je suis l'unique source, Harry. (Stallings sourit.) Et je peux demander beaucoup.

Le silence qui suivit fut utilisé à se dévisager. Stallings avait l'air amusé ; Crites semblait assez proche de la rage. Puis cette rage, si c'était cela, disparut soudain, remplacée par ce que Stallings considéra comme une assurance inquiétante et totale. Crites saisit l'addition. Il l'examina, et quand il parla, son ton était neutre et du genre comptable :

– Tu paieras tes frais, d'accord ?

– Certes, dit Stallings.

– Alors commençons tout de suite, fit Crites qui jeta l'addition sur le croquis de la hutte nipa, sur la nappe.

* * *

Après avoir quitté la salle Montpelier, Booth Stallings ayant été délesté de cent vingt-six dollars, ils traversèrent le hall en direction de la porte donnant sur la 15e Rue où la grande femme attendait, le pardessus en poil de chameau sur le bras gauche, tout à fait prête, de l'avis de Stallings, à bondir et tuer. Il la désigna d'un signe de tête :

– C'est pour quoi, la bonne d'enfant ?

Ils en étaient encore à quatre ou cinq mètres quand Stallings chuchota sa question et Crites ne répondit pas tout de suite. D'abord il lui fallut se retourner afin que la femme pût lui placer le pardessus sur les épaules, comme une cape.

Après quoi il dut incliner la tête pour toiser longuement Stallings. Ensuite seulement Harry Crites sourit et répondit :

– A cause des ennemis, dit-il. Bien évidemment.

Sans attendre de commentaire ni même de salutations, Crites se détourna et mit les voiles, franchissant la porte de la 15e Rue, le pardessus en poil de chameau déferlant autour de lui. La grande femme aux yeux vert dollar regarda Stallings, hocha pour soi comme si elle avait confirmation d'une hypothèse préexistante, fit un sourire affable, dit « Bonsoir » et sortit à la suite de Harry Crites.

4

A 23 h 08 ce soir-là, Booth Stallings attendait sous un vieil orme de la rue P. de Georgetown, extrémité sud, en face de la maison à deux étages, couleur vanille avec des volets noirs. Il attendit que le dernier couple d'invités eût descendu les cinq marches entourées de fer forgé et se fût dirigé vers l'ouest, vers sa voiture.

Quand les invités furent à vingt-cinq mètres, Stallings traversa, monta les marches et sonna, produisant en fait un bourdonnement sonore. Il entendit des pas sur le parquet de l'entrée derrière la porte. Le bruit de pas cessa mais la porte ne s'ouvrit pas. Stallings s'y attendait. En revanche, derrière la porte, un homme à la voix de baryton fit « Oui », parvenant à ce que ce ne fût ni une question ni une réponse.

– C'est votre beau-père, monsieur le Secrétaire, déclara Stallings à l'homme aux aguets derrière la porte, qui était ou bien second assistant du sous-secrétaire d'État, ou bien second adjoint de l'assistant au secrétariat d'État, deux titres que Stallings ne s'était jamais soucié de démêler.

– Seigneur, Booth, il est plus de onze heures, dit Neal Hineline derrière la porte toujours close. Tu es à jeun ?

– Presque.

La porte s'ouvrit et Stallings pénétra dans un hall d'entrée dont le parquet ancien grinçait élégamment. Un escalier remarquable s'incurvait en direction du premier étage. Le gendre de Stallings se tenait – ou prenait la pose – devant le pilastre de cet escalier. C'était un si bel homme que Stallings trouvait difficile de croire qu'il était aussi obtus qu'il semblait. Difficile, mais pas impossible.

Parfois il espérait que c'était entièrement feint et que, sous les cheveux blonds ondulés et derrière les yeux de chiot perplexe, se trouvait un cerveau magnifique, très occupé à former toute espèce d'élégantes manœuvres de politique étrangère. Stallings se disait quelquefois que c'était là un de ses ultimes fantasmes.

– Joanna est là à côté, déclara Hineline en désignant la double porte coulissante du salon, vieille de cent cinquante ans, et qui avait été sculptée par le même artisan que le pilastre de l'escalier.

– C'est à toi que j'ai besoin de parler, Neal.
– A moi ?
– A toi.
– Oh. Oui. Bien sûr. (La main droite de Hineline se dirigea automatiquement vers la poche intérieure de sa veste de tweed gris.) Désolé pour la fondation, Booth. Combien...
– Pas d'argent, fit Stallings en réprimant un soupir. Quelques conseils.
La main de Hineline interrompit son lent trajet en direction de la poche intérieure où se trouvait sans doute son chéquier.
– Quelques conseils, dit-il.
Stallings hocha la tête.
– Tu as vu ton monsieur Crites ? demanda Hineline. Celui qui a appelé Joanna ?
– Je l'ai vu.
– Eh bien, alors, si tu entrais un instant dire bonsoir à Joanna et puis tu viens dans mon bureau pour qu'on puisse parler.

* * *

Joanna Hineline était plus jolie que feu sa mère et, avec son mètre soixante-douze, plus grande de cinq centimètres. Mais il demeurait une ressemblance surnaturelle qui troublait toujours Stallings jusqu'au moment où sa fille ouvrait la bouche. Après ça il n'y avait plus de ressemblance du tout.
Elle se retourna, souriant – mais seulement un peu – comme Stallings entrait dans le salon qui était long et étroit et contenait beaucoup des antiquités françaises qu'elle avait commencé de collectionner après son mariage avec Neal Hineline qui lui en avait donné les moyens financiers.
Son léger sourire n'exprimait pas la bienvenue mais l'amusement, comme si une bizarrerie inatten-

due venait d'apparaître. C'était peut-être bien le cas, pensa Stallings. Comme toujours la ressemblance déroutante avec sa défunte femme s'évanouit quand sa fille ouvrit la bouche :

– Tu as l'air bien en train pour une statistique du chômage – ou doit-on dire maintenant un demandeur d'emploi ?

– Je ne suis ni l'un ni l'autre.

– Tu as déjà trouvé autre chose ? (Joanna Hineline exprima son incrédulité en levant le sourcil gauche à une hauteur presque stupéfiante, exactement comme faisait jadis la femme de Stallings lorsqu'elle voulait faire savoir à un interlocuteur qu'il avait dit une chose ridicule, imbécile ou niaise. Après que Stallings eut haussé les épaules et répondu que peut-être, Joanna Hineline poursuivit.) Alors ce dîner avec ton ami a été fructueux ?

– Ce n'est pas exactement un ami.

Elle hocha la tête, comme si elle s'attendait à ça.

– Tu pourrais dire ça de presque tout le monde, non ? « Ce n'est pas exactement un ami. »

– Presque, dit Stallings.

– Eh bien, parle-moi de ton nouveau boulot. Ça paie bien ?

– Demande à Neal. Si le ministère veut que ça se répande partout, il te le dira. Mais il considérera sans doute que ce n'est pas tes affaires.

– Dans cette improbable hypothèse, il me suffira de le faire parler plus tard. Au lit.

– Ça lui plaira, déclara Stallings qui se détourna et se dirigea vers la petite pièce du rez-de-chaussée, sur les arrières, que Neal Hineline aimait appeler son bureau.

* * *

La pièce donnait au sud. Des portes-fenêtres surplombaient un jardin minuscule que la nuit rendait invisible. Mais Stallings savait qu'avec ce printemps précoce un beau buisson d'azalées pouvait y être en fleurs. Le bureau s'enorgueillissait aussi d'un mur de photos et d'un mur de livres – surtout de l'histoire, des biographies et des polémiques. Il y avait une vieille table de travail finement taillée dans du beau cerisier noir. Le meuble était en face des portes-fenêtres. Neal Hineline était assis derrière, l'air important, beau et bienfaisant.

Stallings, à présent assis dans un fauteuil club en cuir, croisa les jambes et demanda :

– Jusqu'à quel point veux-tu vraiment que je t'informe ?

Hineline fronça les sourcils, voulant avoir l'air pensif mais paraissant perplexe.

– Qu'en dis-tu, Booth ? Juste les grandes lignes, je suppose. Fais-moi juste un gros résumé et si tu te mets à dire des trucs pas propres, je t'interromps.

Il fallut moins d'une minute à Stallings pour résumer l'offre de Harry Crites. Hineline écouta soigneusement sans l'interrompre. Puis il fit la moue, réussissant à paraître sagace.

– Oui, eh bien, je ne vois rien d'embêtant pour nous là-dedans. Des personnes privées, des citoyens américains, veulent faire un cadeau à une personne privée, un citoyen d'un autre pays, à condition qu'elle accepte le cadeau dans un troisième pays – bien que Hong-Kong soit encore une colonie de la couronne et pas vraiment un pays, je crois, non ?

Stallings soupira.

– C'est de la corruption, Neal, et je vais porter le paquet.

Hineline réfuta l'accusation avec un petit sourire.

– Tu vas apporter le cadeau, en fait. (Il se détourna pour contempler sa muraille de livres et posa la question suivante sans regarder Stallings et sur un ton délibérément léger.) Combien te paie-t-on, Booth, si ce n'est pas indiscret ?

– Je ne sais pas si c'est indiscret ou non mais c'est cinq cent mille.

– Bon Dieu ! fit Hineline, la bouche entrouverte d'un centimètre par le choc. Tout ça ! ?

Stallings sourit.

– Je suis l'unique source.

– Mais tu les déclareras – je veux dire aux impôts ?

– Jusqu'au dernier centime.

– Alors je ne vois pas de problème. Rien d'insurmontable, en tout cas.

– Et Harry Crites ? Fait-il problème ?

– Har...ry Crites, dit doucement Hineline en étirant le prénom avec un soin presque dévoué. Ton monsieur Crites s'intéresse en priorité à son propre sort. Mais n'est-ce pas notre cas à tous ? Tu le connais bien ?

– Suffisamment.

– Je le connais de réputation et il est toujours, j'en ai peur, un sujet à problèmes.

– Pour qui travaille-t-il, Neal ?

Une longue pause suivit, puis une réponse prudente :

– Ce pourrait être – je répète, pourrait être – juste ce qu'il dit : un consortium. Des gens de l'industrie nucléaire. Des types de l'électronique. Quelques gars qui font dans le sucre et les ananas. Des intérêts miniers. Éventuellement d'autres qui ont des capitaux bloqués aux Philippines.

– Est-ce qu'il sert de couverture à Langley ?

La pause fut plus longue cette fois, et la réponse encore plus prudente :

– Je n'exclurais pas ça totalement, pas immédiatement, si j'étais toi.

– Et ça veut dire quoi, ça ?

– Exactement ce que j'ai dit.

Stallings se leva du fauteuil club.

– Merci, Neal, tu m'as beaucoup aidé. (Il se détourna pour sortir, mais se retourna.) A propos, Joanna est bigrement intriguée et elle croit qu'elle va te faire parler ce soir au lit en te sautant.

– Je serai absolument enchanté qu'elle essaie, bien sûr, fit Hineline qui sourit et se leva.

Stallings hocha la tête, se détourna de nouveau et se dirigea vers la porte du bureau.

– Fais bien attention à toi, Booth, lui dit son gendre.

– Sans blague, dit Booth Stallings.

* * *

Après que Lydia Mott, sa fille cadette, eut accueilli Stallings avec une étreinte d'étrangleuse et la claque sonore d'un baiser de minuit dans le couloir de la vieille demeure de Cleveland Park – sur la 35e Rue Nord-Ouest –, il fut emmené par la main dans la cuisine, assis à la grande table ronde balafrée, et forcé de manger une tranche de gâteau meringué au citron. Comme il n'y avait pas de café prêt et qu'elle ne voulait pas en faire, Lydia Mott confectionna un bloody mary à son père, lui assurant que ça allait étonnamment bien avec le gâteau au citron. Il fut étonné de constater que c'était vrai.

Stallings avait mangé la moitié du gâteau quand Howard Mott, l'avocat d'assises, entra dans la cuisine vêtu d'un vieux peignoir de bain écossais. Il fit un clin d'œil à Stallings, se servit du gâteau ainsi qu'un bloody mary, hocha la tête d'un air encourageant et s'assit à la table pour manger, boire et écouter.

– Tout oreilles ? dit Stallings, regardant d'abord Mott, qui hocha de nouveau, puis Lydia Mott, constatant – pas pour la première fois – qu'elle était loin d'être aussi jolie que son aînée. D'abord son visage était si mobile et ses émotions si transparentes que ses amis – et même de complets étrangers – aimaient lui raconter leurs plus épouvantables secrets rien que pour voir le spectacle offert par ses traits à mesure que la sympathie, la consternation, la stupeur, le souci, le chagrin ou la joie y éclataient. Stallings se disait souvent que la nature pathologiquement magnanime de sa fille cadette faisait d'elle une compagne parfaite pour un avocat d'assises.

Quand il eut terminé son récit – une version un peu plus longue de ce qu'il avait servi à Neal Hineline – Lydia Mott bouleversée chuchota : « Oh, bon Dieu, papa ! », puis elle se tourna vers son mari :

– Qu'en penses-tu, mon p'tit sucre ?

Le p'tit sucre était trapu et charnu, trente-six ans et un air étrangement incomplet. Avec quelques ciselures supplémentaires à l'ADN, Howard Mott aurait pu avoir l'air distingué, sinon vraiment beau. Au lieu de quoi il semblait avoir été assemblé par quelqu'un qui n'aurait pas pris la peine de lire le mode d'emploi.

Son aspect troublant d'incomplétude s'accompagnait d'un superbe cerveau, guère de cheveux et des yeux noirs renfoncés, dont certains croyaient qu'ils pouvaient lire dans les âmes. Il utilisait une soyeuse voix de basse pour tonner, cajoler, ou produire un sourd chuchotement confidentiel que des jurés hypnotisés pouvaient facilement entendre à dix mètres. Il gagnait presque tous ses procès.

– Ce que j'en pense ? dit Mott. J'en pense que la merde est épaisse et qu'elle monte.

– C'est bien mon avis, dit Stallings.

– C'est illégal, aussi, malgré ce que dit mon beau-frère, ce taré bien-aimé. Je vois une douzaine de lois que tu enfreindrais. Mais ce qui importe le plus est ceci : personne ne donne jamais un demi-million à un porteur pour qu'il livre cinq millions, sauf si l'échange est pourri.

– Certes, fit Stallings.

– Mais tu vas quand même marcher et le faire, hein ? dit Lydia Mott.

Stallings hocha la tête et puis dit :

– Mais il va aussi me falloir un peu d'aide.

– Main-forte, dit Mott.

– Tu en connais ?

Mott mit dans sa bouche la dernière bouchée de gâteau, mâcha pensivement, posa sa fourchette et se leva.

– Viens en haut.

Stallings suivit son gendre dans l'escalier et jusqu'à une pièce contenant un très vieux bureau à cylindre, un divan pour la sieste des samedis après-midi, et une chaîne stéréo complexe pour passer les opéras, dont Mott avait la passion. Du geste il indiqua un siège à Stallings, s'assit au bureau et se mit à farfouiller dans ses tiroirs et ses caches jusqu'à ce qu'il trouve la carte professionnelle qu'il cherchait.

Mott lut la carte, s'en tapota l'ongle du pouce, la relut, regarda longuement Stallings, se pencha sur le bureau, saisit un crayon à bille et écrivit deux noms au verso de la carte.

– Ces deux types sont sans doute à peu près ce qu'il te faut, dit Mott en écrivant. Je tiens des sources habituelles et inassignables qu'ils sont très bons, plutôt honnêtes et horriblement chers. Tu es disposé à payer ?

– Je sais qu'il faudra, dit Stallings.

Mott se tourna de nouveau vers son beau-père.

– Aux dernières nouvelles ils étaient quelque part aux îles. Hong-Kong, Singapour, Bangkok, Malacca. Ils circulent. Mais voici leur contact en Amérique. Leur impresario, en quelque sorte.

Il tendit la carte à Stallings qui constata qu'elle était gravée et disait :

Maurice Ottermeck

Garde de maisons
Au service des Stars

La seule indication était un numéro de téléphone avec l'indicatif de zone 213, c'est-à-dire, Stallings le savait, Los Angeles. Il leva les yeux sur Mott.

– Comment prononce-t-on ? Maurice ou Morris ?

– Les proches amis et les vagues relations l'appellent généralement Autremec. Tu vois une raison à ce qu'ils l'appellent comme ça ?

Stallings sourit :

– C'est que ce n'est pas lui, c'est toujours un autre mec qui a commis la chose, quelle qu'elle soit, non ?

– Exactement, dit Howard Mott.

5

Autremec Ottermeck, torse nu, vêtu seulement d'un short de marche informe en treillis kaki et d'une paire de chaussures de jogging New Balance sans lacets, se tenait devant la quadruple porte ouverte du garage. Il attendait son eau et tâchait de choisir ce qu'il allait conduire pour aller à l'aéroport international de Los Angeles : il pouvait prendre la conduite intérieure Mercedes 560 SEC ; le cabriolet Porsche 911 ; le break Oldsmobile à huit places ; ou bien la camionnette Ford 4 × 4 surélevée.

Il s'était presque décidé pour la Mercedes quand il entendit le camion qui montait la longue allée de gravier avec un bruit de meule. Il se retourna pour regarder la cabine de semi-remorque Peterbilt qui tournait au coin de la gigantesque maison et s'arrêtait en tressautant, dans le sifflement des freins à air comprimé. A la cabine Peterbilt était couplée une citerne contenant quarante mille litres d'une eau plutôt pure à un *cent* les quatre litres.

Luis Garfias, le jeune conducteur mexicain, alluma une cigarette et contempla Ottermeck pendant plusieurs secondes, comme s'il tâchait de le reconnaître. Il hocha finalement la tête avec le genre de satisfaction qu'affichent certaines gens quand ils ont réussi à mettre un nom sur un visage.

– Votre eau, señor Autremec.

– Tu es en retard, Luis.

Luis Garfias sourit et souffla un peu de fumée.

– Ta mère, fit-il et il embraya et commença de se traîner en direction du réservoir à eau de quarante mille litres posé sur une butte de terre édifiée à cet effet sur la droite de l'allée.

La butte était assez élevée pour que le fond du réservoir soit à la hauteur du toit de la maison à un étage, ce qui permettait aux lois de la gravité de s'exercer et d'envoyer un flot d'eau dans les neuf salles de bains, les deux cuisines, les trois bars, les deux jacuzzis et la buanderie, sans parler de la piscine octogonale qui, deux fois par an, nécessitait soixante-quinze mille litres à elle toute seule.

* * *

Vêtu maintenant d'une cravate à motifs, d'une chemise amidonnée en popeline blanche sous ce qu'il nommait son complet bleu lugubre (et qui semblait trop grand d'environ une taille), chaussé d'oxfords noirs bien entretenus, Ottermeck ouvrit l'un des deux vastes réfrigérateurs, en retira deux bouteilles de bière San Miguel, fit sauter les capsules et offrit l'une des bouteilles à Luis Garfias affalé sur une chaise à la table de cuisine ronde dont le dessus avait été façonné à partir de deux morceaux d'érable ancien et rare, invisiblement ajointés, autour de quoi l'on aurait aisément pu s'asseoir à huit.

– Qui c'est qui aime cette bière philippine ? fit Garfias en regardant l'étiquette. Vous ou Billy ?

– Moi, dit Ottermeck en versant sa propre bière dans un haut verre. Billy ne boit pas.

– Ne boit plus.

– Ne boit plus.

– La bière mex est meilleure, déclara Garfias après avoir bu deux gorgées au goulot, puis il en but une troisième. Mais celle-ci est pas mal. Alors, quand est-ce que Billy sort ?

– Vendredi, dit Ottermeck en s'asseyant sur l'une des chaises cannées, faites sur mesure, qui environnaient la table.

– Elle va rentrer ?

– Non.

Garfias parcourut l'immense cuisine du regard, appréciant manifestement la plaque de brûleurs à gaz O'Keefe & Merritt grande comme un équipement de restaurant, les deux fours à micro-ondes, le congélateur industriel, les réfrigérateurs jumeaux, un double râtelier de poêles et casseroles en cuivre, et un assortiment d'autres ustensiles qu'on avait peut-être utilisés ou non depuis un an ou deux.

– Jésus, fit Garfias, il a bâti ce putain d'endroit pour elle.

– Il va vendre la maison, dit Ottermeck.

– Combien ça lui a coûté, pour construire et tout ?

– Environ deux virgule sept.

– Il demande combien ?

– Un virgule neuf, je crois.

Garfias secoua la tête avec regret, comme s'il venait de se résigner à ne pas faire de contre-proposition, finalement.

– Il n'en tirera jamais ça. Pas sans eau. Dites-moi un truc. Comment ça se fait que quelqu'un d'aussi intelligent que Billy, du moins quand il est pas accro, comment ça se fait qu'il ait construit une maison sans eau ?

– Il y avait de l'eau quand il l'a bâtie. Quatre puits.

– Ils ont mis combien de temps à se gâter – un mois ? Deux ? Trois, peut-être ?

– Un an.

– Ils ont duré à peu près autant qu'elle.

« Elle », c'était Cynthia Blondin, vingt-trois ans, compagne séparée de Billy Diron qui était un des membres fondateurs du Galahad's Balloon, groupe rock qui avait fait de lui un multimillionnaire avant qu'il eût vingt-neuf ans. A présent Billy Diron en avait trente-neuf et avait presque fini les quatre semaines prescrites au centre Betty Ford de Palm Springs par suite de sa dépendance à l'alcool, à la cocaïne, et par intermittence à l'héroïne.

– Alors qu'est-ce que vous allez faire quand Billy sortira ? Vous restez ?

– Je suis gardien de maisons, dit Ottermeck. Pas infirmière.

– Vous avez quèque chose en vue, pour après ?

Ottermeck jeta un coup d'œil à sa montre *tank* de Cartier.

– Je le saurai cet après-midi.

– Mais vous continuerez à payer les factures de la baraque ? Le gaz, le téléphone, l'électricité et tout ?

– Ouais.

– Alors vous pourriez bien m'régler la mienne.

Garfias fouilla dans une poche de sa veste Levi's bleu passé et en tira une note rose. Il la passa à Ottermeck qui vit que la note faisait cent dollars de plus que les deux cents qu'elle aurait dû. Il se leva, alla au comptoir de la cuisine, sortit du tiroir un chéquier à souche et le rapporta à la table. Puis il remplit un chèque – signé d'avance par Billy Diron enfermé – du montant exact de la note rose de Garfias.

Cela fait, Ottermeck posa le stylo, détacha le chèque avec précision et tendit les deux mains, la droite offrant le chèque, la gauche ouverte pour accepter le billet de cinquante dollars que Garfias avait presque fini de plier en quatre dans le sens de la longueur. Le chèque et le billet de cinquante furent échangés simultanément.

* * *

Quand Booth Stallings descendit du vol United de 15 h 46 et pénétra dans le salon d'arrivée et de départ de l'aéroport international de Los Angeles, la première chose qu'il remarqua fut la pancarte confectionnée avec le couvercle d'une boîte de chemisier. Sur le côté lisse, des lettres avaient été tracées au feutre, d'une main sûre, qui disaient : M. Stallings.

L'homme qui tenait la pancarte sans aucune gêne apparente avait la quarantaine et un de ces visages trop immobiles et trop prudents qu'arborent souvent les gens qui ont affaire avec la loi – soit pour la faire respecter, soit pour l'enfreindre.

Stallings remarqua aussi que le coûteux costume bleu foncé de l'homme semblait trop grand d'une taille, comme si son propriétaire avait perdu cinq ou même sept kilos et, avec une résolution amère, s'assurait que cette perte de poids serait durable. Stallings jugea automatiquement que le costume était l'indication manifestement fausse d'un caractère entier.

Portant son unique bagage – un Gladstone éraillé en peau de buffle acheté à Florence voici des années – Stallings se dirigea vers l'homme à la pancarte. Quand ils furent à deux ou trois mètres l'un de l'autre, leurs regards se croisèrent, acte de légère bravoure dont Stallings avait remarqué que de moins en moins d'Américains acceptaient de l'accomplir.

Les yeux froids, bleu-vert, de l'homme parurent glisser sur Stallings, le négligeant. Stallings dépassa l'homme, s'arrêta cinq mètres plus loin et se retourna.

L'homme à la pancarte disant « M. Stallings » se tenait patiemment immobile, examinant chacun des quelque deux cents passagers mâles de la classe économique qui débarquaient encore en file du Boeing 747. L'homme avait les pieds écartés d'un peu moins de trente-cinq centimètres, le dos droit, le pelvis un peu en avant. C'était la posture de quelqu'un qui sait tout ce qu'il y a à savoir de l'attente.

Stallings revint sur ses pas jusqu'à ce qu'il fût juste derrière l'homme à la pancarte.

– Autremec Ottermeck, ma parole, fit-il.

S'il ne l'avait pas guetté, Stallings aurait pu ne pas remarquer le petit sursaut d'Ottermeck, à vrai dire un simple frémissement. Mais Ottermeck ne se retourna pas. Au lieu de cela, il parla sans cesser de regarder les passagers qui arrivaient :

– J'ai pensé que c'était vous d'après ce que votre espèce de gendre m'a dit au téléphone. Un vieux bonhomme tapé, il a dit, qui portera de drôles de vêtements bon marché, avec une coupe de cheveux d'étudiant, et qui marche un peu comme s'il valsait. Difficile de le louper, il a dit. (Ottermeck se retourna sans hâte visible et toisa Stallings avec le même soin inutilement long.) Il avait raison.

– Où est-ce qu'on cause ? dit Stallings. Ici, là, ou au bar ?

– On ne cause pas, à moins que vous ayez fini de faire le rigolo. Si vous avez fini, je pense à un endroit.

– Allons-y.

– Des bagages à prendre ?

Avec l'air d'un homme à qui l'on vient de poser une question particulièrement stupide, Stallings se détourna et se dirigea vers l'escalator où une photo en quadrichromie du maire (et gouverneur putatif) surplombait d'un sourire radieux les passagers qui arrivaient.

* * *

Quand ils atteignirent la Mercedes au deuxième niveau du parking, en face du terminal de United Airlines, Stallings jeta un coup d'œil rogue au véhicule et se retourna vers Ottermeck.

– Elle est à vous ?

– Non.

– Bon.

– Vous avez encore une dent contre les boches ? fit Ottermeck en déverrouillant les portières et en se glissant au volant.

Stallings ouvrit sa propre portière à présent déverrouillée, jeta le sac de voyage en buffle sur la banquette arrière et monta.

– Simplement, je n'aime guère avoir affaire avec quiconque a besoin d'afficher cinquante-cinq mille dollars de bagnole.

Ottermeck démarra, passa la marche arrière, changea d'avis, revint au point mort et dévisagea Booth Stallings.

– Qui vous êtes, toto ? Un numéro de cirque ?

Stallings eut un sourire presque imperceptible.

– Mon espèce de gendre ne vous l'a pas dit ? Je joue les vieux gagas.

– Ça me porte un peu sur les nerfs, fit Ottermeck en repassant la marche arrière.

– C'est le but de la chose, dit Stallings.

Aucun d'eux ne parla plus avant d'être sur l'autoroute de San Diego en direction du nord. Alors, Stallings posa finalement la question :

– Où va-t-on ?

– Malibu.

– Seigneur, fit Stallings.

A l'approche de l'échangeur donnant sur l'autoroute de Santa Monica, Stallings reprit la parole :

– D'ici, où est Pelican Bay ?

Ottermeck jeta un regard à Stallings puis revint à la route.

– Au sud.

– Parlez-moi de ça – vous et Pelican Bay.

– Vous savez déjà, ou bien vous ne demanderiez pas.

– Ce que je sais, dit Stallings, je l'ai tiré des journaux californiens, à la bibliothèque du Congrès. Il manquait une certaine saveur.

Ottermeck ne répondit pas avant d'avoir atteint l'autoroute de Santa Monica et placé la Mercedes sur la voie rapide, à l'extrême-gauche, en route vers la Pacific Coast Highway, la vitesse stabilisée à cent kilomètres-heure.

– Je vais raconter juste une fois, dit Ottermeck, et si vous en voulez encore, alors vous ferez mieux d'essayer encore la bibliothèque.

– Très bien.

– D'accord. Le chef de la police de Pelican Bay et moi avions fait un peu d'argent sur une certaine affaire qu'il est inutile de raconter. Il s'appelait Ploughman. Le chef Oscar Ploughman. Alors on a décidé d'investir dans une campagne électorale et de le présenter aux municipales. A Pelican Bay. Je serais directeur de campagne et ensuite je partagerais les satisfactions que procure toujours une bonne administration honnête.

– L'assiette au beurre, dit Stallings.

– Vous voulez raconter ?

– Non.

– Alors écoutez, c'est tout. Le chef voulait se fabriquer une vraie machine politique à l'ancienne. Et comme je finançais à peu près la moitié, il s'était même mis à appeler ça la machine Ploughman-Ottermeck, du moins entre nous sinon devant d'autres gens. Et il disait toujours la *puissante* machine Ploughman-Ottermeck. Le chef était un cas.

– Il semble, fit Stallings.

– Bon, eh bien, on monte une sacrée campagne et puis le voilà qui meurt et me laisse tout seul l'après-midi de l'élection.

– Crise cardiaque, dit Stallings. C'est du moins ce que j'ai lu.

– Ouais, dit Ottermeck. Crise cardiaque. Mais le vieux salopard a quand même gagné, allongé à la morgue avec une étiquette à l'orteil, et si vous croyez qu'on ne met pas vraiment une étiquette à l'orteil, c'est que vous n'êtes pas allé à la morgue de Pelican Bay où j'ai été m'assurer que cet enfoiré était vraiment mort. (Ottermeck cogna durement le volant avec le bas de sa paume droite.) Mais, nom de Dieu, on a gagné largement, 53,7 % contre 46,3 %, et il était aussi mort qu'un rat mort.

– Alors il avait vraiment le cœur malade.

– Ce qu'il avait, dit Ottermeck, c'est qu'il était accro aux petites choutes – aux petites choutes de quinze, seize ans. L'après-midi de l'élection, là-haut dans l'appartement de la victoire que j'avais déjà loué pour lui, il y en a deux qui ont dû lui faire faire une sacrée chevauchée – sa dernière, en tout cas – parce qu'il est mort en selle, sans doute en souriant de son grand sourire jauni, et fini la puissante machine Ploughman-Ottermeck.

– Et vous êtes devenu gardien de maisons.

Ottermeck jeta un coup d'œil à Stallings.

– J'aime vivre bien même quand je n'en ai pas les moyens.

– Qui vous a introduit dans la garde de maisons ?

– Un type à qui j'ai fait une fleur un jour.

– Un type qui a un nom, je parie.

– Un type nommé Piers qui est marié à la Lace du trio Ivory, Lace et Silk. Vous vous rappelez ? Les Armitage Sisters ?

– Je crois me rappeler qu'elles chantaient terriblement fort.

– Ouais, je les ai toujours trouvées joliment bonnes, aussi.

Stallings hocha pensivement la tête, puis parla davantage pour lui-même que pour Ottermeck :

– Piers et Ploughman. Piers, Ploughman.

– Aucun rapport, dit Ottermeck.

– Il y en avait un dans un poème, il y a longtemps.

– Quand ?

Stallings tâcha de se souvenir.
– Il y a environ six cents ans.
– Vous me vannez encore ?
– Non.

Ils roulèrent en silence jusqu'au moment où ils approchèrent de la sortie vers la 3e et la 4e Rue qui menaient vers le centre de Santa Monica. C'est alors qu'Ottermeck demanda :
– Vous êtes vraiment un agrégé comme le prétend votre espèce de gendre ?
– Je le suis vraiment.

Ottermeck hocha la tête d'un air satisfait, comme si les quelques dernières pièces s'étaient mises en place.
– Après lui avoir parlé – comment il s'appelle ? Mott – je suis descendu à la bibliothèque de Malibu et j'ai pris votre livre, là, *Anatomie du terrorisme.*
– *Anatomie de la terreur,* fit Stallings sans pouvoir s'empêcher de rectifier.
– Ouais. C'est ça. Eh bien, je l'ai lu. Presque tout, en fait, mais j'ai laissé tombé aux trois quarts. Vous voulez savoir pourquoi ?
– Pas vraiment.
– Parce que je n'arrivais pas à voir de quel côté vous étiez.
– Excellent, dit Booth Stallings.

6

Stallings détesta la maison de Billy Diron aussitôt qu'il la vit. Il fut heurté par son style Tudor caricatural, à la Walt Disney, et par ses fenêtres teintées à meneaux. Il jugea épouvantable la bizarre piscine bleue octogonale. Mais ce qui le gêna et le désola au plus haut point fut l'absence totale d'arbres et de verdure.

Toutefois Stallings n'avait rien à redire à la vue. La maison était bâtie sur une haute falaise inclinée. Trois cents mètres plus loin et trente mètres plus bas s'étendaient des kilomètres et des kilomètres d'océan Pacifique. On avait vue depuis Trancas sur la droite jusqu'à Santa Monica sur la gauche et, au large, sur Palos Verdes, Catalina et au-delà. Stallings savait que c'était une vue dont la plupart ne pouvaient que rêver et dont peu pourraient se lasser – à moins de se prendre d'aversion pour quatre-vingt-dix-sept nuances de bleu.

Debout près de la Mercedes dans ce qu'il jugea être la cour, Stallings regarda l'océan, la maison, de nouveau l'océan, et enfin Autremec Ottermeck.

– Il n'a pas de vue de la maison, dit Stallings. Il n'a que ces minuscules petites fenêtres que les Anglais ont inventées pour laisser entrer un peu de lumière et les protéger quand même du froid, et qui ne font ni l'un ni l'autre.

Ottermeck hocha la tête, bien d'accord, regardant à son tour l'océan puis la maison puis encore l'océan.

– Billy ne voulait pas trop de vue. Il ne voulait pas être distrait.

– Distrait de quoi ?

– De sa musique.

– C'est un musicien ?

Ottermeck inclina la tête à gauche pour mieux étudier Stallings.

– Vous n'avez jamais entendu parler de Billy Diron ?

– Non.

– Et du Galahad's Balloon ?

– J'imagine que c'est un groupe rock. Mais je suis quelqu'un qui ne chante plus les chansons de son pays.

– C'est comme deviner que les Rams sont des joueurs de...

Ottermeck s'interrompit en entendant le vagissement inimitable d'un moteur Volkswagen. Il se tourna vers le bruit, serrant les lèvres avec fermeté et croisant les bras sur son torse. Une certaine dose d'autorité colora son regard.

Les deux hommes regardèrent le cabriolet VW blanc décapoté qui tourna trop vite le coin de la maison, dérapa sur le pavage de briques usées et s'arrêta en piquant du nez et en tressautant comme si la conductrice serrait les freins en oubliant de débrayer. Stallings vit qu'elle était jeune, très jeune, pas plus de vingt-deux ou vingt-trois ans, et plutôt jolie quand on oubliait la chevelure argent hérissée de pointes et les yeux de maniaque.

Le passager assis à côté d'elle était plus âgé, trente ans au moins, ou même trente-deux. Il avait un hâle d'acharné du surf quotidien, des cheveux couleur de blé mûr (plus abondants qu'il n'était strictement nécessaire) et des yeux bleus surexcités si pâles qu'ils semblaient presque délavés. Le regard dilaté voltigeait, filant droit devant sur Ottermeck, à droite sur Stallings, à gauche vers la maison et de nouveau enfin sur Ottermeck, et restait là à voleter avec la soudaine bravoure d'un oiseau-mouche.

La femme ouvrit la portière et descendit. Elle était pieds nus et portait la moitié d'un T-shirt bleu qui lui couvrait les seins de justesse et se terminait vingt centimètres au-dessus de son nombril. Elle portait aussi un short blanc étriqué qu'on n'avait pas lavé depuis un moment. Le vent avait bouleversé irrémédiablement ses mèches argentées. Mais même avec ce nid d'oiseau sur la tête et ces yeux de bête des bois, Stallings pensa qu'elle pourrait passer pour une beauté standard de Hollywood si quelque chose effaçait la rage maussade de son expression. Il pensait savoir ce que pourrait être ce quelque chose.

Comme si elle sentait le regard de Stallings, elle posa les yeux sur lui mais c'est Ottermeck qu'elle interpella :

– Merde, Autremec, qui c'est, ce type ?

– Personne.

– C'est quelqu'un. Tout le monde est quelqu'un.

– Pas lui.

Elle s'approcha de plusieurs pas d'Ottermeck qui se tenait toujours en arrêt, les bras croisés, le regard implacable, la bouche prête à dire non.

– Je veux entrer chercher ma dope, dit-elle.

– Je travaille pour Billy, Cynthia, et Billy a dit que tu n'entres pas.

La grande bouche sans fard de Cynthia Blondin se tordit en une amorce de sourire qui se transforma en grondement.

– Il me la faut, Autremec.

– Elle n'est plus là, dit Ottermeck. Je l'ai jetée et j'ai tiré la chasse. C'est ce que Billy m'avait dit de faire.

– Mon cul !

Ottermeck hocha la tête avec indifférence.

– La dame pense que tu mens, tonton, dit l'homme de la voiture qui ouvrit sa portière et descendit, le bas de son corps dissimulé par la portière.

Ottermeck lui jeta un coup d'œil dénué de curiosité.

– On se fiche de ce qu'elle pense.

– Pas moi, dit l'homme qui s'écarta de la portière et braqua sur Ottermeck un revolver à cinq coups à canon court. Elle va entrer, déclara-t-il.

Ottermeck examina d'abord l'arme, puis le visage de l'homme. Sur ce, il se détourna et marcha lentement jusqu'à l'arrière de la conduite intérieure Mercedes. Il sortit unc clé et ouvrit le coffre. Il plongea la main dans le coffre et en retira un démonte-pneu. Stallings se demanda si le démonte-pneu était livré avec une Mercedes comme outillage normal, et jugea que non.

Laissant pendre le démonte-pneu le long de sa jambe gauche, Ottermeck marcha jusqu'à l'homme au revolver.

– Vous feriez mieux de prendre Cynthia, de remonter dans l'auto et de partir, dit Ottermeck. Je crois que vous feriez peut-être mieux de conduire.

– Ça va bientôt te coûter un genou, tête de nœud, dit l'homme qui pointa le revolver sur le genou gauche d'Ottermeck.

Ottermeck leva très vite le démonte-pneu, frappant par-dessous le poignet droit de l'homme. L'homme poussa un jappement tandis que le revolver voltigeait loin de lui et atterrissait aux pieds de Stallings. Celui-ci se pencha, ramassa l'arme, l'examina brièvement, puis la braqua sur l'homme qui s'était immobilisé, légèrement courbé, étreignant son poignet droit avec sa main gauche.

– Va lui chercher ce qu'elle veut, Autremec, dit Stallings.

– Pourquoi ? fit Ottermeck en dévisageant Stallings avec étonnement.

– Parce que sinon, elle reviendra, et je ne veux pas d'elle ici.

Ottermeck réfléchit à la question, approuva d'un signe de tête la supériorité de la logique, se détourna et entra dans la maison. Cynthia Blondin fit deux joyeux pas dansés en direction de Stallings.

– Qui tu es, pépé ? fit-elle.

– Je suis l'Homme des Vœux, dit Stallings sans la regarder, observant l'homme au poignet blessé qui s'était à présent redressé et se massait doucement le poignet avec la main gauche.

Cynthia Blondin gloussa gaiement. L'homme au poignet blessé lui jeta un regard furieux. Elle gloussa encore. L'homme reporta son regard hésitant sur Stallings.

– Je veux que tu me rendes mon flingue.

Stallings répliqua en secouant la tête et en souriant un peu.

– Je parie que je peux te le reprendre, dit l'homme et cette fois Stallings ne sourit pas en secouant la tête.

L'homme fit un pas, lent et hésitant, en direction de Stallings qui releva le chien du revolver, content que cela fasse un bruit inquiétant.

– Le vieux con va te flinguer, Joey, dit Cynthia Blondin qui gloussa de nouveau. Tu vas le buter, hein, pépé ?

– Certes, dit Stallings.

L'homme au poignet blessé entreprit de dire quelque chose mais se ravisa comme Ottermeck sortait de la maison, tenant toujours le démonte-pneu dans sa main gauche et, dans la droite, un petit sac de papier brun, replié pour former un paquet et entouré de deux bracelets élastiques. Ottermeck s'arrêta devant Cynthia Blondin qui se mordit la lèvre inférieure, contemplant voracement le paquet.

– Je veux que tu écoutes ce que je vais dire, Cynthia. Tu écoutes ?

Elle hocha la tête sans détourner les yeux du paquet.

– Billy ne veut pas que tu reviennes. Il ne veut pas te voir. Il ne veut pas te parler. Si tu as quelque chose à dire à Billy, appelle Ritto & Ogilvie et parle à Joe Ritto. Tu entends ?

– Donne-moi ma dope, Autremec !

Ottermeck soupira et lui tendit le paquet. Elle le prit à deux mains, doucement, soigneusement, comme si elle ôtait un oisillon de son nid. Puis elle se détourna, fredonnant vaguement, et se hâta vers le côté conducteur de la Volkswagen.

L'homme au poignet blessé se dirigea vers le côté passager, se ravisa, se retourna vers Stallings.

– Tu vas vraiment pas me rendre mon flingue ?

– Non, dit Stallings.

L'homme hocha tristement la tête, se détourna de nouveau, et rentra dans la voiture. Cynthia Blondin, tenant à présent le paquet d'une seule main comme s'il risquait de s'effriter, ouvrait la portière gauche. Avant de se glisser derrière le volant, elle regarda Ottermeck qui, toujours à la même place, se tapotait la paume droite avec le démonte-pneu.

– Dis à Billy, fit-elle. Dis-lui que je l'aimerai toujours et que j'aurai toujours de l'affection pour lui et que je lui souhaite tout le succès du monde.

– D'accord, dit Ottermeck.

Cynthia Blondin se faufila au volant, déposant doucement le paquet dans son giron. Après avoir démarré, elle passa la tête au-dehors et cria à Ottermeck :

– T'oublieras pas ?

– Je lui dirai, fit Ottermeck. Billy aime ce genre de trucs.

Cynthia Blondin hocha la tête, fit faire marche arrière à la voiture jusqu'à ce qu'elle fît face à l'allée, changea deux fois de vitesse et partit. A l'instant où l'auto atteignait le coin de la maison, l'homme au poignet blessé se tortilla pour se retourner et, de sa main intacte, fit à Stallings et Ottermeck l'inévitable bras d'honneur. Ottermeck fit au revoir avec le démonte-pneu, puis il se tourna vers Stallings et désigna le revolver.

– Vous voulez le garder ?
– Pour quoi faire ?
– Bon, fit Ottermeck avec soulagement. On fait quoi, maintenant ?
– Maintenant ? Eh bien, on va à l'intérieur et on parle de Wu et Durant.

7

Assis à la grande table ronde dans la cuisine sophistiquée de Billy Diron, Booth Stallings regarda Ottermeck confectionner deux sandwichs au corned-beef de conserve. Ottermeck les fit avec la rapidité et l'économie de mouvements qu'on apprend généralement dans une cuisine de cantine ou chez un traiteur. Comme Stallings estimait qu'Ottermeck mourrait de faim plutôt que de travailler chez un charcutier-traiteur, il décida de ne pas demander dans quelle enceinte institutionnelle celui-ci avait acquis son savoir-faire.

Ottermeck servit les sandwichs sur deux assiettes, chacune pourvue d'exactement sept frites et trois lamelles de cornichons aux herbes. Stallings avait vu qu'il comptait les frites et les cornichons. Comme boisson, deux autres bouteilles de bière San Miguel.

Après qu'Ottermeck se fut assis, Stallings prit une bouchée de sandwich. Entre les tranches de seigle noir il découvrit non seulement du corned-beef mais aussi plusieurs feuilles de laitue de Boston, une épaisse lamelle d'oignon des Bermudes, et une sauce associant mayonnaise et deux moutardes différentes qu'Ottermeck avait soigneusement mesurées et mélangées.

– Dites-moi, fit Stallings après avoir avalé cette première bouchée.

– Quoi ? dit Ottermeck.

– Quel âge ont-ils ?

Ottermeck chercha dans ses souvenirs.

– Oh, Artie doit avoir...

– Ça, c'est Wu, oui ?

Ottermeck hocha la tête.

– Arthur Case Wu, dit-il. Il doit avoir à peu près quarante-quatre ans maintenant. Mais pour Durant c'est difficile à dire, vu qu'il n'y a jamais eu de certificat de naissance. Quarante-quatre. Dans ces eaux-là.

– Et puis ?

– Eh bien, ils ont tous les deux été élevés à l'orphelinat méthodiste de San Francisco, ont foutu le camp à quatorze ans, se sont retrouvés à Princeton pendant un moment, et depuis lors ont toujours été associés.

– Ils sont allés à Princeton ? L'université ?

– J'ai jamais bien compris. Artie y est allé comme boursier, et Quincy, oh, en tant que garde du corps d'Artie, grosso modo.

– Seigneur, fit Stallings. C'est quoi, leur spécialité, au juste ?

– Ça va ça vient. Mais la plupart du temps ils font sans doute à peu près ce que vous attendez d'eux.

– Je n'ai pas dit quoi.

– Faudrait peut-être.

– J'y viendrai, dit Stallings qui mangea encore un peu de son sandwich et le fit passer avec une goulée de bière philippine. Ils sont mariés ? demanda-t-il.

Ottermeck offrit l'un de ses sourires en coin qui ne découvraient pas les dents.

– L'un à l'autre, vous voulez dire ?

– A qui que ce soit.

– Durant n'est pas marié et batifole. Mais Wu est marié à une dame d'Écosse, et quand je dis une dame je veux dire qu'elle a des origines racées par le sang – dix-huitième cousine de la reine au second degré ou un truc comme ça – ce qui convient tout à fait à Artie, étant donné qu'il est toujours prétendant au trône impérial.

– Impérial ? dit Stallings. De quel empire ?

– L'empire de Chine, évidemment.

– Doux Jésus.

– Il a même des arbres généalogiques et tout. Il a aussi calculé que s'il y avait environ deux révolutions, trois guerres et peut-être dix mille décès de juste les gens qu'il faut, son jumeau aîné pourrait être à la fois roi d'Écosse et empereur de Chine.

– Il a des jumeaux ?

– Des jumeaux *et* des jumelles. Chouettes mômes. En tout cas, la dernière fois que je les ai vus. Les filles sont plus jeunes que les garçons.

Doucement, Stallings se versa encore de la bière et la goûta.

– Il n'est pas... obsédé par cette histoire de titre impérial, hein ?

Ottermeck sourit de nouveau en coin.

– Artie se considère comme le dernier des Mandchous.

– Si vous me faisiez plutôt une réponse directe ?

Le froncement de sourcils d'Ottermeck lui donnait l'air à la fois grave et extrêmement convenable. Stallings se dit que ce devait être l'une de ses expressions les plus utiles.

– Artie sait exactement qui il est, déclara Ottermeck. Mieux qu'aucun autre homme que j'aie rencontré.

– Et Durant ?

– Il se fout pas mal de savoir qui il est.

– Quand avez-vous fait leur connaissance ?

– En 1968, le 4 juillet. À Bangkok, à la réception donnée par l'ambassade américaine. (Il fit une pause.) L'ambassadeur avait invité quiconque avait ne serait-ce que l'air d'être américain. Même nous.

– Qu'est-ce que vous faisiez à Bangkok ?

– Je me baladais. Je suis tombé sur Wu et Durant et ils avaient besoin d'un troisième larron pour une petite arnaque qu'ils avaient décidé de monter contre le chef de station.

– Le chef de station de la *CIA ?*

– Qui voulez-vous d'autre ?

– Et que s'est-il passé ?

Ottermeck parut perplexe.

– Ce qui s'est passé ? Qu'est-ce que vous voulez dire ? On a fait le truc et on s'est tirés avec soixante-trois mille dollars. C'était une grosse somme, en soixante-huit.

– Et comment a-t-il réagi ?

– Le chef de station ? Il s'est écrasé. Qu'est-ce qu'il pouvait faire d'autre ? Aller brailler qu'il s'était fait refaire parce qu'il avait eu une vilaine crise d'avidité ?

– Est-ce que Wu ou Durant ont jamais bossé pour Langley ?

En guise de réponse, Ottermeck eut un haussement d'épaules un peu trop délibéré pour satisfaire Stallings. Celui-ci insista :

– Ça veut dire peut-être que oui ou peut-être que non ?

– Selon Artie, ils ont peut-être été inconsciemment utilisés, deux ou trois fois. Mais Durant dit toujours qu'ils ont été à moitié conscients d'être utilisés et qu'il n'y a pas de peut-être. Ils ont beaucoup circulé et parfois ils montaient sur le premier coup qui se présentait.

– Quand avez-vous travaillé avec eux pour la dernière fois ?

– Il y a sept ou huit ans. On est entrés dans une affaire ensemble et on s'en est tous bien sortis.

– Où ça ?

– Ici. En Californie.

– Quel genre d'affaire ?

– Merde alors, ça ne vous regarde pas.

Ils se regardèrent fixement pendant un moment, chacun cherchant les faiblesses de l'autre et découvrant qu'il n'y en avait aucune. Stallings finit par répondre à Ottermeck :

– Non, dit-il. Je suppose que ça ne me regarde pas. Merde alors.

Ottermeck but un peu de bière.

– Parlez-moi de votre affaire, fit-il.

– Bon. (Stallings resta silencieux environ dix secondes pendant qu'il choisissait ce qu'il allait révéler.) Quelqu'un, dit-il, je ne sais pas exactement qui, veut me payer un demi-million de dollars pour que je corrompe un certain Philippin – disons que c'est un résistant, ou un terroriste, ou les deux – pour qu'il descende du maquis et se tire à Hong-Kong où l'attendront cinq millions de dollars américains. C'est du moins ce qu'ils disent.

Le visage et le regard d'Ottermeck demeurèrent tranquilles et même impassibles, mais son nez le trahit en prenant une longue et profonde inspiration, comme s'il reniflait soudain le parfum d'un joli bénéfice. Après le reniflement vint un sourire blanc, large et totalement amoral que Stallings trouva curieusement gai.

– Vous avez besoin d'aide, dit Ottermeck.

– Je sais.

– Vous avez besoin de Wu et Durant.

– Il semble.

– Vous avez aussi besoin de moi.

Stallings haussa les sourcils pour exprimer de l'étonnement.

– Je n'avais pas songé à ça.

Le sourire gai et amoral d'Ottermeck réapparut.

– Tu parles, Charles !

– C'est une idée intéressante.

– Où est-ce qu'il tient le maquis, votre résistant et/ou terroriste ? Dans le centre de Luçon ?

Stallings secoua la tête.

– A Cebu. Vous connaissez ?

– En territoire Lapu-Lapu. (Le rictus d'Ottermeck s'élargit encore.) Ouais, je connais Cebu. Comme ma poche. Je ne voudrais pas que tout ça devienne trop commercial, mais de quel genre de partage sommes-nous en train de parler ?

– Je songeais à quelque chose comme moitié-moitié.

La feinte déception d'Ottermeck prit la forme d'une moue désolée.

– Je crois qu'il nous faudrait un peu plus de sauce que ça.

– C'est à prendre ou à laisser, Autremec.

La moue disparut et le rictus revint.

– Oh, merde, bon, la moitié de cinq cent mille dollars divisée par trois, moins les frais, ça fait dans les quatre-vingt mille chacun, c'est pas mal. Pas terrible, évidemment, mais pas mal.

– Je suppose que je ne me suis pas exprimé clairement, dit Stallings. Je compte partager la totalité des cinq millions, pas seulement les cinq cent mille.

Ottermeck n'essaya pas de dissimuler. Le grand sourire blanc réapparut, plus amoral, sauvage et gai que jamais.

– Là, vous parlez de sommes foutrement intéressantes.

Stallings ne lui rendit pas son sourire. Au lieu de cela, son regard parut plonger dans l'avenir et se désoler de ce qu'il y apercevait.

– C'est de l'argent empoisonné, dit-il.

– L'argent, c'est l'argent.

– Pas cette fois.

Seulement guidé par son instinct presque infaillible de magouilleur, Autremec Ottermeck trouva les mots exacts qu'il fallait pour rassurer Stallings :

– Dans ce cas, dit-il, vous ne pouviez pas mieux tomber qu'ici.

8

Le prétendant au trône impérial, debout au cœur du palais dont le chef d'État avait été chassé, écoutait, avec une radieuse fierté, la plus jeune de ses jumelles de dix ans qui achevait de lire à haute voix le poème encadré. Le poème était resté au mur quand le chef d'État renversé s'était enfui dans la nuit.

– La terre t'appartient et tout ce qu'elle contient, lut-elle. Et – ce qui est bien davantage – tu seras un homme, mon fils.

La fillette de dix ans avait lu le poème de Kipling sur un ton qu'on aurait autrefois qualifié d'expressif. Les Philippins qui faisaient la queue derrière elle applaudirent avec enthousiasme. Elle se retourna, fit une jolie révérence (bien qu'elle fût en blue-jean), puis leva les yeux vers le grand Chinois – c'est ainsi que sa sœur et elle le considéraient toujours – qui était non seulement son père mais aussi le prétendant au titre d'empereur de Chine.

– Très, très joli, déclara Artie Wu qui mesurait un mètre quatre-vingt-huit et pesait cent treize kilos dont seulement six pour cent de pure graisse.

Sa fille cadette fit la grimace à l'adresse du poème encadré.

– Mon Dieu, c'est idiot.

– M. Kipling a eu une enfance malheureuse, expliqua Agnes Wu. Pour compenser, il devenait parfois sentimental à l'excès, avec un soupçon d'optimisme.

– Des niaiseries, hein ? dit sa fille en hochant la tête avec sagacité.

– Des niaiseries, admit Agnes Wu dont les r étaient teintés d'un léger roulement écossais. (Au reste, tout ce qu'elle disait sonnait comme l'anglais parlé par les personnes qui ont fréquenté des écoles convenables où l'on attache un grand prix à la prononciation académique. Mais aucun de ces établissements n'avait pu remédier aux r roulés d'Agnes Wu, née Agnes Goriach.)

La plus âgée des jumelles (plus âgée de vingt et une minutes) se tourna vers sa sœur :

– C'est plus de deux fois moins idiot qu'*Invictus,* à quoi tu as échappé, et que Mrs. Crane m'a fait apprendre par cœur l'année dernière. Tu veux entendre des niaiseries ? « Du-fond-de-la-nuit-qui - me - couvre - noire - comme - un - puits - d'un - pôle - à - l'autre - je - remercie - les - dieux - quels - qu'ils - puissent - être - de - m'avoir - donné - une - âme - invincible. » *Ça,* c'est niais.

– Vous bloquez la queue, mesdemoiselles, dit Artie Wu.

Son ton était aussi sérieux que jamais quand il s'adressait à ses filles. Totalement incapable d'assumer le lourd rôle de père, Wu s'étonnait sans cesse que les jumelles répugnent à profiter de son manque d'autorité. Avec ses jumeaux de treize ans, c'était autre chose. Ils auraient arnaqué un saint.

La famille Wu quitta le petit bureau de Ferdinand Marcos dont les étagères soutenaient encore une multitude d'ouvrages d'histoire populaire, de biographies et d'essais politiques échevelés écrits – pour la plupart – par des auteurs américains. Le bureau était une pièce sans fenêtre au tréfonds du palais Malacanang, au bord de la rivière Pasig, à Manille. Les Wu avaient déjà visité la discothèque et la salle du trône, et se dirigeaient vers la chambre d'Imelda Marcos quand Agnes Wu se retourna vers le chauffeur de la limousine du Peninsula Hotel qui les suivait, visitant lui aussi les lieux pour la première fois.

– Combien de temps avons-nous, Roddy ? demanda-t-elle.

Rodolfo Caday jeta un coup d'œil à sa montre.

– Plein de temps, m'dame. L'avion ne part pas avant quatre heures et c'est arrangé avec A et A pour qu'ils nous rejoignent ici à la sortie.

A et A étaient les jumeaux de treize ans de Wu, Arthur et Angus, qui avaient déjà visité deux fois le palais par leurs propres moyens.

– Donc, dit Agnes Wu, nous n'avons pas à rentrer les chercher à l'hôtel ?

– Non m'dame.

D'un petit geste, Agnes Wu engloba l'ensemble du palais.

– Alors ? fit-elle.

Rodolfo Caday fit la moue, puis haussa les épaules.

– Un tas de bêtises, déclara-t-il.

* * *

Dans la chambre à coucher d'Imelda Marcos, une des guides philippines bénévoles faisait des commentaires, d'une voix pas tout à fait lasse, sur certains des éléments les plus intéressants de la pièce, notamment l'énorme lit de satin rouge. Quelque dix mille Philippins arpentaient chaque jour le palais, et ceux d'entre eux qui se trouvaient à présent dans la chambre ne cherchaient pas à dissimuler leur voyeurisme. Quelques hommes se poussaient du coude. Quelques femmes gloussaient. D'autres tenaient un mouchoir devant leur nez et leur bouche comme pour se protéger des éventuels microbes de malchance qui avaient infecté Imelda Marcos.

La benjamine d'Artie Wu leva les yeux vers lui.

– Comment se fait-il qu'ils aient acheté tellement de... tellement beaucoup ?

– C'était peut-être une façon de marquer des points.

– Tu veux dire : la dame qui gagne, c'est celle qui a le plus de chaussures ?

– Peut-être.

– Mais elle a perdu ?

– C'est peut-être une leçon à retenir, dit Artie Wu.

* * *

Au beau milieu de la maison de fous qu'était l'aéroport international de Manille, Wu feuilleta des billets de cinquante pesos et les distribua à ses fils et filles, à des porteurs et à des convoyeurs autoproclamés, et au chauffeur, Rodolfo Caday, envoyant tout le monde vers des tâches réelles ou imaginaires afin de se retrouver quelques minutes seul avec sa femme.

Presque tout le monde se plaisait à contempler M. et Mme Arthur Case Wu. On aimait spécialement béer devant la grande femme aux cheveux jaune pâle, aux grands yeux gris intelligents, et aux traits pas tout à fait parfaits qui semblaient presque royaux tant qu'elle ne souriait pas en coin. Quand elle souriait en coin, elle avait juste l'air un peu excentrique.

Les assistants aimaient aussi jeter des regards brefs et dissimulés (du moins l'espéraient-ils) au grand Chinois en complet de soie blanche et panama qui tenait un bâton d'ébène – une canne de marche, en fait – dont tous savaient qu'une épée était cachée dedans (c'était faux). Le costume de soie blanche était perpétuellement surnommé par Agnes Wu le costume « je sors d'ici et je vais me chercher de l'argent », car Wu ne le portait presque jamais à moins qu'ils ne soient fauchés ou près de l'être.

Elle caressa de la main le revers immaculé, lissant un pli imaginaire.

– Petite devinette, dit-elle. Quand tu seras à Baguio, que se passera-t-il si Durant et toi n'arrivez toujours pas à trouver le cousin ?

– Nous le trouverons, dit Artie Wu.

– Tôt ou tard il faudra regarder la chose en face, Artie. Le cousin vous a eus, Durant et toi.

Wu hocha la tête.

– C'est pourquoi il faut que nous le trouvions. Après tout, nous devons penser à notre réputation, Quincy et moi. (Puis Wu sourit, de son grand sourire blanc personnel derrière lequel un rire bouillonnait et menaçait d'éclater. Ce sourire signifiait à Agnes Wu qu'elle pouvait négliger tout ce que son mari venait de dire.)

Elle lui sourit en retour, ce qui lui redonna un air de très légère et charmante excentricité.

– Alors quand vous n'aurez pas trouvé le cousin et que votre réputation sera en lambeaux, qu'est-ce qui se passera ?

– Il se passera qu'on rentre ici, on prend le prochain vol pour Londres, et puis l'express pour Édimbourg. Durant aime les trains.

– Rapporte de l'argent, Artie.
– C'est ce que je fais toujours, non ?
– Rapportes-en un plein sac, cette fois.
– Un plein sac, promit-il.
– Fais attention à toi.
Il hocha la tête.
– Et veille sur Durant.
– Ou vice versa, dit Artie Wu.

* * *

Le Peninsula Hotel, dans le quartier Makati de Manille, avait pour propriétaire et opérateur la même organisation qui gérait le Peninsula de Hong-Kong. La seule différence, ou presque, qu'Artie Wu pouvait déceler, c'est que le Peninsula de Hong-Kong envoyait une Rolls Royce vous chercher à l'aéroport tandis que le Peninsula de Manille se contentait d'une Mercedes.

Comme Wu pénétrait dans le foyer polygonal, il vit que la plupart des tables étaient comme d'habitude pleines de Manillais assemblés pour potiner en buvant du café ou peut-être quelque chose avec des glaçons. Et, comme d'habitude, beaucoup de ces *Manilenos* le regardèrent fixement quand, balançant sa canne, il traversa le hall en direction du concierge. Wu regarda une fois à gauche et une fois à droite, pour voir si quelque visage appartenait à son passé.

La seule figure familière appartenait au Graf von Lahusen dont les domaines ancestraux se trouvaient malheureusement du mauvais côté de l'Elbe. Le comte, âgé de trente-sept ans, avait lâché la Sorbonne quand il en avait dix-neuf pour prendre la route des hippies jusqu'en Asie du Sud-Est, où il avait découvert bientôt que son titre, son allure et sa capacité à parler quatre langues pouvaient lui procurer un revenu décent, quoique discutable.

Wu se remémorait la fois où le comte et Autremec Ottermeck avaient pratiqué l'antique arnaque dite « du banquier d'Omaha » ; Ottermeck était parfait dans le rôle du banquier frappé par le remords.

Sur ces entrefaites, le Graf von Lahusen leva les yeux, vit Wu, se leva et s'inclina avec gravité. Artie Wu s'immobilisa et s'inclina gravement en retour. La cible du comte, un Japonais entre deux âges, se tortilla sur son siège pour voir qui faisait toutes ces courbettes et autres révérences. Il parut visiblement impressionné par le gentleman chinois en superbe costume de soie blanche et panama qui tenait ce qui était manifestement une canne-épée.

Wu poursuivit son chemin jusqu'au comptoir du concierge, content de voir que M. Bienvenue-Bienvenue était de service. Le vrai nom de l'assistant concierge était Bernard Naldo mais Wu le considérait toujours comme M. Bienvenue-Bienvenue parce que c'est ce qu'il disait chaque fois à Wu, même quand ils s'étaient parlé quelques minutes plus tôt.

– Bienvenue, bienvenue, M. Wu, dit l'assistant concierge quand Wu atteignit le comptoir et s'y appuya, remarquant que Naldo avait encore l'air d'un affable crapaud brun, revêtu d'une veste noire, d'une chemise blanche et d'un pantalon rayé, qui se transformerait en prince après qu'il aurait répondu à la millionième question idiote du millionième touriste.

– Ma note est prête, Bernie ? dit Wu.

Naldo tendit la main sous le comptoir et en retira une épaisse gerbe d'additions issues d'une imprimante d'ordinateur.

– Comme vous le désiriez, déclara-t-il. Le total est de, voyons, soixante mille deux cent dix-neuf pesos.

– Mettons trois mille dollars américains, en liquide, d'accord ?

– Bien sûr.

Wu sortit un épais rouleau de billets de cent dollars et se mit à les compter sur le comptoir.

– La femme et les gosses sont bien partis ? demanda Naldo.

Wu hocha la tête sans cesser de compter.

– Vous avez eu une visite.

Wu cessa de compter et leva les yeux.

– Qui ?

– Boy Howdy. (Naldo eut un reniflement désapprobateur.) Il cherchait Durant ou vous.

– Qu'est-ce que tu lui as dit ?

– Que vous étiez sorti pour visiter la ville et que Durant faisait du tourisme quelque part dans le Sud. A Mindanao, je lui ai dit, du côté de Zamboanga.

– Il t'a cru ?

– Non.

– Quand il repassera, dis-lui que je suis parti et que Durant est à Negros en train de marchander une plantation de sucre.

– Il n'y croira pas non plus.

– Je ne veux pas qu'il y croie ; je veux juste qu'il sente qu'il est indésirable.

– Quel homme affreux. (Naldo renifla derechef.) Mais je suppose qu'il n'y peut vraiment rien, d'être australien.

– Trois mille, fit Wu en glissant l'argent à Naldo qui le ramassa et le compta avec une rapidité stupéfiante.

– Trois mille deux cents, dit Naldo.

– Je sais.

– Oh, fit Naldo qui empocha deux des billets de cent dollars. En quoi puis-je vous être utile ?

– J'ai besoin d'une Mercedes de l'hôtel pour quelques jours.

– Certainement. Voulez-vous toujours Roddy comme chauffeur ?

– Pas de chauffeur.

Naldo fut aussitôt plongé dans la désolation.

– Vous voulez conduire vous-même ? L'hôtel ne peut pas prendre cette responsabilité.

– La circulation est du genre qui me convient, Bernie. Je suis comme un poisson qu'on remet à l'eau.

– Non, je regrette, mais nous ne pouvons permettre ça.

– Bernie, laisse-moi te poser une question. Combien Durant et moi avons-nous dépensé chez toi depuis trois ou quatre mois ?

– Vous êtes tous deux des visiteurs hautement estimés, mais...

– Je veux la voiture dehors à sept heures demain matin, le plein fait et prête à partir.

Naldo soupira.

– Ça ne vous ennuiera pas si c'est notre plus vieille Mercedes ?

– Du moment qu'elle a des roues.

– Et votre appartement ?

– Tu nous le gardes.

– A quel moment faut-il prévoir votre retour, vous et M. Durant – si vous survivez tous les deux ?

– Dans quelques jours.

– Vous ne voudriez pas reconsidérer la question de...

– Non, dit Artie Wu. Absolument pas.

9

Portant un T-shirt jaune People Power, un pantalon en voile de coton crêpé et une paire de sandales, Artie Wu mangea un petit déjeuner considérable à La Bodega, à l'intérieur du Peninsula Hotel – c'était un buffet et, comme toujours avec Wu, l'hôtel ne fut pas gagnant. Et à 7 h 05, au volant de la conduite intérieure Mercedes noire de l'hôtel, il se faufilait à travers la circulation démentielle de Manille. Comme toujours, les conducteurs philippins comptaient uniquement sur leurs avertisseurs pour annoncer leurs incertaines intentions. Artie Wu leur répliquait tût pour tût.

A un feu rouge prolongé, deux enfants mendiants professionnels l'approchèrent. L'aînée était une fillette d'à peine dix ans qui portait dans ses bras son frère émacié de quatre ans. Ils avaient des yeux énormes, une expression pitoyable, un cerveau peut-être arriéré par la malnutrition. Wu soupçonnait tous les enfants mendiants de passer des heures devant un miroir pour parfaire leur air de désolation, mais il baissa tout de même sa vitre et déposa un billet de vingt pesos dans la paume du petit.

Il savait que les enfants auraient de la chance s'ils touchaient le dixième du dollar qu'il venait de leur tendre. Le reste irait aux flics et à l'organisation pour qui ils travaillaient. Wu savait aussi que s'ils réussissaient à survivre encore un an ou deux, l'organisation les engraisserait peut-être pour les transformer en enfants prostitués.

Après être sorti de Manille, Wu ne s'arrêta pas avant Angeles, ayant dépassé l'étendue de la base aérienne de Clark et la longue file d'éventaires qui proposaient au marché noir des denrées issues des magasins de l'armée. Il s'arrêta à un McDonald's pour boire un café et regarda les aviateurs américains de dix-huit ou dix-neuf ans et leurs putes de quinze ou seize ans qui engloutissaient des Big Mac, des Cocas et des frites à dix heures du matin.

Plus tard, non loin de Tarlac, qui était la ville natale de Corazon Aquino, Wu s'arrêta de nouveau, verrouilla les portières et monta sur une petite butte pour regarder le monument bâti à l'endroit présumé exact où la Marche à la mort de Bataan s'était achevée en 1942. Wu était plusieurs fois passé sur la route mais ne s'était jamais arrêté et il était curieux de voir ce que disait la plaque du mémorial. Mais il n'y avait pas de plaque. Du moins Artie Wu n'en découvrit-il pas.

Le seul autre visiteur était un homme rougeaud et efflanqué aux cheveux gris clairsemés qui circulait en boitant et prenait des photos avec son Instamatic.

– Où est la plaque ? lui demanda Wu.

– Quelqu'un l'a volée, j'imagine, fit l'homme avec un accent que Wu estima être du Dakota (du Nord ou du Sud), ou peut-être du Minnesota.

– Sacré truc, dit Wu.

– Sacrée marche.

– Vous n'aviez pas l'âge.

– Mon papa, dit l'homme. C'est encore comme ça que j'y pense. Papa. Il a embarqué pour les Philippines en trente-neuf. J'avais deux ans. Je ne sais même pas s'il est arrivé jusqu'ici. Jamais su ce qui s'est passé exactement. Pour lui, je veux dire. Mais je me suis dit que j'allais m'arrêter et, mettons, saluer, rendre hommage.

Wu hocha la tête. L'homme jeta un regard circulaire, guère satisfait de ce qu'il voyait.

– Ça ferait pas de mal de l'entretenir un peu.

– Les gens préfèrent oublier les guerres perdues, dit Wu.

– Faut croire. (L'homme hocha la tête puis dévisagea Wu en étrécissant les yeux sous le soleil violent et vertical.) Vous n'êtes pas japonais, hein ?

– Non, dit Wu.

– Pendant un instant, là, j'ai pensé que vous pouviez être un jap, avoir connu mon papa et... ah, merde, vous comprenez ce que j'ai pensé.

– Bien sûr.

L'homme se retourna comme pour poser un dernier regard sur le mémorial de la Marche à la mort.

– Ma foi, qu'est-ce que ça fout, de toute façon je ne me souviens pas de lui.

* * *

Wu s'arrêta pour déjeuner sur le tard dans une station balnéaire nommée Agoo Playa qui offrait une belle plage de sable noir face à la mer de Chine méridionale et suffisamment de chambres luxueuses pour loger cent quarante visiteurs. La ville d'Agoo, dans la province de La Union, était près du pied de la Cordillère, dans le nord de Luçon, presque aussi loin au nord que Baguio elle-même.

Wu estima que l'hôtel balnéaire avait été construit par le gouvernement Marcos ou par un des plus proches copains de l'ex-président. Assis, unique client dans une salle à manger de quatre-vingts places, il commanda une bière et une salade aux fruits de mer à l'un des cinq serveurs qui erraient tout près de lui.

– Vous avez combien de clients ? demanda Wu quand la bière arriva.

– Dans les chambres ? dit le jeune serveur.

Wu hocha la tête.

– Quatre.

– Vous pensez que les affaires vont marcher ?

– Quand il fera chaud, dit le serveur en haussant les épaules.
– Il fait chaud maintenant.
– Quand il fera plus chaud, dit le serveur.

* * *

Le dernier arrêt de Wu avant Baguio fut pour le club-house de Marcos Park qui desservait un golf de dix-huit trous. Il prit une tasse de café et admira le terrain de golf désert et le club-house presque vide. Il était haut dans les montagnes à présent et la température était tombée de trente-deux à environ vingt-cinq degrés. Le parcours de golf avait l'air vert, difficile et tentant, et Wu trouva que c'était du gâchis que personne n'y joue.

Son café fini, Wu sortit sur la terrasse de pierre et leva les yeux vers la grande tête de pierre de Ferdinand Marcos qui le surplombait d'un air furibond. Il avait déjà vu des photos de cette tête, perchée sur sa montagne personnelle, mais il n'avait jamais pu évaluer précisément sa vraie taille. A présent il estima qu'elle faisait cinq ou six étages.

Près de Wu se tenait le seul autre touriste, un homme d'une cinquantaine d'années qui utilisait des jumelles pour examiner la tête de Marcos. Sans cesser d'observer à la jumelle, l'homme lui parla :
– Regardez donc ça, vous voulez ?
– Quoi ?
– Le nez, fit l'homme avec son accent de Nouvelle-Zélande.

Wu regarda le nez de Marcos et ses narines épatées. Il distingua de justesse deux petites silhouettes, suspendues à des cordes sous le sourcil de pierre gauche et qui se balançaient en direction du nez. Une des silhouettes transportait quelque chose de blanc.

– Qu'est-ce qu'ils font ? dit Wu.

– Tenez. Regardez. (L'homme lui passa les jumelles. Comme Wu les portait à ses yeux et ajustait la mise au point, l'homme ajouta :) A moins que je me trompe, ces mômes sont en train de lui fourrer une crotte de nez, au vieux.

Wu mit les jumelles au point.

– C'est peut-être de la dynamite, dit-il.

– Mmmh, fit l'homme de Nouvelle-Zélande. J'avais pas pensé à ça, hein ?

* * *

Artie Wu estimait parfois que cinquante pour cent des Philippins qu'il rencontrait étaient allés à San Francisco. Et parmi ceux-ci, cent pour cent affirmaient toujours que la grande ville californienne leur rappelait Baguio.

Il n'était pas d'accord. Les deux cités étaient montueuses et avaient un temps frais, voire frisquet, mais Baguio rappelait toujours à Artie Wu quelque ville du sud des États-Unis, environnée de pins, pendant un petit coup de froid printanier. Peut-être Asheville.

Toutefois, Baguio méritait son titre de capitale d'été car naguère, tout Manille émigrait là quand la saison chaude commençait, en mars. Tout Manille signifiait le Président, le cabinet, des membres choisis de l'Assemblée nationale, les généraux, la presse, les nouveaux riches et les riches de toujours – puis le grouillement des fonctionnaires et des suiveurs qui arrivaient dans leur sillage. Durant avait un jour dit de Baguio que c'était l'endroit où « l'élite se retrouve pour manger et pour baiser le pays ».

Mais cette année le Président était une présidente qui passait le chaud mois de mars à Manille, essayant de reclouer ensemble les morceaux de son pays.

Comme Wu dépassait la résidence présidentielle d'été (où des arbustes ornementaux avaient été taillés pour former des lettres de trois mètres de haut disant « Mansion House »), il se trouva pris dans un embouteillage et remarqua que les soldats qui gardaient l'entrée de la résidence vendaient de la pellicule aux touristes. Wu y vit un signe du nouvel esprit d'entreprise imprégnant le pays.

Comme il aurait plutôt fait cent kilomètres dans la mauvaise direction que demandé son chemin, Wu tourna à mauvais escient et se retrouva en train de descendre Sessions Road, la rue principale commerçante et pentue de Baguio. En bas il aboutit au secteur du marché, quadrillé de grilles, d'où il dut s'extirper en klaxonnant et en jurant. Finalement, par chance et au jugé, il se retrouva sur South Drive et finit par trouver le Hyatt Terraces où M. Bienvenue-Bienvenue lui avait retenu une chambre.

Une fois monté dans sa chambre, Wu sortit une bouteille de bière du mini-réfrigérateur, en but la moitié, décrocha le téléphone et appela la femme qu'en son for intérieur il appelait toujours la Riche Veuve. Un domestique répondit à la seconde sonnerie. Puis Emily Cariaga fut en ligne, avec sa voix grave et chaleureuse.

– Artie ! Je suis contente.

– Comment ça va, Emily ?

– On en parlera plus tard. Je vous passe Quincy.

– Où es-tu ? Aux Pins ? demanda instantanément Quincy Durant.

– Quincy, dit Wu. Il y a deux ans que l'hôtel des Pins a brûlé.

Il y eut un bref silence.

– Je dois faire un blocage, dit Durant. Eh bien, si tu n'es pas aux Pins, tu es au Hyatt.

– Exact.

– Je te prends en bas dans dix minutes et on va aller le voir.

– Qui ça ?

– Le cousin, dit Durant. Qui veux-tu d'autre ?

Le camp John Hay servait avant tout de country-club aux hommes et aux officiers de l'US Air Force stationnés à la base aérienne de Clark. Outre son altitude de quinze cents mètres, il offrait les plaisirs du golf, du tennis, de la natation, du bowling, et des films américains, une profusion de magasins militaires et un océan de bière. Mais surtout il offrait un revigorant changement de climat. Les Philippins bien élevés pouvaient aussi utiliser comme jardin public certaines parties du domaine soigneusement entretenu.

Il faisait presque nuit quand Quincy Durant arrêta à l'entrée du camp la Honda Prelude qu'il avait empruntée à Emily Cariaga, et demanda au MP de service comment se rendre à l'hôpital du poste. Le MP tendit à Durant une carte marquée d'une croix rouge.

– Nous sommes qui ? demanda Artie Wu tandis que la Honda redémarrait.

– Des associés en affaires, dit Durant.

A l'hôpital du poste, un infirmier engagé conduisit Wu et Durant dans un petit bureau où un jeune médecin militaire en uniforme, avec des galons de capitaine, était assis les pieds sur la table et lisait *Time*. Il regarda Durant, puis Wu, puis de nouveau Durant.

– Vous êtes le Durant qui a appelé ?

Durant hocha la tête :

– Je suis Durant ; voici Wu.

Le capitaine posa *Time* sur son bureau, ses pieds sur le plancher et se leva.

– Je suis le docteur Robbie. Allons-y.

Wu et Durant suivirent le capitaine dans un couloir, sur une volée de marches métalliques et le long d'un court corridor en sous-sol. Le capitaine déverrouilla une serrure avec une clé et tira lourdement une porte épaisse. Wu et Durant sentirent un afflux d'air froid.

Le capitaine Robbie contourna la porte pour allumer la lumière. Wu et Durant le suivirent dans la pièce et Wu ferma la porte derrière eux. Il faisait froid à l'intérieur et les seuls meubles de la pièce réfrigérée de trois mètres sur quatre étaient deux civières roulantes. Un homme reposait sur l'une d'elles, nu à part une serviette de bain où était sommairement brodé « Camp John Hay » en lettres rouges. La serviette recouvrait le bas-ventre de l'homme. Il avait la peau brun clair, une jolie figure de playboy, et environ trente ans. On lui avait coupé la gorge. Le capitaine Robbie souleva la serviette pour laisser Wu et Durant jeter un coup d'œil à l'entrecuisse.

– Ils lui ont aussi coupé les couilles, dit le capitaine Robbie en laissant retomber la serviette et en se retournant vers Durant. Eh bien ?

– Qu'est-ce qu'il portait ? dit Durant.

– Pourquoi ?

– Quand ils lui ont coupé les couilles, est-ce qu'ils lui ont baissé son pantalon ou quoi ?

Le capitaine Robbie eut un petit mouvement de tête comme s'il ne comprenait pas les questions de Durant.

– On l'a trouvé juste comme ça, nu comme un ver, à zéro trois cents ce matin là-bas près d'un bar à bière du poste qui s'appelle le Dix-Neuvième Trou.

On lui avait tranché la gorge et il n'avait plus de couilles. Pas de chaussettes, pas de chaussures, rien. Juste lui. Tout nu et raide mort. Vous le connaissez, oui ou non ?

Durant regarda Wu.

– Je crois bien que c'est Ernie, non ?

Wu hocha la tête.

– Pauvre vieil Ernie.

Le capitaine Robbie sortit d'une poche de sa chemise un crayon à bille et un petit bloc-notes à spirale. Il enclencha le stylo-bille, ouvrit le bloc et regarda Durant.

– Ernie comment ?

– Ernesto Pineda, dit Durant et il épela lentement le nom de famille.

– Quels étaient vos liens ?

– Ils nous est arrivé de faire quelques affaires ensemble, dit Wu. Nous pensions en faire encore un peu, mais il semble que non.

– Il semble, fit le capitaine Robbie. Qui est son plus proche parent ?

– Le seul parent dont je l'aie jamais entendu parler était un cousin au troisième degré, dit Durant.

– Personne de plus proche ? demanda le capitaine Robbie. Épouse, père et mère, frère, sœur... ou même une nièce ou un neveu ?

Durant secoua la tête d'un air navré.

– Ernie n'a jamais mentionné que ce cousin éloigné.

Le capitaine secoua la tête et demanda :

– Comment s'appelle le cousin ?

– Ferdinand Marcos, dit Durant.

Le jeune visage lisse du capitaine Robbie se plissa de souci et d'incrédulité.

– Dites-moi que vous plaisantez.

Solennellement, Wu secoua sa tête massive.

Le capitaine Robbie fit la grimace et baissa les yeux pour contempler le cadavre du cousin au troisième degré du président exilé.

– Nom de Dieu, Ernie, quel casse-pieds tu fais, au bout du compte !

10

Quincy Durant était adossé à ses oreillers dans le lit de l'hôtel Hyatt, fumant par exception une cigarette et buvant du scotch à l'eau plate, quand Artie Wu sortit de la salle de bains, rose crevette après sa douche et vêtu seulement d'un volumineux caleçon blanc. Wu entreprit d'enfiler le pantalon de soie blanche du complet à finance. Il ne parla qu'après l'avoir mis et tandis qu'il boutonnait une chemise bleue en chambray grande comme une tente.

– Combien ?

– Environ mille, dit Durant. J'ai arrosé les gens en ville en faisant savoir que j'essayais de repérer Ernie. A six heures ce matin j'ai eu un appel d'un dispatcher de taxis. Un de ses chauffeurs a conduit un major du CID [1] au Dix-Neuvième Trou, ce bar à bière du poste, et ils ont trouvé Ernie. C'est parce que sa voiture ne démarrait pas que le major avait appelé un taxi. Le chauffeur a reconnu Ernie.

– Mais il n'a rien dit ?

– A personne sauf au dispatcher.

– Tu penses quoi ? (Wu se regardait dans la glace et nouait soigneusement sa cravate à motifs géométriques.)

1. Service de renseignement militaire (N.d.T.)

– Quoi ou qui ?

– Qui.

– Un mari cocu. Peut-être un type fâché d'être ruiné.

– Holà, c'est nous, la seconde catégorie.

– La liste n'est pas finie, dit Durant qui but une autre gorgée. Un crime passionnel, homo ou hétéro. Un gars qui n'a pas obtenu le poste, au ministère des Travaux Publics ou ailleurs, alors qu'il avait payé Ernie pour le lui procurer. Une équipe d'hirondelles de la NPA.

– Équipe d'hirondelles. C'est mignon.

– Tu préfères commando de tueurs ?

Wu haussa les épaules.

– Pas vraiment. Mais tu as peut-être raison, là. Mettons qu'Ernie est en maraude. Il rencontre une jeune hirondelle, mâle ou femelle, dans un bistrot et ils se mettent d'accord pour une gâterie vite faite sur le siège avant de la BMW d'Ernie. La deuxième hirondelle est déjà cachée derrière le siège arrière. Le gars tranche la gorge d'Ernie, ils vont au camp en voiture, le déshabillent, le charcutent encore un peu et le laissent sur le terrain de jeu des néo-colonialistes en guise d'avertissement aux gens qui les agacent cette semaine. S'il fallait un symbole de la corruption, on ne pouvait guère trouver mieux qu'Ernie.

– J'ai toujours eu une espèce d'affection pour lui, dit Durant.

– Moi aussi, jusqu'à ce qu'il nous repasse. (Wu gagna le mini-réfrigérateur, en sortit une bouteille de bière, dévissa la capsule, but une gorgée et regarda Durant.) C'est une perte sèche, hein ?

– Les trois cent mille ? Complètement.

– Tu as combien ? demanda Wu.

Durant termina son verre, le posa, écrasa sa cigarette, croisa les mains derrière sa tête, se renversa contre le dossier du lit et contempla le plafond.

– Trois mille deux cent vingt-trois dollars et une carte Gold de l'American Express qui ne protestera pas avant neuf ou dix semaines si on ne tire pas trop dessus. Et toi ?

– A peu près pareil, dit Wu. Peut-être deux ou trois cents de plus. J'ai peur de les compter.

– Si on avait besoin de monter sur un coup, je pourrais probablement emprunter dix mille dollars à Emily.

– Sur un coup ? Quel coup, bon Dieu ? fit Artie Wu qui posa sa bière, ramassa la veste blanche de son complet à finance, ôta un grain de quelque chose de la manche gauche et l'enfila.

– Aucune idée.

Wu pivota pour se regarder dans le miroir suspendu au-dessus de l'écritoire.

– Boy Howdy nous cherche.

La longue figure de Durant se figea. Rien n'y bougeait. Ni les yeux gris-vert ni la large bouche dont les coins remontaient toujours. Artie Wu l'observa dans la glace, tâchant de déceler une réaction quelconque. Impossible de repérer un afflux de sang car Durant avait un de ces hâles des pays chauds qu'il faut des années pour acquérir et qui semblent ne jamais s'éclaircir, même sous un climat froid.

Enfin Durant décroisa les mains derrière sa tête et se dressa lentement. Il était plus grand qu'Artie Wu de deux centimètres mais pesait au moins vingt-cinq kilos de moins. Au premier regard on le croyait généralement décharné, et puis on se rendait compte de l'erreur et l'on pensait « svelte ». Comme ça ne convenait pas non plus, on se rabattait sur maigre et on s'en contentait parce qu'on ne voyait pas quoi penser d'autre.

Outre son hâle permanent, Durant portait un pantalon de treillis kaki et un chandail bleu marine à col en V mais pas de chemise. Aux pieds, une paire de mocassins à glands, coûteux mais sans chaussettes, et qui n'avaient pas été cirés depuis longtemps (s'ils l'avaient jamais été). Il alla au miroir et contempla le reflet d'Artie Wu.

– Je ne travaille pas avec cet australoche, déclara Durant sur le ton décontracté dont Wu savait depuis longtemps qu'il indiquait une résolution définitive.

– D'accord, dit Wu. J'ai rien dit.

Il y eut un bref silence tandis qu'ils se regardaient l'un l'autre dans le miroir.

– Qu'est-ce qu'il veut, Boy ? demanda finalement Durant.

– Je ne sais pas. Il fait peut-être seulement le coursier.

– Avec une chiée de timbres-amendes, comme toujours.

– Alors ?

– Alors on n'a guère de choix, hein ?

– Non, dit Artie Wu. On n'en a pas du tout.

* * *

Emily Cariaga, éduquée à Manille par une arrière-grand-mère qui avait tenu à ne parler que l'espagnol à son arrière-petite-fille juqu'à ce que l'enfant eût six ans, examinait le réseau des trente-six cicatrices pâles et bien délimitées qui s'entrecroisaient sur le dos de Durant. Il était assis nu au bord du lit, fumant la cigarette du petit déjeuner. Emily Cariaga tendit la main et passa gentiment son index le long de la plus longue cicatrice. Durant frissonna.

– Quelle heure est-il ? demanda-t-elle.

Durant regarda sa montre en acier inoxydable sur la table de chevet, puis la glissa à son poignet.
– Cinq heures cinq.
– Hier soir au dîner, Artie semblait si... oh, je dirais pensif, sauf qu'il s'agit d'Artie.
– Artie est fauché, dit Durant. Quand il est fauché, il pense beaucoup.
– Tu aurais dû me demander, pour Ernie.
– Probablement.
– Je le connais depuis toujours.
Durant éteignit sa cigarette dans le cendrier.
– Et ?
– Et Ernesto Arguello Bello Pineda a toujours été un salaud tout à fait charmant. Totalement indigne de confiance.
Durant se retourna pour la regarder, étendue sur le lit, les yeux au plafond, ses petits seins dénudés, le reste de son corps sous le drap.
– Les renseignements avaient l'air bons, dit Durant.
– Venant de qui ? dit-elle. Artie et toi, vous avez parlé à des gens mal choisis. Des gens qui espéraient récolter quelques miettes à la table d'Ernie. Vous auriez dû parler aux gens qui possèdent la table.
– Les gens de ton milieu, fit Durant en souriant.
– De mon milieu, oui.
Il haussa les épaules.
– C'est terminé.
– Pourquoi diable lui avez-vous payé tout cet argent ?
– Pour graisser les rouages ; et quelques pattes. Il s'agissait d'une association de réassurance en cas de pertes.
– Assurer les assureurs, c'est ça ?
– C'est ça. Ce pauvre vieil Ernie prétendait connaître des gens qui nous mettraient de vingt pour

cent dans l'association. On les remerciait de leur amabilité avec deux cent mille dollars américains, tout en liquide. Ernie se faisait cent mille pour son dur labeur. Une fois tout signé et paraphé, Artie et moi, on connaissait des gens d'argent, à Londres, à qui repasser nos vingt pour cent. On comptait doubler notre mise. Au moins.

– Pauvres petits agneaux, fit Emily Cariaga avec un sourire. (Elle caressa du doigt l'intérieur de l'avant-bras de Durant. De nouveau il frémit.) On ne vous a jamais dit de faire attention aux beaux parleurs inconnus ?

– C'est ce qui préoccupait vraiment Artie hier soir. Tu vois, avant qu'on tombe sur Ernesto Pineda, c'est Artie et moi qui avions toujours été les beaux parleurs inconnus.

– Pauvre chou.

Durant hocha la tête.

– Pauvre, ça, c'est vrai.

– Tu as besoin d'argent ?

Il sourit, se pencha et l'embrassa.

– C'est gentil de ta part. Mais non. Pas pour l'instant, en tout cas.

– Tu me diras.

Durant hocha et se dressa.

– Je ferais bien de m'habiller.

Elle se haussa sur un coude et le regarda fixement.

Son sang espagnol avait doté Emily d'un menton joliment ferme et d'un mince nez droit qui, selon les critères philippins, était long. Au-dessus du menton bien dessiné, la bouche était large et peut-être trop généreuse, et souriait en coin plus souvent qu'elle ne souriait vraiment. Le mieux de tout, songea Durant, c'était ses yeux : immenses et noirs, ils semblaient solennels jusqu'au moment où le sourire en coin les étrécissait et où ils devenaient des arcs malins, subtilement moqueurs. La peau presque aussi sombre que le hâle profond de Durant, elle faisait un mètre soixante-huit, mais son maintien était si parfait qu'il paraissait lui ajouter plusieurs centimètres. Avec des talons, on lui attribuait un mètre soixante-quinze ou même un peu plus.

– Veux-tu vraiment savoir ce qui est arrivé à Ernie et à ton argent ? demanda Emily Cariaga.

Durant resta silencieux plusieurs secondes.

– Je me fiche à peu près complètement d'Ernie, en fait. Mais j'avais une certaine affection pour mon argent.

– Alors je vais rentrer à Manille avec toi et Artie. Je parlerai à quelques personnes. Je ne devrais pas mettre longtemps à apprendre quelque chose.

– D'accord. Très bien, fit Durant en hochant la tête.

– Artie passe quand ?

– À 6 h.

– Et quelle heure est-il maintenant ?

Durant regarda sa montre.

– 5 h 15.

Elle tapota le lit.

– Alors nous avons juste le temps, non ?

– Oui, je pense que oui, fit Durant qui se recoucha.

* * *

Durant déclara qu'il avait déjà vu la grande tête de pierre de Ferdinand Marcos plus souvent qu'il n'était vraiment nécessaire, et Artie Wu prit donc la classique Kennon Road, à travers la montagne, en direction de l'autoroute qui menait vers le sud jusqu'à Manille. Kennon Road, une étroite route à deux voies, sinuait, se tordait et zigzaguait. Si tôt le matin, la circulation était faible et Wu conduisait habilement, bien que trop vite, klaxonnant avec prodigalité dans les virages.

Emily Cariaga était assise à l'avant avec Wu parce qu'elle avait le mal de la route si elle s'asseyait derrière. Durant était à l'arrière et se cramponnait. Chaque fois qu'un virage se présentait il fermait les yeux. La façon de conduire d'Artie Wu était l'une des rares choses qui plongeaient Durant dans la terreur.

C'est une vieille Jeepney qui barrait la route. Elle était placée en travers de la chaussée. Sa peinture rouge et jaune était passée et éraillée, mais elle arborait encore deux petits chevaux chromés qui se cabraient sur son capot. Le capot et son radiateur étaient tout ce qui ressemblait encore aux jeeps des surplus militaires d'où la Jeepney tirait son nom.

Ils l'avaient placée juste où il fallait. Quand Wu sortit du virage à grande allure il eut juste le temps d'écraser le frein. La Mercedes dérapa et vint s'immobiliser à trente centimètres de la Jeepney. Sur le siège arrière, Durant dit : « Merde ! »

Ils sortirent alors de derrière la Jeepney. Ils étaient cinq, quatre hommes et une femme, tous de moins de trente ans. Durant estima qu'ils avaient tous moins de vingt-cinq ans, ou au maximum un an ou deux de plus. La femme semblait commander.

Tous les cinq portaient ce que Durant avait fini par considérer comme la tenue internationale typique des guérilleros : blue-jeans, baskets (inévitablement), une sorte de veste en treillis camouflé ou, à défaut de veste, un T-shirt sombre. Deux des hommes arboraient aussi des casquettes publicitaires Timex.

Ces deux-là, qui avaient aussi des M 16, prirent le côté droit de la Mercedes. Les deux autres hommes, armés de fusils de chasse à chargeur et à canon scié, prirent le côté gauche. La femme portait des lunettes d'aviateur très sombres et, à la hanche, un pistolet semi-automatique de calibre .38. Elle s'avança lentement jusqu'à la portière du conducteur et, à travers ses lunettes sombres, contempla Artie Wu qui, après un instant d'hésitation, baissa la vitre.

– Hello, fit Artie Wu avec son sourire le plus amical.

– Américain ? dit-elle.

– Américain.

– Et elle ? demanda la femme en désignant Emily Cariaga.

– Philippine, dit Wu.

– Et lui ? (D'un mouvement de tête elle désignait Durant.)

– Américain, dit Wu.

– Passeports et papiers, s'il vous plaît.

– Bien sûr.

Wu tendit doucement la main vers son passeport, dans la poche intérieure de sa veste. La femme sortit son automatique et le braqua sur lui. Wu remarqua que c'était un produit des usines Colt, qu'il paraissait trop grand pour la main de la femme, et que la seule sûreté qu'il pouvait voir était ôtée. Il lui tendit son passeport, prit celui de Durant et la carte d'identité d'Emily Cariaga et les fit passer. La femme recula de deux pas. Un des hommes au fusil à canon scié prit sa place.

La femme fourra le pistolet dans la ceinture de cuir qui courait sous les passants de son jean. Elle n'était pas très grande, pas plus d'un mètre cinquante-cinq ou cinquante-six. Ses cheveux noirs raides étaient taillés en coiffure de page. Wu ne pouvait pas voir ses yeux derrière les lunettes noires mais il pensa que ce qu'il voyait de son visage était attrayant et même joli.

La femme examina la carte d'identité et les deux passeports avec soin. Puis elle prit un petit carnet et utilisa un stylo-bille pour noter quelques détails. Après avoir rangé le stylo-bille et le carnet, elle regarda sa montre, hocha la tête d'un air content, tira l'automatique de sa ceinture et revint lentement près de Wu.

– Quelle est votre profession ? Votre travail ? dit-elle. Vous et lui derrière. Les passeports américains ne le disent pas.

– Hommes d'affaires.

Un des hommes au fusil parla à la femme en tagalog.

– Il veut savoir combien votre société paierait pour vous, dit-elle.

– Nous n'avons pas de société, dit Wu. Nous sommes des investisseurs privés.

– Si vous avez de l'argent à investir, vous devez être riches. Vous portez un beau costume blanc et votre voiture est chère.

– Hélas, dit Wu. Le costume est vieux, la voiture est louée, et notre dernier investissement s'est mal terminé.

La femme sourit. Elle avait des dents extraordinairement blanches.

– Vous avez vraiment laissé Ernie Pineda vous refaire de trois cent mille dollars américains ?

Artie Wu tâcha de dissimuler sa stupeur. Il déglutit tant qu'il put et dit :

– Je ne sais pas de quoi...

Durant se pencha et l'interrompit.

– C'est à peu près ça. Trois cent mille.

La femme hocha la tête et tapota le rebord de la portière avec les deux passeports et la carte d'identité.

– Ce qui est arrivé à Ernie pourrait vous arriver. Vous comprenez ce que je dis ?

– Pas exactement, dit Durant, toujours penché en avant.

– Nous sommes dans un pays corrompu avec un nouveau gouvernement qui promet de mettre fin à la corruption. Bien que nous ne croyions pas à ces promesses, nous croyons que ce nouveau gouvernement a besoin qu'on lui rappelle ce qui pourrait arriver si ces promesses ne sont pas tenues. Ce pauvre bâtard d'Ernie a été un signal. Je continue à me demander si trois signaux de plus seraient utiles ou contre-productifs.

De nouveau la femme tapota plusieurs fois les passeports et la carte d'identité sur le rebord de la portière puis elle les tendit brusquement à Artie Wu qui les prit avec un signe de tête reconnaissant.

Elle recula tandis qu'un des hommes armés d'un M 16 montait dans la vieille Jeepney et commençait d'actionner le démarreur. La batterie était presque à plat et le ahanement alla s'affaiblissant. Juste au moment où il semblait que la batterie était condamnée, le moteur démarra et cracha un nuage noir de fumée de diesel par le pot d'échappement. L'homme au M 16 emballa plusieurs fois le moteur puis recula et manœuvra jusqu'à ce que la Mercedes ait la place de passer.

Wu passa en première et la Mercedes s'ébranla lentement. Par la vitre arrière latérale, Durant contempla la femme au pistolet. Elle leva la main gauche et ôta ses lunettes noires. Elle avait des yeux bruns brillants et contemplait Durant. Au bout d'un instant elle lui fit un signe de tête. Il se dit que ça pouvait signifier adieu, ou nous nous reverrons, ou rappelez-vous mes paroles, ou bien rien du tout. Il hocha la tête en retour d'une manière pareillement ambiguë. Wu appuya sur l'accélérateur et la Mercedes dépassa la Jeepney et fila.

C'est seulement une fois à l'abri, passé le virage suivant, que Wu rompit le silence.

– Qu'est-ce que c'était que tout ça, bon sang ?

– C'était sans doute juste ce qu'elle a dit, dit Emily Cariaga.

Wu plissa le front d'un air incrédule.

– Peut-être, dit-il.

– Dis-moi une chose, Artie, fit Durant. Quand on était là-bas, tu as vraiment dit « hélas » ?

– Hélas, soupira Wu. J'ai vraiment dit hélas.

* * *

A 7 heures ce soir-là, Wu et Durant étaient dans les appartements de Wu au Peninsula de Manille et se demandaient s'ils allaient aller dîner dans un nouveau restaurant allemand qui leur avait été vanté par le Graf von Lahusen, ou attendre que Boy Howdy réponde à leur message. Attendre cette réponse signifiait dîner dans la suite, au tarif ad hoc, ce qui ne les séduisait ni l'un ni l'autre. Ils étaient presque tombés d'accord pour essayer le restaurant allemand quand le téléphone sonna. Durant décrocha.

L'accent australien râpeux de Boy Howdy crépita sur la ligne.

– C'est toi, Artie, ou c'est ce fumier de Durant ?

– Ce fumier de Durant.

– Écoute, Durant, cette fois-ci j'ai vraiment un coup juteux pour vous, les gars.

– Raconte à Artie, dit Durant. (Wu se leva du divan et prit le téléphone.)

– Comment vas-tu, Boy ? fit Wu et il écouta. (Il écouta pendant presque deux minutes sans émettre un son, à part deux grognements inexpressifs.

Quand il parla enfin, ce fut d'un ton froid et détaché :) Dis-lui que ça nous intéresse, c'est tout. Il écouta de nouveau et reprit la parole sur un autre ton, durement : non, Boy, tu ne lui dis foutre pas que c'est *d'accord*. Tu lui dis exactement ce que je t'ai dit : que ça nous intéresse.

Wu se remit à écouter et quand il parla de nouveau, sa voix était neutre et ses propos à prendre ou à laisser :

– Absolument pas, dit-il. Ta part viendra de lui, pas de nous. (Après avoir encore écouté un peu, Wu coupa d'un ton indifférent :) C'est bon, Boy. Comme tu dis, l'affaire est aux chiottes.

Wu raccrocha, adressa un sourire aimable à Durant, et attendit. Vingt secondes plus tard le téléphone sonna. Wu le prit, dit « Allô » et écouta de nouveau. Finalement il hocha la tête avec une apparente satisfaction.

– Bien, dit-il. Je crois que maintenant, nous nous comprenons enfin, Boy.

Cette fois, après avoir raccroché, Wu se tourna vers Durant, sourit de nouveau, sortit un cigare de la poche de sa chemise, s'installa confortablement dans un fauteuil club et y gigota jusqu'à ce qu'il soit bien à l'aise. Il alluma le cigare et souffla soigneusement en l'air trois parfaits ronds de fumée. Durant regardait tout ça avec un sourire amusé.

– Dis-moi, fit Artie Wu. Crois-tu encore à l'existence d'une bonne fée ?

– Elle a un nom, la bonne fée ?

Wu souffla un autre rond de fumée parfait.

– Autremec Ottermeck, dit-il.

Le sourire de Durant s'élargit et il se mit à applaudir lentement et doucement.

– J'y crois, dit-il et, sans cesser de sourire et d'applaudir, il le répéta.

11

Autremec Ottermeck expliqua que le fait de fixer le rendez-vous très tôt le matin pour prendre le petit déjeuner au Polo Lounge du Beverly Hills Hotel était simplement une manière de prendre un imperceptible avantage.

– Cet Harry Crites – ce poète dont j'ai lu des trucs – eh bien, il arrive de Washington en avion – hier soir tard – et il est encore à l'heure de la côte Est, d'accord ? Donc, ce matin, on le fait lever à, disons, six heures, six heures et demie, et ça va complètement perturber ses biorythmes et nous donner un avantage. Pas beaucoup, mais un peu.

– Ses biorythmes ? dit Booth Stallings.

– Ouais.

Stallings jeta un coup d'œil à Ottermeck qui était au volant du cabriolet Porsche 911 jaune emprunté à l'écurie de Billy Diron (lequel était toujours enfermé). Ils descendaient la Pacific Coast Highway à travers Malibu et approchaient du musée Getty. Il était 7 h 04, un samedi, le troisième jour du printemps de l'année 1986.

– Alors vous pensez que ses biorythmes perturbés vont nous aider en quelque mesure à chiper les cinq millions ?

– Chiper ? On ne *chipe* pas cinq millions de dollars. On... on les libère.

Stallings gloussa.

– Peut-être devrais-je réciter les noms de deux ou trois douzaines de pays qui ont été mis à sac et pillés sous le brillant mot d'ordre de libération.

Ottermeck lui jeta un regard rapide et soucieux.

– Écoutez, dit-il. Je vais vous poser une question à laquelle vous n'êtes pas obligé de répondre. Mais est-ce que vous avez des opinions bizarres, en politique ? Remarquez, je m'en fous, mais j'aimerais vaguement savoir.

– Des opinions bizarres ?

– Rouges. Roses. (Il fit une pause.) Moscou, Pékin, peut-être La Havane ?

– Non, fit Stallings en souriant. Dans ce sens-là, je n'ai pas d'opinions politiques du tout. (Il gloussa de nouveau.) Quelles sont les vôtres, si je puis me permettre ?

Ottermeck sembla réfléchir sérieusement à la question.

– Eh bien, on pourrait dire que je vote républicain, sauf que je ne prends plus guère la peine de voter.

– Vous ne prenez plus la peine… ou bien est-ce que vous ne pouvez plus à cause d'une ou deux condamnations ?

Ottermeck parut se verrouiller dans un lieu lointain et glacé où Stallings l'avait déjà vu se retirer. C'est son refuge et ça veut dire allez vous faire foutre, pensa-t-il.

– Je ne pense pas que ça vous regarde, bon sang, déclara Ottermeck avec sa dignité toujours surprenante.

– Vous avez raison, dit Stallings. Ça ne me regarde pas.

* * *

Le voiturier eut un regard de familiarité pour la Porsche jaune quand elle stoppa dans l'allée du Beverly Hills Hotel.

– Quand est-ce qu'on lâche Billy, Autremec ? demanda-t-il en ouvrant la portière d'Ottermeck.

– Demain ou après-demain et fais gaffe à la peinture, dit Ottermeck en sortant de la voiture.

Comme ils montaient les marches de l'hôtel, Ottermeck se retourna pour examiner vivement Stallings des pieds à la tête.

– Arrêtons-nous aux toilettes, fit-il.

– Je vous attends.

Ottermeck laissa un peu d'exaspération affleurer sur son visage.

– Écoutez, quand je dis un truc comme ça, ce n'est pas simplement parce que j'ai besoin de compagnie.

Stallings eut une moue pareille à un haussement d'épaules. Il fit signe à Ottermeck de passer devant et le suivit dans le couloir et à l'intérieur des toilettes messieurs.

* * *

En ce troisième jour de printemps, Stallings portait un costume brun neuf en popeline et une chemise bleue à col rond avec une agrafe en or et la cravate rayée marron et or de quelque régiment dissous. Costume, chemise, cravate, épingle, ainsi que les chaussures de cuir fin à lacets faisaient partie d'une garde-robe qu'Autremec Ottermeck avait choisie pour Stallings deux jours auparavant à la chemiserie Lew Ritter sur Wilshire Boulevard, payant un supplément pour que les vêtements soient retouchés et livrés en vingt-quatre heures.

Ottermeck avait ensuite conduit Stallings chez un coiffeur de Melrose Street et demandé pour quatre-vingt-cinq dollars de coupe de cheveux, traitement facial et manucure. En route vers chez le coiffeur, Stallings avait écouté avec amusement Ottermeck qui lui révélait sa tactique.

– Je ne sais pas depuis combien de temps vous n'êtes pas allé là-bas aux îles, avait dit Ottermeck avec un geste qui englobait la partie du monde comprise entre Catalina à l'ouest et la Chine à l'est. Mais quand on traite des choses comme nous allons en traiter, il faut avoir l'air capable d'acheter le gogo et qu'il vous reste encore de la monnaie. Là-bas, il ne faut pas être dépenaillé parce que ça n'inspire pas confiance et on n'a que ça à fourguer. Ce qui inspire la confiance, c'est d'avoir de la surface. Pas d'être éblouissant ; avoir de la surface. Vous comprenez la différence ?

Stallings avait souri et fait signe que oui.

– Bon, eh bien merde, je vous demande pardon mais vous avez l'air d'un prof de province qui n'est pas allé chez le merlan depuis qu'on l'a titularisé. Je veux dire, on dirait un type à qui sa femme coupe les cheveux un vendredi sur sept pendant qu'ils regardent *la Semaine à Washington* à la télé en gueulant et en gémissant contre le fasciste de la Maison Blanche.

Stallings avait de nouveau hoché la tête, toujours amusé.

– C'est ma fille qui me les coupe. Ma fille de Cleveland Park. Elle serait également d'accord avec toute calomnie que vous voudriez lancer contre l'occupant de la Maison Blanche qui, par parenthèse, n'est pas un fasciste mais un acteur.

– Oh, c'est presque aussi moche.

– Ma fille ne serait pas d'accord avec vous si c'était Gregory Peck.

Ottermeck avait approuvé d'un signe de tête.

– Ouais, si on va par là, Peck a davantage l'air d'un président.

* * *

Après avoir vérifié que les cabines des toilettes étaient vides, Ottermeck examina encore Stallings des pieds à la tête et poussa un soupir.

– Commençons par les rudiments. Fermez votre braguette.

– Seigneur, dit Stallings et il s'exécuta.

– Et arrangez votre putain de cravate.

– Je n'ai jamais beaucoup aimé les cravates.

– C'est votre insigne de pète-sec. Alors ayez l'air d'y être habitué.

Stallings remonta le nœud jusqu'à ce qu'il soit replet et rattacha la barrette d'or qu'il trouvait bête. Ottermeck poussa un grondement approbateur.

– Maintenant vous avez l'air de l'homme qui dit non.

– A Harry Crites ? (Stallings sourit.)

– Pourquoi pas ? Comme la plupart des types de là-bas dans l'Est, il va probablement se pointer avec ce qu'il pense être une tenue décontractée façon Los Angeles, c'est-à-dire ce qu'il met chez lui pour faire griller des saucisses au jardin. Il va nous voir tout bien habillés, et il sera tout mal habillé. Alors qu'est-ce que ça nous donne ? L'avantage, voilà.

Ottermeck se tourna pour s'examiner, avec son complet bleu lugubre, dans la glace des toilettes. Il eut l'air satisfait de ce qu'il voyait.

– Vous ne connaissez pas Harry Crites, dit Booth Stallings mais Ottermeck garda l'air satisfait.

* * *

Ils s'assirent pour le café à une table d'où ils avaient une vue dégagée sur l'entrée du Polo Lounge. Ottermeck surveillait la porte pendant que Stallings examinait les autres clients lève-tôt, tâchant sans grand succès de distinguer entre le vrai talent et ceux qui en faisaient commerce.

Comme il balayait les alentours du regard, Stallings vit l'expression d'Ottermeck changer. Jusqu'ici Ottermeck avait arboré ce que Stallings considérait comme son air d'appât piégé – manifestant une confiance tranquille, une attention aiguë et une patience infinie. C'était le même air qu'Ottermeck avait adopté quand il attendait à l'aéroport.

La curiosité de Stallings s'éveilla quand cet air disparut et fut remplacé, un très bref instant, par le papillotement de quelque chose qui était de l'appréhension plutôt que de la crainte. Mais aussitôt l'air d'appât piégé revint, encore plus prononcé qu'auparavant, et Stallings se tourna pour regarder ce qu'Ottermeck voyait.

La grande femme aux courts cheveux brun rougeoyant se tenait dans l'entrée, examinant minutieusement la salle. Quand ses yeux vert dollar atteignirent Stallings, elle sourit presque et hocha presque la tête. Quand son regard atteignit Ottermeck, elle s'immobilisa. Rien ne changea sur son visage. Mais Stallings jugea que l'échange de regards se prolongeait suffisamment pour qu'elle et Ottermeck rattrapent le temps perdu de quelques années. Puis la femme se détourna soudain et quitta le Polo Lounge.

– Vous la connaissez ? fit Stallings.

– Qui ?

– Allons donc, Autremec.

– Vous la connaissez, vous ?

– Elle est avec Harry Crites.

Ottermeck se détendit et un sourire calculateur effaça les derniers vestiges de son appréhension.

– Eh bien, dit-il, qu'est-ce qu'on dit de ça !

Comme ce n'était pas une question, Stallings ne répondit pas.

* * *

Cinq minutes plus tard, Harry Crites entra à grandes enjambées dans le Polo Lounge, suivi par la grande femme qui portait à présent un mince attaché-case en cuir noir. Harry Crites portait une chemise de polo, des culottes de cheval et des bottes vernies qui lui montaient presque jusqu'aux genoux.

– Un costume de polo au Polo Lounge, chuchota Stallings. On vient de perdre l'avantage, Autremec.

L'expression confiante d'Ottermeck n'avait pas changé à la vue de Harry Crites.

– Il a oublié son cheval, se borna-t-il à dire.

Tandis que la grande femme surveillait les arrières, Harry Crites atteignit la table et adressa un signe de tête à Stallings mais ne tendit pas la main.

– Salut, Booth.

– Harry.

Crites se tourna vers Ottermeck.

– Il paraît qu'on vous appelle Autremec Ottermeck.

Ottermeck sourit.

– J'ai lu une partie de vos poèmes, M. Crites et... (Il s'interrompit et cessa de sourire, comme s'il préférait soudain garder pour lui ce qu'il avait eu l'intention de dire.) Oh, peu importe.

Avant que Harry Crites ait pu faire autre chose que rayonner légèrement, Stallings intervint :

– Assieds-toi, Harry, et présente-nous à ton amie. Ou bien m'as-tu dit que ce n'est pas exactement une amie ?

Crites fit un petit geste pour désigner Stallings.

– Miss Blue, M. Stallings. (Elle et Stallings se saluèrent d'un signe de tête. Harry Crites jeta à Ottermeck un regard bref et désapprobateur.) Lui, vous le connaissez déjà.

Elle hocha la tête à l'adresse d'Ottermeck toujours assis.

– Salut, Autremec.

– Georgia, fit Ottermeck sans sourire.

Un serveur tira un siège et Georgia Blue s'assit à côté de Stallings et en face d'Ottermeck. Harry Crites prit le siège restant. Le serveur distribua des menus. Crites tendit automatiquement le sien à Georgia Blue, sans regarder.

– Commandez pour moi.

Elle se mit à lire le menu.

– Je ne savais pas que tu jouais au polo, Harry, dit Booth Stallings.

– Pourquoi l'aurais-tu su ?

– Tu joues depuis longtemps ?

– Dix ans. Je m'y suis mis à B.A.

Stallings se pencha vers Ottermeck.

– B.A. veut dire Buenos Aires, M. Ottermeck. M. Crites était là-bas il y a quelques années, pour instruire les généraux sur les techniques de sécurité intérieure.

Ottermeck regarda Crites avec intérêt.

– Ce devait être comme d'apprendre à nager à de vieux canards.

Crites pointa l'index sur Ottermeck mais s'adressa violemment à Stallings.

– Qui est ce type, nom de Dieu ?

– Mon guide sur les chemins tortueux de ce monde.

– A ce que j'ai entendu dire, gronda Crites, c'est lui qui en a dessiné la carte.

Le serveur revint prendre les commandes. Georgia Blue ne commanda que du melon et du café noir pour Harry Crites, mais quelque chose de plus consistant pour elle, de même que Stallings et Ottermeck.

– Voulez-vous apporter tout de suite le melon, s'il vous plaît ? dit-elle en rendant les menus au serveur.

Après le départ du serveur, Ottermeck adressa à Crites un autre sourire trop affable.

– Ce doit être quelque chose, d'avoir Georgia comme femme à tout faire.

Harry Crites se pencha en avant, la voix coupante.

– Je veux que tu t'écrases, toto ! J'ai fait affaire avec Stallings. S'il veut que tu sois dans le secteur, d'accord. Mais je ne veux plus t'entendre déconner.

Ottermeck ajouta un affable hochement de tête à son sourire affable.

– M. Stallings s'est assuré mes services, qui sont ce qu'ils sont, pour que je le conseille de mon mieux. Si je juge que votre projet, premièrement, le mettrait gravement en péril, ou deuxièmement, le flanquerait dans une merde totale, je lui dirai de se retirer.

Ils se dévisagèrent pendant plusieurs secondes puis Crites se tourna vers Stallings.

– C'est bon, Booth. Parlons argent. Tu as eu cinquante mille à Washington. Il y a deux cent mille de plus dans l'attaché-case de Georgia, dont la moitié en chèques de voyage Amex non remplis. C'est pour que tu puisses les utiliser n'importe où, comme tu voudras. Mais si pour quelque raison bizarre et merveilleuse tu décidais de filer avec, je pourrais te retrouver grâce à eux. A la longue. D'accord ?

– Où est l'autre moitié ?

– A Hong-Kong. Quand tu livreras le colis, Georgia te donnera les autres deux cent cinquante mille. Ça signifie que tu ferais aussi bien de t'habituer à elle, parce qu'elle va faire toute la balade. A défaut d'autre chose, elle gardera au moins l'œil sur lui. (Crites, sans regarder Ottermeck, le désigna d'un coup de pouce.)

– A Washington, tu ne m'as pas parlé de Miss Blue, Harry.

– Ouais, eh bien, c'est sans doute pour ça que je t'en parle maintenant.

Stallings sourit à Georgia Blue.

– Ça vous ennuierait que je vous appelle Georgia ?

– Pas du tout.

– Parlez-moi un peu de vous.

– J'ai travaillé pour le gouvernement fédéral pendant sept ans.

– A l'Agriculture, peut-être ? dit Stallings. Au Commerce ? A l'Urbanisme et au Logement ?

– Au Trésor, dit Georgia Blue.

Stallings haussa vivement les sourcils.

– Pas dans l'affreux Service Secret ?

La bouche de Georgia Blue forma un petit sourire amusé tandis qu'elle hochait la tête.

– Et maintenant vous êtes avec Harry ?

– Non, M. Stallings. Je suis avec vous.

Le serveur arriva avec le sucrin de Harry Crites. Les autres le regardèrent silencieusement tandis qu'il mangeait en deux minutes, se tapotait les lèvres avec une serviette, buvait une dernière gorgée de café, se tapotait de nouveau les lèvres et se tournait vers Stallings.

– Bon. Ça y est. Je t'ai dit ce que tu as besoin de savoir, et si j'ai oublié quoi que ce soit, Georgia s'en occupera. Quand partez-vous ?

Stallings regarda Ottermeck.

– Ce soir, dit Ottermeck. Le vol de dix heures trente. Philippine Airlines. (Il regarda Georgia Blue avec un apparent souci.) Je ne suis pas sûr qu'on puisse avoir une place de plus.

– J'ai déjà une réservation, Autremec, dit-elle.

– Ensemble à nouveau, fit Ottermeck en souriant.

Harry Crites regarda sa montre et se leva.

– J'ai un match dans quarante-cinq minutes, Booth, alors je suppose que je te reverrai à ton retour. (Son regard se posa sur Ottermeck.) Vous aussi, peut-être.

– Je vais avec vous jusqu'à la voiture, dit Georgia Blue en se levant aussi.

Harry Crites se détourna, puis se retourna vers la table.

– Au fait, Booth. Ton nouveau costume me plaît vraiment.

Quand ils furent sortis, Stallings s'adressa à Ottermeck :

– Où est-ce que tu l'as connue, Autremec ?

– Par là-bas.

– Par là-bas où ?

– Je la laisserai te raconter.

Georgia Blue revint dans les cinq minutes. Elle avait emporté avec elle le mince attaché-case et Stallings observa qu'elle le rapportait. Elle s'assit, se versa une nouvelle tasse de café, but une gorgée et s'adossa confortablement, regardant d'abord Ottermeck, puis Stallings.

– Je crois qu'on pourrait aussi bien en venir au fait, pas vous, M. Stallings ?

– Pourquoi pas ?

– Bien. (Elle se pencha en avant, posa les coudes sur la table et sourit à Ottermeck.) En combien de parts comptes-tu diviser les cinq millions, Autremec ?

Il s'écoula presque une minute pendant qu'ils s'observaient à nouveau et Stallings songea qu'ils échangeaient des confidences récentes, des secrets anciens et de mauvais souvenirs.

Finalement Ottermeck détourna les yeux, regardant non pas Stallings mais quelque chose au loin, à des kilomètres.

– Quatre, dit-il. Quatre parts.

Georgia Blue se tourna vers Stallings et il crut sentir son œil froid qui sondait les recoins secrets de son esprit.

– Et maintenant ce sera cinq parts, n'est-ce pas, M. Stallings ? Un million chacun.

– J'imagine que je suis censé demander pouquoi il faudrait faire cinq parts, dit Stallings, et vous me donnerez une raison majeure qui m'obligera à être d'accord.

– La raison est simple, dit-elle. Il vous sera beaucoup plus facile de faire le coup avec moi que sans moi. En fait, sans moi, ce sera pratiquement impossible.

– Vous ne perdez pas beaucoup de temps en préliminaires et autres salades, hein ? fit Stallings avec l'ombre d'un sourire.

– C'est une perte de temps, dit-elle en continuant de le dévisager. Alors ?

– D'accord, dit Stallings en haussant les épaules. Cinq parts. Un million chaque.

Autremec Ottermeck soupira, cessant de retenir sa respiration, et eut un hochement de tête rassuré.

– A tout point de vue, c'est bien mieux comme ça, déclara-t-il.

12

Pour la seconde fois de sa vie, Booth Stallings prit l'avion en première classe. La première fois, c'était près de cinq ans auparavant, quand un fabricant suédois d'armes légères l'avait envoyé à Londres à un colloque commercial pour présenter une communication mal accueillie que Stallings avait intitulée avec perversité : « Le terrorisme : une nouvelle industrie créative en plein développement. »

Autremec Ottermeck avait insisté pour qu'on aille à Manille en première, pour faire impression, et par chance Stallings avait deux sièges pour lui seul. Ottermeck et Georgia Blue étaient dans la travée voisine et ne se parlaient guère. Quand le 747 fut à trente minutes de Los Angeles et après qu'une hôtesse excessivement attentionnée eut servi un deuxième Martini à Stallings, ce dernier se leva et alla taper sur l'épaule d'Ottermeck.

– A mon tour.

Georgia Blue regarda Stallings se glisser, verre en main, dans le siège abandonné par Ottermeck.

– Parlez-moi de cet argent, dit-il.

– Les cinq millions ?

Stallings hocha la tête.

– Ils existent, dit-elle.

– Où sont-ils ?

– Ils seront à la Hong-Kong & Shanghai Bank. A leur nouveau siège central de la Route des Vœux.

– C'est là qu'ils seront. Pas là où ils sont.

– En ce moment, l'argent est dans un endroit d'où on peut faire le virement sans inquiéter Washington.

– Hors des États-Unis, donc.

Elle sourit.

– Quand Harry fera-t-il le virement ?

– Quand je le lui dirai.

– En code ?

De nouveau, elle sourit.

– Vous voulez m'expliquer le code, vu qu'on est associés et tout ça ?

– Pas tout de suite.

– Il est à qui, cet argent ?

– Quelle importance ? Ce qui veut dire que je ne sais pas.

– Harry m'a raconté des conneries comme quoi ça proviendrait d'un consortium d'hommes d'affaires.

– Le mot conneries convient tout à fait.

– Vous pensez que c'est de l'argent de Langley ?

Elle secoua la tête.

– Pourquoi non ?

– Ils ne passeraient pas par Harry. Ils ont leurs propres couvertures. En permanence.

– Vous voulez savoir ce que je pense ? demanda Stallings après dix secondes de silence.

– Bien sûr.

– Je crois que l'argent vient de quelqu'un qui n'enverra personne courir après quand il aura disparu.

– Harry enverra quelqu'un, dit-elle. Et si on s'y prend comme il faut, c'est moi qu'il enverra.

– Ah ! fit Stallings en souriant en coin. L'idée est jolie.

– Oui, tout de même, hein ?

Stallings s'adossa profondément et ferma les yeux.

– Maintenant, dit-il, parlez-moi de vous et Autremec.

Georgia Blue réfléchit avant de répondre.

– Autremec est un accident grave qui m'est arrivé à Guadalajara quand j'avais vingt ans et lui trente et un, c'est du moins ce qu'il prétendait, mais on ne peut jamais savoir, avec lui, parce qu'il ment beaucoup.

– Mais il fait bien ce qu'il fait, dit Stallings qui ouvrit les yeux.

– Oh ! fit-elle en haussant les épaules. Il est dans les quarante meilleurs.

Stallings, d'un signe de tête, l'engagea à poursuivre mais Georgia Blue n'ajouta rien. Au bout de quinze secondes, il reprit la parole.

– Et l'administration du Trésor, qu'est-ce qu'elle vous faisait faire ?

– Quand un premier ministre venait en visite, ou un premier secrétaire, un président, un potentat et le reste, j'étais garde du corps de l'épouse ou de la maîtresse. En fait, j'étais une domestique avec un flingue. Alors quand une certaine bonne femme complètement nue m'a dit de lui faire un massage, je l'ai envoyée se faire foutre et j'ai été virée et Harry Crites m'a engagée trois semaines plus tard.

– Pour surveiller ses arrières ?

Elle hocha la tête.

– Simple curiosité, mais qu'est-ce qui menace vraiment Harry ? Des ennemis ou la paranoïa ?

– Parfois, les deux marchent ensemble, vous savez.

– Il paraît, dit Stallings qui se leva et regagna son siège dans la travée voisine.

* * *

Booth Stallings n'avait réussi à dormir que trois heures sur les quinze heures de vol qui séparaient Los Angeles de Manille. Ottermeck s'arrangea d'une manière ou d'une autre pour qu'ils franchissent prestement la douane et le contrôle des passeports et Stallings, marchant comme un somnambule, traversa le terminal de l'aéroport international et sortit dans la chaleur. La chaleur le réveilla. Ça, et la horde des chauffeurs de taxis philippins qui hurlaient tous qu'ils avaient la voiture la plus fraîche et le tarif le plus bas. Ottermeck lui-même ajouta au vacarme. Debout, en bras de chemise et la cravate desserrée, il beuglait :

– Manila Hotel ! Manila Hotel !

Les chauffeurs de taxi reprirent le cri avec enthousiasme. Un instant plus tard, un Philippin particulièrement petit, chemise blanche, cravate noire, pantalon sombre et casquette de chauffeur, se précipita jusqu'à Ottermeck, alternativement présentant des excuses pour son retard et affirmant que c'était lui, Romeo, en vérité, qui conduisait la limousine du Manila Hotel. Les chauffeurs de taxis s'en portèrent garants en braillant : « C'est vrai ! C'est vrai ! »

* * *

Stallings n'avait pas vu Manille depuis plus de quarante ans. A cette époque, en arrivant, il avait trouvé une ville pratiquement détruite, maison par maison, par les combats qui avaient été parmi les plus féroces et les plus insensés de la guerre. Assis maintenant à l'avant de la Mercedes noire en route vers le Manila Hotel, il vit qu'on avait presque tout reconstruit, que tout était affreusement laid, et qu'il ne reconnaissait rien, à part les taudis. Les taudis étaient exactement comme dans son souvenir.

* * *

Fin août 1945, Booth Stallings et Alejandro Espiritu avaient été transportés dans un C 47 de l'armée, de Cebu jusqu'à Manille où MacArthur en personne, racontait-on, allait remettre les décorations au cours d'une « cérémonie brève mais émouvante » – c'est en ces termes qu'elle était annoncée par un communiqué du service de propagande.

Le but principal de la cérémonie était de donner à feu l'infirmier T/5 Hovey Profette, de Mena (Arkansas), une Distinguished Service Cross à titre posthume, pour son exceptionnelle bravoure au combat. Espiritu et Stallings, pour leur bravoure moindre, devaient se faire épingler des étoiles de bronze. Ce voyage à Manille était pour tous les deux leur premier trajet en avion.

MacArthur ne se montra pas, bien sûr, et la tâche de décorer un infirmier mort, un sous-bite vivant et un guérillero guenilleux aux opinions suspectes fut dévolue au scribe de MacArthur, le major général Charles A. Willoughby, qui plus tard dans l'existence allait devenir l'associé proche et apprécié d'un autre Américain remarquable, H. L. Hunt [1].

Espiritu reçut sa décoration en dernier. En la lui épinglant, le général murmura des félicitations en anglais. Espiritu sourit et répondit en tagalog ou en cebuano (personne ne savait au juste). Des années plus tard Willoughby devait affirmer qu'Espiritu lui avait dit : le vrai combat est encore à venir, mon général.

La cérémonie, brève mais pas très émouvante, avait eu lieu dans une des rares pièces intactes du Manila Hotel presque rasé par les bombardements, ce même hôtel où Booth Stallings allait revenir plus de quarante ans plus tard.

Quand les officiers du service de propagande furent partis jusqu'au dernier et qu'il ne resta personne sauf le sous-lieutenant d'infanterie et le guérillero, Booth Stallings regarda la décoration sur sa poitrine, l'enleva et la fourra dans la poche de son pantalon. Espiritu en fit autant.

– Où vas-tu maintenant ? demanda-t-il à Stallings.

– Au Japon, je suppose, dit Stallings. Troupes d'occupation.

– Je veux dire cet après-midi.

– J'ai plus ou moins prévu de me soûler plus ou moins.

1. Patriarche milliardaire d'une lignée de Texans aux opinions droitières et « sécuritaires », parfois accusés d'actions occultes. (N.d.T.)

– Puis-je t'accompagner ?

– Tu ne bois pas, Al.

– Je peux te trouver du gin bon marché, marchander avec les putes, écarter les petits voleurs et m'amuser par ailleurs.

– D'accord, dit Stallings. Allons-y.

La cuite dura deux jours et trois nuits. Quand enfin ils se dirent au revoir le 28 août 1945, Stallings était sûr qu'il ne reverrait jamais Alejandro Espiritu.

* * *

On connaissait Autremec Ottermeck au Manila Hotel et il fut accueilli avec des effusions chaleureuses. En s'avançant dans l'immense hall de bois précieux et de beau marbre, Ottermeck tendit des billets de cinq dollars neufs et craquants aux chasseurs, aux porteurs, aux grooms, les saluant parfois par leur nom. Stallings estima qu'Ottermeck s'était séparé de près de soixante dollars quand il atteignit le sous-directeur qui l'accueillit lui aussi avec effusion.

Mais quand Ottermeck pivota pour contempler le hall d'un œil bien entraîné, le sous-directeur bien vêtu perdit son expression de bienvenue et prit l'air fataliste de quelqu'un qui sait qu'il va se faire assommer.

Son inspection terminée, Ottermeck se retourna avec un sourire plein de sympathie.

– Quel est le taux d'occupation des chambres, Ramon ? demanda-t-il. Dans les quarante, quarante-cinq pour cent maintenant que les choses se sont calmées ?

Le sous-directeur secoua la tête.

– C'est davantage, Autremec. Bien davantage.

– Ma foi, je l'espère, dit Ottermeck qui se détourna pour parcourir de nouveau le hall d'un regard sceptique, et se retourna derechef. Je vais te dire ce qu'il nous faut. Il nous faut une suite pour le docteur Stallings et deux grandes chambres pour Miss Blue et moi. Nous voulons tout ça au même étage, fumeurs, car même si le docteur Stallings ne fume pas, il aura des visiteurs qui fument.

Le sous-directeur hocha la tête.

– Nous fournirons ça avec plaisir.

– La seule autre chose qu'il nous faut, c'est un rabais de vingt-cinq pour cent sur une semaine garantie, payée d'avance, tout en liquide, tout en dollars américains. Mais si tu ne peux pas te débrouiller comme ça, Ramon, tu n'as qu'à le dire ; on prendra un taxi jusqu'à Makati et on essaiera à l'Intercontinental ou au Peninsula.

Le sous-directeur secoua la tête d'un air navré.

– Je ne peux pas vous faire vingt-cinq pour cent, Autremec. Nous sommes encore un hôtel d'État.

Ottermeck haussa les épaules et se tourna vers Stallings et Georgia Blue.

– Allons-nous en.

– Mais je peux vous faire vingt pour cent, fit le sous-directeur. Si c'est en dollars.

Ottermeck plongea la main dans sa poche et en tira un rouleau de billets de cent dollars. Comme il commençait de les compter sur l'acajou du comptoir, le sous-directeur, impressionné, prit un stylo et le tendit à Georgia Blue en même temps qu'une fiche d'inscription.

– Bienvenue au Manila, Miss Blue.

* * *

Ils se réunirent trois heures plus tard dans le salon de la suite de Booth Stallings au quatrième étage. Stallings, en pantalon de coton kaki et chemisette bleu foncé de chez Lew Ritter, se sentait encore abruti par le voyage. Mais Ottermeck paraissait reposé et bien réveillé avec son blue-jean délavé, sa chemise hawaïenne criarde et ses tennis usagées qu'il portait sans chaussettes. Stallings se demanda pourquoi Ottermeck voulait avoir l'air d'un touriste à petit budget mais décida de ne pas poser la question.

Georgia Blue aussi avait l'air reposé et alerte, en jupe blanche, corsage de coton brun et escarpins marron et blanc de spectatrice, dont Stallings supposa qu'ils étaient de nouveau à la mode ou le seraient bientôt. Lui et Ottermeck burent de la bière San Miguel en boîte. Georgia Blue dégustait une vodka-tonic. Les boissons provenaient du mini-réfrigérateur de la pièce. Sur la table basse reposait une vaste corbeille de fruits tropicaux ornée d'une carte « Avec les compliments de la Direction », mais personne n'y toucha.

Stallings jeta un regard circulaire sur le salon spacieux dont les fenêtres avaient vue sur la baie de Manille.

– Combien ? demanda-t-il.

– Au tarif normal, deux cent quatre-vingts dollars américains par jour, dit Ottermeck. Mais vous ne payez que deux cent trente-quatre et vous pouvez considérer ça comme des frais de représentation.

– Deux cent trente-quatre seulement, fit Stallings. Chouette.

– Puisqu'on parle argent, on pourrait continuer deux minutes, dit Ottermeck. D'accord ?

– Très bien.

– Georgia et moi devons aller voir un type qui va essayer de m'éponger de dix mille, mais que je vais faire descendre à cinq mille. J'ai besoin des cinq mille.

– C'est lui, votre contact ?

Ottermeck hocha la tête.

– Comment s'appelle-t-il ? demanda Georgia Blue.

– Boy Howdy.

– Il a un nom américain.

– Australien, dit Ottermeck. Sauf qu'il est peut-être philippin depuis le temps. Il a épousé une Philippine, il y a dix ou douze ans.

– Il est quoi ? demanda-t-elle.

– Un trou du cul de première classe qui possède une boîte à Ermita. Il cornaque des putes, des petits mendiants, un racket de protection, il fait un peu le briseur de grève, des trucs comme ça. Il prend aussi des messages et c'est pour ça que je m'en sers. Pour les messages.

– Cinq mille, dit-elle. Ça doit être un sacré message.

– Je crois qu'il s'agit de localiser nos deux autres associés, dit Stallings.

Elle regarda d'abord Stallings, puis Ottermeck, avec une incrédulité visible.

– Hé, les gars. Vous ne savez même pas où ils sont ?

– Ils circulent, fit Ottermeck en haussant les épaules.

A ce moment quelque chose arriva au visage de Georgia Blue : il perdit toute animation et toute expression. Stallings se dit que c'était son air Service Secret. Quand elle parla, ses lèvres bougèrent à peine.

– Ils ont des noms ? demanda-t-elle.

Le regard d'Ottermeck erra deux ou trois secondes dans la pièce avant de se poser sur Georgia Blue.

– Wu et Durant, dit-il.

Stallings regarda l'étonnement, presque le choc, frapper Georgia Blue. Ses yeux s'agrandirent et sa figure pâlit. Sa bouche s'ouvrit pour emplir ses poumons d'air. Un instant, Stallings pensa qu'elle faisait peut-être de l'hyperventilation. Mais sa brusque pâleur fit place à une rougeur furieuse et elle utilisa sa respiration pour maudire Ottermeck.

– Autremec, tu es un sale con !

– Qu'est-ce qui se passe ? demanda Stallings.

Ottermeck tourna vers Stallings un sourire déplaisant.

– Tous les quatre, on a travaillé sur quelques affaires au Mexique ensemble, il y a longtemps. Elle, moi, Durant et Wu. Quand Georgia et moi on s'est, disons, séparés, Durant l'a rattrapée au vol pendant un petit moment et j'ai l'impression qu'elle n'en est pas encore tout à fait remise. C'est ça, Georgia ?

– Salaud !

– Vous ne pouvez pas travailler avec eux ? dit Stallings.

– Pour un million je peux travailler avec n'importe qui, dit-elle. Même Ottermeck.

– Et Durant ?

– Aussi.

– N'est-ce pas une coïncidence plutôt jolie ? demanda Stallings. Que vous connaissiez Autremec et aussi Wu et Durant !

Georgia Blue regarda fixement Ottermeck mais répondit à Stallings.

– Qui vous a fourgué cette équipe, Booth ?

– Un nommé Howard Mott, de Washington. Vous le connaissez ?

Elle fouilla sa mémoire pour voir si le nom y était fiché.

– Avocat ?

Stallings hocha la tête.

– J'en ai entendu parler mais je ne le connais pas. Je devrais ?

– C'est mon gendre.

Le regard que Georgia Blue jeta à Stallings fut un regard de malignité pure.

– Oui, eh bien, je vois que vous êtes sûrement soulagé que je ne le connaisse pas. Votre gendre.

– Très soulagé, dit Stallings. Énormément.

13

Ottermeck fit en sorte de transporter lui-même les cinq mille dollars et Georgia Blue le pistolet semi-automatique Walther petit et plat. Elle le portait dans le dos, enfoncé dans son jean et dissimulé par les pans de la chemise hawaïenne qu'Ottermeck lui avait trouvée dans une des boutiques de souvenirs du Manila. Le Walther était la propriété de Georgia Blue.

Il était presque dix heures du soir quand ils prirent l'ascenseur pour descendre dans le hall de l'hôtel.

– Nous sommes M. et Mme Touriste E. Moyen, dit-il. « E » signifie qu'on s'ennuie, et on sort en ville pour passer une soirée plus ou moins débauchée.

– Sapristi, c'est comme qui dirait un déguisement, c'est ça ?

Ottermeck poussa un soupir.

– Si je dois me balader à Ermita avec un paquet de fric, je veux faire ça sans que personne me remarque. Et quand il faudra faire descendre Boy Howdy de cinq mille, je veux avoir l'air aussi fauché que possible. (Il la toisa d'un œil critique.) L'ennui avec toi, c'est que tu ne peux même pas *avoir l'air* fauché.

– Bon sang, fit-elle comme la porte de l'ascenseur s'ouvrait. Je crois que tu viens de me faire un compliment.

– C'est ce que tu crois, dit Ottermeck en sortant le premier de l'ascenseur.

Devant l'hôtel le portier tâcha de convaincre Ottermeck des avantages de confort et de sécurité d'une limousine de l'établissement. Comme Ottermeck refusait, le portier haussa les épaules, siffla un taxi, nota quelque chose sur un petit bloc, détacha la feuille et la donna à Ottermeck qui la passa à Georgia Blue sans lui accorder un regard.

Le nom de l'hôtel était imprimé en haut du feuillet. En dessous figurait cet avertissement : « Cher Client : pour votre information et votre sécurité le véhicule que vous utilisez comporte les indications suivantes. » Après ça, le portier avait noté le nom et le numéro du taxi.

– Au cas où on se ferait assommer et balancer dans la baie, c'est ça ? dit Georgia Blue.

Ottermeck hocha la tête tandis que le taxi, une Toyota vieille de cinq ans, stoppait et qu'ils montaient à l'arrière. Quand Ottermeck dit qu'il voulait aller chez Boy Howdy à Ermita, le chauffeur proposa de les emmener dans un bien meilleur endroit, tenu par son cousin, où on les escroquerait beaucoup moins. Ottermeck dut refuser deux fois la proposition avant que le chauffeur embraie et descende doucement l'allée de l'hôtel pour s'engager sur Roxas Boulevard.

La distance à parcourir était courte mais prit longtemps à cause d'une circulation chargée et des consommateurs de sexe et de péché qui emplissaient la rue étroite à sens unique, à Ermita. Au bout de la rue, le nom de Boy Howdy clignotait en grandes lettres de néon rose. Au moins une douzaine de clubs s'alignaient au pied du pâté de maisons et devant chacun d'eux un aboyeur vantait les délices qui attendaient à l'intérieur. A peu près la moitié des aboyeurs étaient des Australiens, quadragénaires et quinquagénaires, la bouche mauvaise, le regard déçu.

La clientèle potentielle incluait des hommes d'affaires japonais arborant des costumes sport élégants et des sourires idiots ; des militaires américains, tous jeunes, ivres pour la plupart ; et une certaine quantité d'Européens mâles qui semblaient déchirés entre l'appréhension et le désir. Le reste de la foule se composait de prostitués mâles ou femelles, enfants ou adultes, et d'un assortiment de maquereaux, d'enfants mendiants, de travestis, de pickpockets, d'arnaqueurs polyvalents et de quelques touristes américains entre deux âges qui avaient l'air de s'être trompés en achetant leur guide.

Parvenu à cinquante mètres de chez Boy Howdy, le taxi fut bloqué par un bouchon. Ottermeck régla le chauffeur. Celui-ci, après que ses passagers furent descendus, coupa son moteur, remonta les vitres, verrouilla les portières et se résigna à un bain de vapeur d'une durée indéterminée.

Ottermeck allait en tête, Georgia Blue légèrement en arrière et sur la gauche, côté trottoir – le côté d'où viendraient les embêtements, s'il en venait. Ottermeck marchait au pas de promenade, fidèle à son rôle de touriste, les yeux grands ouverts et un ricanement blasé plaqué sur le visage.

Les embêtements vinrent d'un grand matelot américain ivre qui portait un T-shirt où l'on lisait : « Merdier National ». Il saisit le poignet droit de Georgia Blue.

– C'est plus fort que moi, proclama-t-il. Je suis amoureux !

Ottermeck se retourna et regarda, impassible, Georgia Blue que le matelot faisait pivoter. Elle rit presque lorsque l'homme lui déclara que les femmes grandes l'excitaient. Mais soudain sa main gauche s'abattit sur la grosse main droite qui se cramponnait toujours à son poignet. Ses doigts cherchèrent et trouvèrent le nerf situé juste sous le pouce de l'homme. Elle serra. Le matelot hurla. Il continua de hurler tandis qu'elle le forçait à tomber à genoux, le lâchait et s'en allait. Un petit attroupement se forma vivement pour discuter. (La question était de savoir si l'homme agenouillé était assez amoché pour qu'on le détrousse.)

– C'est Durant qui t'a appris ça, hein ? fit Ottermeck comme Georgia Blue le rejoignait.

– Tu crois ?

– Je l'ai vu le faire une fois à Bangkok, à une espèce de gorille des forces spéciales.

– Je vais très bien, Autremec, mais c'est très gentil de t'en inquiéter.

Ottermeck lui jeta un coup d'œil rapide et perplexe.

– Je ne me suis pas inquiété, si c'est ce que tu veux dire. T'es foutrement bonne, pour ça.

Elle hocha légèrement la tête, détournant les yeux.

– Tu as raison, dit-elle. Pour ça, je suis foutrement bonne.

* * *

Devant chez Boy Howdy, l'aboyeur était un Australien d'une taille de jockey avec pas assez de dents et une voix de mégaphone. Un de ses yeux était en bon état, et l'autre laiteux. Il tourna son bon œil vers Ottermeck.

– Ça fait une paye, camarade, dit l'aboyeur.

– Dis-lui que je suis là.

– Dis-le-lui toi-même.

L'intérieur de la boîte de Boy Howdy n'était pas vraiment noir comme du goudron à cause de la lumière rose qui provenait d'une petite scène où trois femmes nues – deux Philippines et une Chinoise – se livraient à une orgie apathique, vaguement gymnique. Au pied de la scène un trio orchestral – - piano, batterie et saxophone – jouait *Moon River*.

Il y avait deux rangées de box contre les murs, un long comptoir bondé et deux douzaines de très petites tables où des radeuses impatientes guettaient une proie. L'endroit était un peu plus qu'à moitié plein et la plupart des clients étaient des Japonais qui regardaient le spectacle et gloussaient dans leur Coca-whisky.

Un Philippin aux épais cheveux noirs tombant jusqu'à ses épaules et au menton de macrocéphale s'avança vers Ottermeck et hocha la tête. C'était un petit géant de deux mètres et des poussières et il avait l'air confiant d'un videur chevronné que son activité continue de ravir. Trois cicatrices couturées barraient sa joue droite comme des insignes de son grade.

– Qui c'est ? fit le videur en utilisant son menton en béton pour désigner Georgia Blue.

– Wanda Mae, dit Ottermeck.

Le videur fronça les sourcils.

– Boy, il m'a rien dit à propos d'une Wanda Mae.

– Je l'ai payée pour la nuit complète et j'ai pas envie qu'elle se tire, expliqua Ottermeck.

C'était une chose que le videur pouvait comprendre. Il donna un coup de tête vers le fond de la salle.

– Venez.

Ottermeck et Georgia Blue le suivirent dans un petit couloir où deux portes menaient à des toilettes.

Au fond du couloir se trouvait une troisième porte, en métal. Le videur se tourna vers Ottermeck.

– Levez les bras.

Ottermeck les leva. Le videur commença par les aisselles d'Ottermeck et poursuivit sa palpation en descendant. Quand il atteignit les genoux, Ottermeck coupa court :

– Ça suffit.

Le videur leva les yeux, secoua sa grosse tête, et aurait continué si Georgia Blue ne lui avait pas planté le canon du Walther dans l'oreille gauche.

– Il a dit que ça suffisait, fit-elle tandis que l'homme se redressait lentement, l'arme toujours partiellement enfoncée dans son oreille.

Ottermeck considéra le videur.

– Si nous entrons comme ça, tu auras l'air plutôt idiot avec cette chose dans l'oreille. Alors si tu te contentais d'ouvrir la porte et on entre et tu peux rester ici et surveiller. D'accord ?

A cause de l'arme dans son oreille, le videur ne put hocher la tête que d'un demi-centimètre.

– Qu'est-ce que je fais ? demanda Ottermeck. Je sonne ?

– Une longue, deux brèves, dit le videur.

Ottermeck appuya sur un bouton noir selon ces instructions.

Un instant plus tard on entendit le bourdonnement du déverrouillage. Ottermeck entrouvrit très légèrement la porte et attendit de sentir le dos de Georgia Blue contre le sien.

– Ça va ? fit-il.

– Ça va. (De sa main armée du Walther, elle fit signe au videur de s'en aller du petit couloir.)

Ottermeck ouvrit grand la porte blindée et s'y encadra, faisant un instant écran devant Georgia Blue qui se retourna vers lui et remit vivement le

Walther en place sous les pans de sa chemise hawaïenne.

La pièce où ils pénétrèrent n'était pas plus grande qu'un grand tapis, environ trois mètres sur cinq. Tout le mobilier semblait fait de plastique, de métal chromé et de cuir. Il n'y avait pas de fenêtre. Un des murs était peint en noir mat et s'enorgueillissait d'un tableau à l'acrylique sur velours représentant une plage tropicale idéalisée avec un tas de cocotiers et un tigre replet qui traquait un carabao encore plus gras.

Boy Howdy était debout devant un bureau de plastique et de métal, vêtu d'un *barong tagalog* à manches longues qui laissait voir un gilet de corps démodé en tissu résille. Les poils de son torse, d'un roux grisonnant, dépassaient et frisaient à travers les croisillons du tissu.

Howdy, au moins un mètre quatre-vingt-deux ou trois, avait les larges épaules inclinées et les bras pendants d'un bagarreur de ruisseau. Son visage semblait composé de protubérances roses. Le lobe d'une oreille, la droite, avait été déchiqueté. Ses petits yeux d'un bleu un peu passé étaient enfoncés sous d'épais sourcils broussailleux, d'un roux qui grisonnait aussi. Sur le haut de son crâne, ses cheveux étaient courts et raides et semblaient avoir été crêpés. Ils étaient bien plus roux que ses sourcils et Ottermeck se dit qu'il les teignait.

– C'est qui, elle ? fit Boy Howdy en guise de salutation, d'une voix qui évoquait toujours pour Ottermeck le premier coup d'une râpe à bois.

– Georgia Blue.

Howdy ricana, découvrant deux dents en or.

– Comme dans *Sweet Georgia Brown,* alors ?

– Figurez-vous qu'on ne m'a jamais dit ça, dit-elle.

– Tu parles ! dit Howdy qui eut un geste lourdaud. Eh bien, asseyez-vous... n'importe où.

Georgia Blue choisit un fauteuil en cuir et métal. Ottermeck prit une chaise, la seule de la pièce. Il s'assit les pieds fermement plantés sur le sol, les bras croisés sur son torse. Il jeta un regard circulaire et indiqua du menton le tableau à l'acrylique.

– C'est nouveau, dit-il.

– Ça veut tout dire, hein ? fit Boy Howdy.

– Tout à fait.

– Eh bien, qu'est-ce que ce sera, Autremec ? Un verre et on parle un peu affaires, ou bien on parle un peu affaires et on boit un verre après ?

– On parle affaires.

Boy Howdy hocha la tête et appuya son postérieur contre le bureau.

– Je ne te cacherai pas que j'ai fait un vache de tas d'efforts et de dépenses pour localiser tes deux potes. Un vache d'effort et tout plein de dépenses.

– J'imagine. Deux coups de fil et peut-être cinquante pesos à un employé d'hôtel.

Howdy adressa à Georgia Blue un sourire de conspirateur.

– Vous avez déjà remarqué que c'est un rapide, ce vieil Autremec, quand on cause ?

– Fréquemment.

– Mais j'ai fait le truc, Autremec. Ça m'a pris du temps et ça m'a coûté de l'argent, mais je les ai dénichés et j'ai parlé aux deux.

– Qu'a dit Durant ? Bonjour et au revoir ?

– C'est pas parce que ça colle pas, entre Durant et moi, qu'on peut pas faire quelques affaires ensemble.

– Écoute, Boy, dit Ottermeck. Durant ne te parle pas. Je le sais et tu le sais. Alors qu'est-ce qu'Artie a dit ?

Howdy mit dans sa réponse une cordialité délibérée.

– Ce vieil Artie. Si on me laissait choisir avec qui faire des affaires, je dirais donnez-moi un Chinois, à tous les coups. Quand un Chinois vous dit un truc, on peut le mettre en banque. Alors quand j'ai expliqué à Artie tout le temps et les dépenses que j'ai eus pour le trouver, il a dit qu'il appréciait mes efforts et qu'il s'occuperait volontiers lui-même personnellement de me dédommager, sauf qu'il n'a pas encore passé d'accord avec toi, Autremec, et il pense que ma part doit être prise sur ta part.

– C'est le genre d'Artie.

– Alors moi, je lui dis, « Artie, tu penses que je dois lui demander combien, à ce vieil Autremec ? Donne-moi un chiffre raisonnable », je dis, « qu'Autremec sorte d'ici en fredonnant. » Et Artie a dit qu'il pense qu'un chiffre raisonnable, au strict minimum, ce serait dix mille, en dollars américains.

– Dans ce cas, Artie est complètement con, dit Ottermeck.

Une expression de mélancolie envahit lentement le visage noueux de Howdy.

– Je te connais, Autremec. Depuis des années. Et je connais Artie et ce fumier de Durant. Et je sais qu'ils ne font pas des petits coups et toi non plus, jamais. Alors les gars, ce que vous mijotez est un truc riche et bonnard et je trouve que je devrais en avoir une bonne cuillerée.

Ottermeck soupira, contempla le sol pendant un long instant, puis releva la tête, les yeux emplis de franchise et de conviction.

– Mettons-nous d'accord sur une chose, Boy. Je suis ici pour te verser de l'argent. Je t'ai appelé de Los Angeles et je t'ai demandé de trouver Artie et Durant. Tu l'as fait et j'apprécie. Mais l'affaire que je monte est complètement hypothétique, sauf pour un minimum de frais. Et c'est tout ce que je peux offrir à Wu et Durant : leurs frais, plus un morceau de rêve doré. Alors tu as passé combien de coups de fil ? Deux ? Trois ? D'accord. Disons trois. Je te paie mille dollars par coup de fil. Trois mille dollars américains. Et si ce n'est pas plus que raisonnable, nom d'un chien, je ne sais pas ce qui l'est.

La figure de Howdy prit un air de total découragement et d'orgueil blessé.

– Autremec, tu ne me paies pas pour décrocher le bigophone et appeler quelques numéros. Tu me paies parce que je sais quels numéros appeler et parce que je tiens la meilleure boîte aux lettres de merde entre Honolulu et Sydney. Je t'ai fourni un service exclusif, exécuté professionnellement, et c'est ça que tu me dois. Et si ça ne vaut pas huit mille en liquide, je mange mon cul.

– Pour le professionnalisme, j'ajoute mille.

– Quatre mille ? C'est... c'est une insulte à ma profession. Mais comme tu es un vieux client, je descendrai à six.

Ottermeck soupira de nouveau et de nouveau il contempla le sol. Finalement il releva les yeux.

– Je peux aller jusqu'à cinq mais j'y suis de ma poche. (Son ton devint froid.) Là, je tape dans ma réserve d'urgence.

– Tu dis cinq ?

– Cinq.

– Alors cinq.

– Bon, dit Ottermeck. Où sont Artie et Durant ?

– Je peux voir un peu l'argent d'abord, Autremec ?

Ottermeck se pencha et entreprit de retrousser la jambe droite de son blue-jean. Georgia Blue se redressa dans son fauteuil et mit la main dans son dos, comme pour se gratter. Boy Howdy passa derrière son bureau en métal et plastique et ouvrit un tiroir.

Une enveloppe 12 × 15 ventrue était collée à la peau de la jambe droite d'Ottermeck avec une bande de Velcro. Il arracha le Velcro et jeta l'enveloppe sur le bureau. Howdy ricana, prit l'enveloppe et regarda dedans.

– Leur adresse et leur téléphone sont là, fit-il en plongeant la main droite dans le tiroir ouvert du bureau.

– Stop ! dit Georgia Blue, et sa voix claqua.

Boy Howdy la regarda avec un étonnement qui pouvait être réel ou bien simulé.

– Stopper quoi, Miss Sweet Georgia Blue ?

Georgia Blue sortit sa main droite de derrière son dos. Elle tenait le Walther. L'étonnement de Boy Howdy devint sincère.

– Ne mettez pas la main dans le tiroir, dit-elle. Dites juste à Autremec ce qu'il veut savoir et comptez votre argent. Il va téléphoner à Wu et Durant pour confirmation. Si vous n'avez pas menti, nous partirons.

Howdy commença par compter son argent. Pendant qu'il comptait, Ottermeck passa derrière le bureau, plongea la main dans le tiroir ouvert et en sortit un pistolet Colt semi-automatique, calibre .45, le modèle 1911. Il ôta le chargeur, l'empocha, et actionna la culasse, éjectant la cartouche de la chambre. Puis il remit le Colt dans le tiroir et empocha la cartouche éjectée.

– Bon, fit-il. Où sont Artie et Durant ?

– Au Peninsula, dit Howdy sans cesser de compter son argent.

– Ici ou à Hong-Kong ?

– Ici. Le numéro de téléphone...

– Je le connais, dit Ottermeck qui décrocha le téléphone, forma un numéro et demanda M. Wu. (Quand Artie Wu répondit, Ottermeck donna son nom et dit :) Je suis avec Boy Howdy, le célèbre branleur, et nous en avons fini avec nos affaires, alors je crois que ce serait bien que je passe vous voir, toi et Quincy. (Quand ils furent convenus d'une heure, Ottermeck dit :) Autre chose. J'ai une surprise pour vous. (Il écouta et répondit :) Ce n'est pas une chose, Artie, c'est une dame. Georgia Blue... Ouais, tu as raison. Il vaut mieux avertir Durant.

Après avoir raccroché, Ottermeck se tourna vers Howdy qu'il regarda d'un air morose.

– Il serait encore temps de te reprendre les cinq mille et de t'avoir pour rien, Boy.

Howdy secoua la tête.

– Il y a quelques années, peut-être. Mais pas maintenant. Tu es resté parti trop longtemps, Autremec. Autrefois tu avais du mordant, mais tu es parti et tu l'as perdu quelque part.

– Et toi, tu es toujours nul et con, dit Ottermeck qui se détourna et gagna la porte ; il la tint ouverte pour Georgia Blue qui sortit à reculons, le Walther toujours pointé sur Boy Howdy.

– J'aime beaucoup que mes femmes soient grandes, Sweet Georgia Blue, dit Boy Howdy quand elle atteignit le couloir.

Elle ne répliqua pas, non plus qu'Ottermeck qui franchit la porte blindée et la referma derrière lui. Boy Howdy demeura quelques instants immobile derrière son bureau, sourcils froncés, puis il décrocha le téléphone et forma un numéro.

– C'est moi, dit-il quand on répondit. Ça s'est passé à peu près comme j'avais dit. (Il écouta une question et répondit :) Mais non. C'est un agneau, lui. C'est sur Wu et ce fumier de Durant que vous devez garder l'œil.

14

Il était plus de minuit quand Artie Wu entendit frapper à la porte et se retourna.

– Réglons ça, dit-il.

Georgia Blue se leva. Inconsciemment ses mains tirèrent sur la chemise hawaïenne criarde qu'elle portait encore, et la lissèrent. Tête basse elle traversa lentement le salon de la suite du Peninsula Hotel. Wu et Autremec Ottermeck la regardaient ; leur curiosité était manifeste. Wu était sur le divan ; Ottermeck dans un fauteuil. Quand elle atteignit la porte, elle redressa sa tête penchée et les deux hommes parurent se détendre.

Elle posa doucement sa main sur la poignée de la porte. On frappa de nouveau, deux tapotements légers. Elle mordit un instant sa lèvre inférieure, resserra sa prise sur la poignée et ouvrit la porte. Quincy Durant se tenait dans le couloir. Il est difficile de dire si, en la voyant, il eut un choc ou s'il fut seulement étonné.

Ses yeux réagirent d'abord. Ils clignèrent deux fois, avec rapidité, puis sa bouche s'ouvrit, comme s'il y avait quelque chose qu'il devait dire. Mais rien ne vint et la bouche s'élargit en un grand sourire content qui lui donna l'air d'avoir six ans, peut-être sept.

– Georgia, ça alors, dit Durant.

– Voilà un sourire idiot, Durant. Il te donne l'air d'avoir six ans. J'espérais quelque chose de plus mûr. Quelque chose qui ait besoin d'une canne, peut-être.

– Le gris te plaît ? (Durant se passa la main dans les cheveux.)

– Il n'y en a pas assez.

Le sourire de Durant s'effaça un instant puis réapparut comme pour s'installer à demeure.

– Tu n'as presque pas changé, dit-il. Sauf en mieux. J'aime tout spécialement ta chemise.

– C'est Autremec qui l'a choisie.

– Autremec. Ah ! Te revoilà avec lui, alors ?

– Je suis sa nouvelle associée, dit Georgia Blue. Je suis aussi la tienne et celle d'Artie.

Le grand sourire disparut lentement, millimètre par millimètre.

– Je vois.

– Non, tu ne vois pas, dit-elle. Mais entre donc, on va t'expliquer.

Durant entra, referma la porte, se retourna. Georgia Blue immobile n'était qu'à vingt ou trente centimètres de lui. Elle avait sur le visage et dans les yeux quelque chose qu'il interpréta comme une exigence ou une invitation, alors il lui releva le menton de la main gauche et passa son bras droit autour de sa taille. Et il l'embrassa. Ce fut un baiser du genre chaste, les lèvres closes, qui dura ce que dure un baiser entre cousins éloignés de sexe opposé. Wu et Ottermeck regardaient avec un détachement courtois.

– Le feu est éteint, à ce que je vois, déclara Georgia Blue, quand le baiser fut fini.

De la main droite, Durant tapota le Walther toujours fourré à l'arrière du blue-jean.

– C'est sans doute à cause de ton extincteur.

Elle lui écarta la main.

– Il y a des années, Quincy, j'ai fantasmé à ton sujet. Des trucs vraiment sado-maso, en pleine nuit.

A la fin, je t'abattais, en général. Mais ça a disparu, comme le cancer disparaît parfois.

Durant la dévisagea brièvement.

– Si tu le dis, Georgia.

Il se détourna et vit qu'Autremec Ottermeck s'était mis debout près de son fauteuil club. Ottermeck avait son sourire content et dur. Durant lui sourit en retour, à sa manière, mi-affectueux, mi-circonspect.

– Autremec, fit Durant, un peu étonné lui-même de la chaleur qui envahissait doucement sa voix, et il traversa la pièce et tendit la main.

– Quincy, dit Ottermeck comme ils se serraient la main.

– J'ai cru comprendre que l'affaire est juteuse.

– Tu as bien compris.

– Bon. (Durant se tourna vers Artie Wu qui rayonnait, toujours installé sur le divan, les mains croisées sur son ventre.) Quand tu m'as appelé, tu as plus ou moins oublié de mentionner Georgia.

Wu secoua sa grande tête.

– Si je t'en avais parlé, ton cœur aurait commencé à faire des bonds et tu aurais piqué une suée et serais parti chercher des roses à une heure du matin. De cette manière-ci tu ouvres la porte et bang ! C'est fait. C'est terminé.

– Comme une bonne pendaison sans bavures, dit Durant.

– Exactement, dit Wu qui regarda Georgia Blue. Ça va bien ?

Elle hocha la tête et s'assit sur le divan.

– Eh bien, parfois les retrouvailles ne sont pas si douloureuses que nous ne...

– Bon sang, Artie, coupa-t-elle. Laisse tomber.

– D'accord, fit Artie avec un sourire aimable. Venons-en aux affaires. (Il se leva du divan.) Je vais donner un verre à ceux qui ont soif. Après ça, Autremec exposera les choses du début à la fin sans qu'on l'interrompe. Quand il aura terminé, ce sera l'heure des questions. Y a-t-il des commentaires ou des suggestions ?

Il n'y en eut pas. Georgia Blue demanda un verre de vin blanc. Les trois hommes choisirent de la bière. Wu servit les boissons, puis retourna s'asseoir sur le divan, sortit un de ses immenses cigares et le tint levé pour voir si quelqu'un avait une objection. Comme personne n'en avait, il l'alluma avec soin, souffla la fumée au-dessus de lui et regarda Ottermeck.

– On écoute, Autremec. Depuis le commencement.

– Je vais d'abord dire à Quincy combien ça vaut, dit Ottermeck qui regarda Durant. C'est cinq millions de dollars américains à diviser en cinq parts égales. Il y a aussi un demi-million en promenade qui servira pour les frais et les petits imprévus. (Il fit une pause.) Intéressé ?

– Extrêmement, fit Durant avec un sourire étroit.

Ottermeck expliqua alors la chose, rapidement et avec concision, laissant de côté les adjectifs et les hyperboles. Chaque nom propre fut énoncé avec soin et même épelé. Un court compte rendu de la rencontre avec Boy Howdy fut fait sans acrimonie, ce qui d'ailleurs le rendit d'autant plus révoltant. Quand Ottermeck en eut fini, il se renversa dans son fauteuil, prit son verre de bière et en vida la moitié.

Il y eut un bref silence, puis Durant parla.

– Notre autre associé, celui qui n'est pas là ?

– Booth Stallings, dit Ottermeck.

– L'expert en terrorisme.

Ottermeck hocha la tête.

– Est-ce un expert sur la prévention et la lutte antiterroriste, ou bien est-ce un type qui explique comment faire ?

– J'ai lu un livre qu'il a écrit, dit Ottermeck. Enfin, la plus grande partie. Il en sait vraiment très long sur la question. Peut-être qu'il sait tout. Mais... (Ottermeck fronça les sourcils comme si son idée lui avait échappé.)

– Mais quoi ? dit Durant.

– Eh bien, quand il explique comment et pourquoi ça se déclenche, il a une espèce de ton neutre. Comme s'il était au-dessus de tout ça, tu vois ?

Artie Wu souffla vers le plafond un grand rond de fumée épaisse et se tourna vers Georgia Blue.

– Parle-nous de l'autre, Georgia. Le poète qui t'a engagée comme porte-flingue.

– Harry Crites.

Wu acquiesça d'un mouvement de cigare.

– C'est un intermédiaire très à la coule, très bien introduit, qui travaille à Washington de son appartement du Watergate. Il a des clients en Amérique du Sud et en Amérique centrale, une espèce de bureau-boîte aux lettres à Londres, et il fait un tas de voyages au Moyen-Orient. Au Caire. Nulle part ailleurs, là-bas. Juste au Caire.

– Il a quel pedigree ? demanda Durant.

– Fédéral, dit-elle. La Maison Blanche – enfin, plus ou moins, il y a longtemps – ensuite la Défense et le Département d'État. (Elle fit une pause.) Varié et ténébreux.

– Langley ? fit Wu.

– Il dit que non.

Artie Wu se colla de nouveau le cigare dans la bouche, croisa les mains derrière la tête et contempla le plafond. Il reprit la parole sans ôter son cigare.

– Bon. Harry Crites est le robinet d'où coule l'argent. L'argent passe par un tuyau, notre petit camarade Booth Stallings, et atterrit dans un seau – peut-être vaudrait-il mieux dire un réceptacle – dénommé Alejandro Espiritu, vaillant résistant ou architerroriste ou les deux, et homme vieillissant.

Il ôta le cigare de sa bouche et regarda Durant.

– A part le fait que lui et Stallings ont autrefois été frères d'armes, pendant la guerre, que savons-nous d'Espiritu ?

– Peau de balle, dit Durant.

– Alors on ferait mieux d'avoir un topo sur lui. Tu voudras t'occuper de ça, Autremec ?

Ottermeck réfléchit et finit par dire oui.

Wu prit un cendrier et éteignit soigneusement son cigare.

– Nous en arrivons maintenant à la vraie question. A qui au juste l'argent que nous allons soulever appartient-il ?

– Stallings a un peu réfléchi à ça, dit Georgia Blue. Il pense que ce doit être de l'argent sale et que personne ne courra après quand il sera envolé. Je lui ai dit que Harry Crites enverra quelqu'un, ça ne fait pas un pli, et que c'est sans doute moi qu'il enverra.

– Et qu'a répondu M. Stallings ? fit Wu en haussant le sourcil droit.

– Il a trouvé que c'était une jolie idée.

– Moi aussi, dit Wu. Quincy ?

– Très jolie.

– Je trouve ça vachement beau, dit Ottermeck.

Artie Wu regarda sa montre, bâilla et s'étira.

– Quelque part sur le trajet, après que l'argent sera sorti du robinet et avant qu'il ne tombe dans le réceptacle Espiritu, il faudra le siphonner. Je peux imaginer plusieurs façons de faire ça et Autremec peut sans doute en suggérer bien d'autres.

– Au moins une douzaine, dit Ottermeck.

– Il faudra opérer sans provoquer de réactions, dit Durant.

– Absolument, dit Wu.

Durant se rembrunit.

– Mais on ne peut pas faire ça avant de savoir à qui appartient vraiment l'argent.

Ottermeck se tortilla dans son fauteuil pour réclamer l'attention.

– Vous voulez savoir ce que je sens dans mes os ?

Artie Wu se pencha, les coudes sur les genoux, l'air soudain très intéressé et attentif.

– On en a très envie, dit-il.

– Bon, fit Ottermeck. On sait qu'on tripote du fric sérieux qui implique des gouvernements ou au moins des multinationales. Je veux dire, des gens qui ne vont jamais dépenser cinq millions rien que pour faire descendre des montagnes un vieux maquisard, à moins qu'ils ne comptent récupérer cinq cents millions, d'accord ?

– Ou du moins quelque chose qui vaut cinq cents millions.

– Eh bien, ça ne m'intéresse pas beaucoup de savoir à qui sont ces cinq millions, du moment qu'on peut s'arranger pour qu'il n'y ait pas de réactions. (Ottermeck fit une pause.) Mais je sens dans mes os à quoi ils sont censés servir. (Il se renversa en arrière et attendit que quelqu'un réclame la suite, ce que Durant fit aussitôt.)

– Foutre en l'air les Philippines, voilà, déclara Ottermeck tandis qu'une expression de certitude totale envahissait son visage.

Il y eut un moment de silence pendant qu'on assimilait la prédiction d'Ottermeck. Finalement Artie Wu questionna d'une voix douce :

– Eh bien, je suppose que ça ne va pas se faire, alors. N'est-ce pas ?

Le calme habituel d'Ottermeck fut remplacé par une désolation teintée d'effroi.

– Tu veux dire qu'on ne s'attaque pas à cet argent ?

– Ce qu'il veut dire, fit Durant, c'est que si nous faisons disparaître l'argent, alors il ne pourra pas servir à foutre en l'air le pays.

– Ah bon. D'accord. (Le soulagement d'Ottermeck était visible.)

– Je n'y crois pas, fit Georgia Blue.

Ottermeck la regarda.

– Et pourquoi donc, bon sang ?

– Parce que la merde reste la merde, même au clair de lune. On ne vole pas cinq millions de dollars par bienfaisance. On les vole parce qu'on est des voleurs. Parce qu'on est des arnaqueurs comme nous, Autremec. Si ces deux-là veulent des contes de fées, grand bien leur fasse. Moi, je veux l'argent.

– Pourquoi est-ce que ce serait tellement mauvais de faire un peu de bien pendant qu'on y est ? demanda Ottermeck.

Georgia Blue poussa un soupir.

– Parce que ça ne rapporte jamais rien.

15

A 7 h 15 le lendemain matin, Booth Stallings sortit de la cafeteria du Manila Hotel où il avait été parmi les premiers clients, et fit un tour dans le hall. Il jeta dans une corbeille à papiers les trois journaux locaux quelque peu surexcités qui avaient été sa lecture pendant son petit déjeuner, et se retourna pour regarder une équipe de reportage de la chaîne ABC qui s'énervait quant à la façon de charger son équipement dans une fourgonnette en attente.

Stallings se demanda comment serait le reportage et quel pourcentage de ses spectateurs saurait ou se soucierait de savoir que les Philippines ne sont pas, somme toute, au Moyen-Orient juste à gauche de la Syrie. *Tu confonds avec les Philistines, mon chou.* Peut-être dix pour cent, décida-t-il, mais aussitôt il éleva le chiffre à vingt et puis, surtout mû par un optimisme sans fondement, à trente pour cent.

Savoir où est un pays ne vous fait pas vous soucier de ce qui lui arrive, songea Stallings, même si vous avez jadis été inscrit à cette ultime leçon de géographie : une guerre mondiale. Il eut un petit sourire en coin en se rappelant ce que les marines disaient alors des Carolines : leur Truk, ils peuvent se la mettre dans le machin.

L'équipe de reportage d'ABC acheva de transporter dehors sa dernière grosse boîte noire et Stallings traversa le hall pour voir s'il y avait des messages pour lui à la réception. L'employé se retourna, regarda et refit face avec une enveloppe. C'était une enveloppe blanche ordinaire, ni bon marché ni chère.

On avait écrit l'adresse à la main et Stallings reconnut une écriture philippine, la plus jolie écriture du monde, à son avis. Mais il savait que son jugement était influencé par la similitude frappante qu'il y avait entre la calligraphie philippine et celle de Mary Helen Packer, une condisciple assise juste devant lui quand il était en seconde, en première et en terminale. Chaque année l'écriture ferme mais gracieuse de Mary Helen Packer lui avait valu un prix.

Il se demanda si la qualité de l'écriture philippine était héritée des moines espagnols ou, moins probablement, des cinq cent quarante maîtres d'école américains qui, en 1901, avaient embarqué pour Manille à bord du S.S. *Thomas,* premier contingent qui s'était répandu dans les îles, apportant à la fois l'anglais et la méthode Palmer dans les provinces. Il se rappela qu'Espiritu avait un jour dit avoir été éduqué par une thomasienne vieillissante. Du Kansas, croyait se rappeler Stallings.

Il gagna un des fauteuils du hall, s'assit et examina l'enveloppe. Elle était élégamment adressée à M. Booth Stallings, Manila Hotel. Dans le coin inférieur gauche se trouvaient les mots : Par porteur.

A l'intérieur se trouvait une feuille de papier blanc de bonne qualité, pliée en deux. On avait utilisé de l'encre noire pour écrire deux lignes si droites qu'elles semblaient presque avoir été faites à l'aide d'une règle. Elles exprimaient plutôt un ordre qu'une invitation : « Rendez-vous sous mon nom ce matin à neuf heures au cimetière américain commémoratif de Makati. » La lettre était signée Hovey Profette. Stallings eut un faible sourire pour refréner le frisson que le nom de l'infirmier mort était censé lui causer.

* * *

Le réceptionniste ne se rappelait pas exactement qui avait apporté la lettre, mais il pensait que c'était peut-être un petit garçon bien propre de neuf ou dix ans au maximum. Stallings le remercia, fit demi-tour et franchit les portes de l'entrée principale de l'hôtel, pénétrant dans la chaleur du matin.

Il mit ses lunettes de soleil à verres correcteurs tandis que le portier sifflait un taxi à air conditionné. Stallings avait encore une vision de près de sept dixièmes et les lunettes de soleil ne servaient à corriger qu'un astigmatisme bénin dont il ne se souciait pas autrement.

Il savait que des gènes bienveillants lui avaient laissé une vue pratiquement intacte et lui avaient permis de garder presque tous ses cheveux, et toutes ses dents sauf une. Il savait aussi que c'était par pure chance qu'il n'avait jamais eu d'opération, de fracture, ni subi une vraie douleur qui résiste à l'aspirine – à part une gueule de bois aiguë, parfois. Dans ce dernier cas, il se contentait de Bromo-Seltzer et d'une ou deux bières.

Stallings considérait même sa vie sexuelle comme acceptable, encore qu'erratique. Les femmes avec qui il couchait à présent étaient pour la plupart divorcées, plus jeunes que lui de presque une génération (elles avaient la quarantaine), et se demandaient encore pourquoi leur mari était parti avec quelqu'un de plus jeune. Stallings affirmait toujours qu'il se le demandait aussi, et cette commune perplexité fournissait un inusable sujet de conversation.

La seule chose qui inspirait parfois des inquiétudes à Stallings, c'était son esprit. Il redoutait de le perdre. Il avait depuis longtemps admis que son cerveau était malin, vif et aisé, sinon exceptionnel. Il y avait certes là quelques planches disjointes et autres bizarreries, mais aussi un fonds d'objectivité soigneusement cultivée. Si vraiment son esprit se mettait un jour à craquer, Stallings comptait sur cette objectivité pour examiner les solutions et choisir le suicide. Il avait décidé depuis des années qu'il aimerait mieux être mort que gâteux.

* * *

Pour rejoindre le cimetière américain commémoratif, le jeune chauffeur de taxi (faisant peut-être un détour, Stallings n'en savait rien) traversa un quartier résidentiel marqué par de hauts murs entourant de vastes demeures surveillées par des gardiens coriaces. Stallings demanda quel était ce quartier et le chauffeur dit que c'était Forbes Park et que les riches et les étrangers vivaient là. Stallings aperçut fugitivement le drapeau espagnol et celui de l'Allemagne, et les trois couleurs de la France. Il y avait plusieurs autres drapeaux, mais on passa trop vite pour que Stallings les identifie.

Passé Forbes Park, une longue côte en lacets menait à la première volée de marches de marbre du cimetière américain commémoratif. Après la première volée de marches venait encore un escalier, et après ça une tour de cinq ou six étages, en marbre, avec une porte noire. Au-dessus de ce portail se voyaient quelques grandes silhouettes en ronde-bosse que Stallings prit d'abord pour des morts au champ d'honneur mais qui, de plus près, se révélèrent être des nus féminins en train d'allaiter.

Sur la droite s'élevait un grand bâtiment épais comme une tranche de gâteau, en marbre blanc, avec un drapeau américain sur un long mât. Sur la gauche, un bâtiment analogue, un mât analogue, et le drapeau des Philippines. Il y avait des arbres derrière les monuments, et plusieurs arpents de gazon devant. Mais il n'y avait ni véhicule, ni visiteur. Du moins Stallings n'en vit-il pas.

Après avoir marchandé sur le prix pour trente minutes d'attente, Stallings quitta le taxi et s'engagea dans l'escalier. Quand il pénétra dans le mémorial il constata que les noms des morts étaient rangés par ordre alphabétique. On donnait d'abord le grade, puis le nom, puis l'unité militaire, et pour finir l'État de naissance du guerrier mort.

Chaque nom était inscrit à la feuille d'or en lettres de plusieurs centimètres de haut. Une plaque proclamait qu'il y avait trente-six mille deux cent soixante-dix-neuf noms. Par-delà les monuments jumeaux s'étendait un cimetière normal où les croix blanches et les étoiles de David s'alignaient, rangée après rangée, tout à fait comme à Meuse-Argonne, Château-Thierry et, supposa Stallings, à Shiloh et Little Big Horn (mais il n'avait jamais visité ces deux derniers charniers, et il n'était pas du tout sûr qu'il y eût là-bas des étoiles de David ; il décida qu'il irait voir).

La lettre P se trouvait vers l'arrière du mémorial venteux, ouvert sur les côtés. Stallings dépassa lentement les Patterson, les Pennington, les Phillips, les Pitt, les Powell et les Prather, et arriva à T5 Hovey Profette, 182 Infantry, Arkansas. La tête levée, il contempla le nom, troisième à partir du haut, et pensa ce que pensent tous les anciens combattants en face d'un mort de leur guerre : mieux vaut toi que moi, mon pote – une première réaction qui est souvent suivie d'un vague et indéfinissable sentiment de culpabilité et de compassion.

Ma foi, si j'avais descendu ce vieil Al quand je pouvais, Hovey, songea Stallings en lui-même et à l'adresse du défunt, peut-être qu'on aurait tous les trois pu avoir notre nom là-haut en lettres d'or. Il contemplait toujours le nom de Profette quand la voix de la femme résonna derrière lui.

– Je vous dois des excuses pour le tour que je vous ai joué, M. Stallings.

Stallings continua de regarder le nom de l'infirmier mort.

– Inutile de vous excuser, dit-il. Et il se retourna, pour découvrir une jeune nonne philippine en tenue grise moderne ; elle portait des lunettes noires et un grand sac de cuir en bandoulière ; Stallings nota qu'elle n'était pas très grande et semblait très alerte.

– Al vous envoie ? dit-il.

– Al ?
– Espiritu.
– Oui, bien sûr. C'est comme ça que vous l'appeliez, n'est-ce pas ? Al. Il veut que je vous conduise à lui.
– Quand ?
– Maintenant.
– Où est-il ?
– A Cebu.
– Dites à Al que j'apprécie la proposition mais que je préfère organiser mes déplacements moi-même.
La nonne secoua la tête d'un air de regret.
– Je crains vraiment de devoir insister.
– Non merci.
– Ah, zut, fit-elle et elle plongea la main dans son sac comme pour chercher un mouchoir, fourragea brièvement et sortit un pistolet automatique de taille moyenne qu'elle braqua sur Stallings avec ce qu'il estima être une aisance née d'une longue pratique. (Il remarqua aussi que c'était au moins un calibre .38 et que la main ne tremblait pas.)
– C'est censé servir à quoi ? demanda-t-il.
– A vous faire venir avec moi.
– Les gens se font de drôles d'idées sur les armes, dit-il, tâchant de prendre un ton aussi rêveur que possible. Si vous m'abattez, ce vieil Al va perdre un tas d'argent. En conséquence, vous n'allez pas m'abattre. En conséquence, je n'irai pas avec vous. (Il sourit.) Vous n'êtes pas une vraie nonne, hein, ma sœur ?
Au lieu de répondre, la femme recula vivement de deux pas et adopta une posture de tireur, jambes écartées, tenant le pistolet semi-automatique à deux mains. Stallings eut d'abord le sentiment que la position lui donnait l'air à la fois bête et légèrement

érotique, puis il se rendit compte qu'elle allait peut-être tirer pour de bon, et même le tuer.

Il tenta de trouver quelque chose de conciliant à dire, quelque chose d'apaisant et plein d'une grande sagesse. Mais, avant qu'il eût trouvé, une voix cracha un ordre monosyllabique :

– Stop !

Stallings était entre deux parois couvertes de noms dorés. La nonne au pistolet avait reculé de deux pas dans le couloir. La voix venait de son flanc droit et son claquement véhiculait une autorité absolue. Stallings avait reconnu la voix. La nonne jeta un coup d'œil sur sa droite. Ce qu'elle vit la fit flancher et abaisser lentement le pistolet jusqu'à ce qu'il soit pointé sur le sol de marbre.

– A genoux ! commanda la voix.

La nonne s'agenouilla.

– Pose-le !

La nonne déposa doucement l'arme sur le sol.

– A plat ventre, mains sur la tête !

C'était une position malaisée mais la nonne y parvint avec une relative dignité. Georgia Blue apparut dans le corridor, le Walther dans sa main droite. Elle s'accroupit pour ramasser l'arme de la nonne, se redressa et jeta un coup d'œil à Stallings.

– Ça fait comment, d'être aux portes de la mort ?

– Un sale effet.

Quincy Durant surgit dans la galerie et s'immobilisa à la droite de Georgia Blue, contemplant la bonne sœur.

– Vous pouvez baisser les mains, lui dit-il.

La nonne ôta les mains de sa tête et les posa paumes contre terre. Durant s'agenouilla et lui enleva ses lunettes de soleil. Elle tordit la tête vers la droite et darda sur lui un œil marron étincelant.

– Comme on se retrouve, dit Durant.

– Tu la connais ? demanda Georgia Blue.

– On s'est rencontrés en descendant de Baguio. Elle et quatre autres types tenaient un barrage routier au kilomètre seize.

– Vous êtes Durant, dit Stallings.

Toujours à genoux, Durant leva les yeux et hocha.

– Et vous êtes Booth Stallings.

– Qui est-ce, elle ? fit Georgia Blue.

Durant ramena son regard sur la bonne sœur qui avait détourné la tête.

– Demandons-le-lui, dit Durant. Vous voulez nous donner votre nom ?

La femme à plat ventre ne répondit rien. Durant ramassa son vaste sac et y fouilla, énumérant son contenu à haute voix.

– Cinq cents pesos, un chargeur de rechange, une serviette hygiénique, de l'aspirine et pas de papiers d'identité.

– Elle connaît Espiritu, dit Stallings.

Durant eut un regard sceptique.

– Elle le connaît ou elle prétend le connaître ?

Stallings sortit de sa poche la lettre manuscrite et la tendit à Durant. Après l'avoir lue rapidement, Durant la passa à Georgia Blue qui la lut aussi.

– Qui est Hovey Profette ? demanda Durant en se remettant debout.

Stallings montra le nom de Profette en lettres d'or. Durant regarda le nom puis de nouveau Stallings.

– Il avait un lien quelconque avec vous et Espiritu pendant la guerre, c'est ça ?

Stallings hocha la tête.

– Elle a dit qu'elle voulait me conduire à lui. A Cebu. Quand j'ai dit non merci, elle a sorti le pistolet.

– C'est drôle, dit Georgia Blue à Durant. Que vous vous soyez déjà rencontrés, elle et toi, de cette façon-là, je veux dire.

– Et avec Artie, aussi, fit Durant. Ce qui rend la chose carrément hilarante. (Il regarda Stallings.) Autremec affirme que vous êtes l'unique contact dans cette affaire.

– C'est ce qu'on m'a dit.

– Alors pourquoi aurait-elle voulu vous tuer ?

– Demandons-le-lui.

– Elle ne répondra pas, dit Georgia Blue.

– Eh bien, qu'est-ce qu'on fait ? demanda Stallings qui commençait presque à prendre plaisir à la situation. On la liquide ?

Durant répondit après un moment de silence.

– Si elle est vraiment liée à Espiritu, ce sera un message pour lui. Sinon... (Il haussa les épaules.)

La femme allongée tourna la tête et regarda Durant.

– Vous ne me tuerez pas.

– Moi, non, approuva Durant. Mais elle, oui. (Du regard il désignait Georgia Blue.)

La femme s'assit vivement sur le sol.

– Mon nom est Carmen Espiritu et je voudrais une cigarette, s'il vous plaît.

Stallings regarda Durant.

– Vous fumez ?

– J'ai arrêté.

– Georgia ? demanda Stallings.

Elle fit non de la tête. Stallings s'accroupit près de Carmen Espiritu, les genoux sous les bras, les mains ballantes, le postérieur entre les chevilles, une expression d'intérêt sur le visage.

– Personne ne fume, dit-il.

La femme ne répondit rien.

– Vous êtes la fille d'Al ?

– Sa petite-fille.
– Pourquoi alliez-vous me descendre, Carmen ?
– Je n'allais pas faire ça.
– Ça y ressemblait drôlement.
– Les gens que vous avez engagés nous déplaisent, et j'essayais de vous convaincre de venir seul à Cebu.
– Qu'est-ce qu'ils ont qui ne va pas, les gens que j'ai engagés ?
– Tout, dit Carmen Espiritu. Vous avez été observé depuis le moment où vous avez rencontré Harry Crites à Washington jusqu'à votre arrivée à Manille.
– Vous voulez dire suivi ?
– Observé. Surveillé.
– Par les copains d'Al ?
– A Los Angeles, dit-elle, les nôtres ont parlé à cette fille, Blondin, la droguée, et l'ont payée pour nous informer sur Ottermeck. Cela nous a conduits à lui. (Elle regarda Durant.) Et aussi au grand Chinois. (Sa lèvre se retroussa légèrement.) Nous avions déjà des dossiers sur eux, mais nous avons décidé de mettre leur compétence à l'épreuve. (Cette fois elle regarda Georgia Blue.) Ce que nous avons vu sur la route de Baguio n'était pas impressionnant.
Durant sourit.
– Alors, dit Stallings, vous ne vous apprêtiez vraiment pas à me descendre ?
– Non. Bien sûr que non.
– Vous vouliez juste me faire peur pour que je laisse tomber mes associés, c'est ça ?
– Vos associés, répéta-t-elle en regardant Georgia Blue. Un agent licencié par le Service secret. (Elle se tourna vers Durant.) Un aventurier sociopathe dont le partenaire chinois souffre de délire infantile. (Elle revint à Stallings.) Et puis, bien sûr, il y

a Ottermeck, le voyou. Ils ont mis mon grand-père mal à l'aise. Soupçonneux. Alors on nous a commandé de vous faire venir seul.

Stallings hocha la tête comme si tout cela était parfaitement compréhensible. Il leva les yeux vers Durant.

– Il va falloir que j'envoie un message à ce vieil Al, je crois bien.

– Elle a déjà reçu le message, dit Georgia Blue.

Stallings eut l'air dubitatif.

– Peut-être. Tu as de la mémoire, Carmen ?

– Très suffisamment.

– Je veux que tu transmettes un message personnel, de moi à ton grand-père. Tu diras à Al que s'il essaie encore de me baiser, il ne touchera pas un rond. C'est enregistré ?

– S'il essaie encore de vous baiser, il ne touchera pas un rond.

Stallings se leva lentement.

– Maintenant, puis-je m'en aller ? dit Carmen Espiritu.

– Certes, dit Stallings.

Durant sortit une cigarette de sa poche, l'alluma et la tendit à Carmen.

– J'ai menti quand j'ai dit que je ne fumais pas, fit-il.

– Comme c'est puéril, dit-elle, et elle aspira la fumée au fond de ses poumons.

16

– Elle a menti quand elle a prétendu être la petite-fille d'Espiritu, dit Stallings comme on revenait vers son taxi toujours en attente.

– Comment le savez-vous ? demanda Durant.

Stallings ne répondit pas avant d'avoir réglé le jeune chauffeur et que le taxi ne se fût éloigné. Il considéra ensuite la Mercedes quatre-portes garée juste derrière l'emplacement que le taxi avait occupé.

– C'est à vous ? demanda-t-il.

– A l'hôtel, dit Durant.

– Air conditionné ?

– Ouais.

– Respirons-en un peu, fit Stallings en gagnant la voiture.

Il monta à l'arrière, Durant et Georgia Blue à l'avant. Durant fit démarrer le moteur et mit en marche l'air conditionné.

– Quel âge avait-elle, Georgia ? demanda Stallings. Vingt-cinq ans ? Vingt-six ?

– Au moins. Vous pourriez ajouter un an ou deux.

– Le vieil Al a soixante-deux ans maintenant, peut-être même soixante-trois. Et il n'était pas marié quand je l'ai connu. Alors lui et ses mômes, s'il en a eu, auraient dû se défoncer pour faire surgir une petite-fille de vingt-six ou vingt-sept ans.

Durant ni Georgia Blue n'objectèrent. Il y eut un silence puis Stallings s'éclaircit la gorge.

– Sans vous offenser, je suis toujours un peu soupçonneux devant les interventions in extremis. Vous vous y êtes pris comment ?

– Rien de tordu, dit Durant. Artie et moi, on a pensé qu'on devrait se réunir tous les cinq. Alors je suis allé au Manila avec la voiture et j'ai appelé Autremec du hall. Comme ça ne répondait pas, j'ai appelé Georgia. On s'est retrouvés dans le hall et elle vous a vu monter en taxi. On a suivi avec la Mercedes et vous savez la suite.

Dans le rétroviseur, Durant regarda Stallings qui sourit froidement.

– Vous vouliez savoir ce que je fabriquais ?

– Exact.

– Ça ne me choque pas.

Durant embraya et la voiture s'ébranla. Pendant près d'une minute Stallings laissa errer son regard sur la droite, à travers la vitre grossièrement teintée, songeant que c'était comme regarder à travers un demi-centimètre de gélatine bleue.

– Elle m'embête, dit-il, rompant le silence.

– Carmen ? dit Durant.

– Non seulement elle, mais son organisation, et vous pouvez être sûrs qu'ils en ont une, elle et le vieil Al. Vous vous rappelez qu'elle a parlé d'une fille de Los Angeles ? Blondin ?

– La droguée, dit Georgia Blue.

– Complètement flippée, dit Stallings. Je l'ai rencontrée dans une propriété qu'Autremec gardait. A Malibu. Carmen affirme que ses petits camarades ont contacté cette Blondin, et puis quelques jours plus tard, vous tombez sur Carmen en personne sur la route de Baguio. J'aimerais beaucoup que vous me racontiez ça, M. Durant, si ça ne vous ennuie pas.

– Ça ne m'ennuie pas. C'était en rapport avec le cousin.

– Le cousin de qui ?

– Le cousin au troisième degré de Marcos. Ernesto Pineda. Quelqu'un lui a tranché la gorge et coupé les couilles. C'est attribué à Carmen et ses copains.

– C'est un début intéressant, dit Stallings. Et ensuite ?

Durant raconta comment lui et Wu s'étaient liés à Ernesto Pineda, sans laisser de côté aucun des éléments qu'il jugeait pertinents. Il passa ensuite cinq minutes à répondre aux questions rapides et fouillées de Stallings. Quand celui-ci fut à court de questions, on roula en silence pendant une minute ou deux, jusqu'à ce que Georgia Blue ne puisse plus réprimer un son qui tenait du gloussement et du fou rire.

– Bon Dieu, Quincy. Vous vous êtes fait repasser, Artie et toi.

Durant ouvrit la bouche pour répliquer mais se ravisa. Un autre silence suivit. Stallings le rompit en se penchant en avant.

– Supposons, juste pour l'amour du sport, que l'affaire de réassurance du cousin était régulière, aussi régulière que ce genre de chose peut l'être si on tient compte des pots-de-vin. D'accord, Georgia ?

Elle hocha la tête sans conviction.

– Et supposons aussi, M. Durant, reprit Stallings, que Carmen a appris votre affaire avec le cousin Marcos à peu près au moment où elle a su que j'avais engagé Autremec. Y a-t-il quelqu'un qui aurait pu savoir qu'Autremec vous cherchait, vous et M. Wu ?

– Ici à Manille ?

– Oui.

– Boy Howdy.

– Un type à peu près réglo ?

– Tout le contraire.

– Vous pensez qu'il aurait pu trop parler ou même vendre à Carmen ce qu'il savait ?

– On peut pratiquement en être sûr.

– Dans ce cas, dit lentement Stallings, il est possible que Carmen et le vieil Al Espiritu aient préféré avoir en face d'eux des démons familiers.

– C'est-à-dire Artie et moi, je suppose.

– Certes. Elle a dû apprendre ce que le cousin préparait, et que vous et M. Wu étiez en cheville avec lui. Eh bien, pourquoi ne pas s'assurer que vous sauteriez sur l'offre d'Autremec ? Le meilleur moyen pour ça, c'était de cogner sur vos finances. Alors ses gars et elle tuent le cousin ; et vous autres, vous y perdez trois cent mille dollars et vous êtes fauchés. Exact ?

– Exact !

– Tout était en liquide ?

– Tout, soupira Durant.

– Ce qui signifie que votre argent aurait pu fournir à Carmen un joli morceau de trésorerie, et aussi que vous seriez plus ou moins forcés de venir travailler pour moi. Vous savez, M. Durant, plus j'y pense et plus ça lui ressemble, à ce vieil Al.

– Pourquoi est-ce qu'elle nous aurait arrêtés quand on rentrait de Baguio ? demanda Durant. Juste pour nous foutre la crainte ?

– Bien sûr. Un petit coup typique d'intimidation ponctuelle. Ils adorent ce genre de truc.

– Vous voulez une deuxième opinion ? demanda Georgia Blue.

– Certainement, dit Stallings.

– Je l'ai vue, Booth. De très près. Et elle était toute prête à tirer. Pas juste à vous kidnapper et vous emmener à Cebu. Tous les détails concordaient : la posture, la respiration, tout.

– C'est votre avis de professionnelle du Service Secret, Georgia ? demanda Stallings.

– C'est ce qu'ils m'ont entraînée et payée à reconnaître.

– Je ne suis pas si sûr, dit-il. Le premier but d'un terroriste est de terroriser. Eh bien, elle m'a vraiment fichu la trouille. Une minute de plus et je serais parti tout seul pour Cebu, ça ne me gêne pas de le dire. Mais nous aussi, nous l'avons joliment terrifiée. Celui qui terrifie le plus, celui-là est le maître. Pour l'instant j'appellerais ça un match nul.

– C'est encore Carmen qui mène, dit Durant. Elle mène aux points, en tout cas. D'environ trois cent mille points.

* * *

Autremec Ottermeck trouva l'homme qu'il recherchait dans une boîte qui servait le café du matin dans une rue transversale à deux pas de Taft Avenue. C'était le troisième club de ce genre où Ottermeck entrait voir, et les trois boîtes semblaient faire des affaires rondement menées en fournissant du café, des petits pains, de l'alcool et du sexe. Les clients – profitant de leur pause du matin qui pouvait durer jusqu'à une ou deux heures de l'après-midi – étaient pour la plupart des hommes d'affaires, des cadres, des commerçants, des politiciens, des hommes de loi, des journalistes et un certain nombre d'hommes bien mis qui vendaient les choses qui tombent des camions.

L'homme qu'Ottermeck recherchait avait maintenant près de soixante-cinq ans. Il avait démarré pendant l'occupation japonaise, comme revendeur sur le marché noir de Manille. Son nom était Abelardo Umali et Ottermeck le trouva assis à une table près du comptoir bondé avec deux jeunes femmes et une bouteille de quelque chose qui ressemblait à du champagne. Seules les deux jeunes femmes en buvaient ; Umali buvait du café.

Ottermeck portait une veste bleue en coton perlé, un pantalon gris qui avait l'air d'être en flanelle mais n'en était pas, et une chemise de polo bleu foncé. Sa seule raison de porter la veste dans la chaleur de Manille était sa poche intérieure où se trouvait l'enveloppe pleine d'argent. Il traversa la salle en direction de la table d'Umali, abordant le vieil homme par la gauche.

– Salut, Abe, dit Ottermeck en atteignant la table.

Abelardo Umali pivota lentement et leva les yeux. Il avait un visage ridé très brun avec une bouche de tortue et de très petits yeux humides qui semblaient capables de pleurer facilement. Il portait une chemisette blanche amidonnée et impeccablement repassée, une cravate grise et un pantalon noir. Ottermeck ne se rappelait pas qu'il eût jamais porté autre chose. La bouche de tortue sourit.

– Autremec, dit Umali. Quelqu'un prétendait que tu étais mort. (Il fronça les sourcils, comme s'il tâchait de se rappeler ce qu'on lui avait dit au juste.) Ou peut-être était-ce simplement que tu aurais dû l'être. De toute façon, tu as mes condoléances. Assieds-toi. Mets-toi avec nous. Je t'en prie.

– Il s'agit d'une affaire privée, Abe, dit Ottermeck.

– Privée ? Est-ce que nous avons des secrets ?

– L'argent que je te dois.

Les yeux humides du vieil homme s'agrandirent et son sourire revint.

– Ah ! Cet argent-là. Un vrai secret. (Il se tourna vers les jeunes femmes.) Mes petits cœurs... pourriez-vous... voudriez-vous... je vous en prie... juste quelques minutes ?

Les deux jeunes femmes pouffèrent, regardèrent Ottermeck, pouffèrent de nouveau, se levèrent et s'éloignèrent vivement.

– Assieds-toi, Autremec. Prends une boisson fraîche.

Ottermeck s'assit et dit qu'il prendrait une bière. Umali la commanda. Quand elle arriva, il la versa soigneusement dans un verre et la servit à son invité.

– J'ai entendu dire que tu as vu Boy Howdy hier soir, dit Umali comme Ottermeck buvait une première gorgée.

Ottermeck hocha la tête.

– Il paraît que la discussion a été chaude. Très chaude.

– Tu as déjà parlé à Boy sans élever la voix ?

Umali haussa les épaules.

– Tu lui as payé une bonne somme. A ce qu'il paraît.

– Je l'ai payé pour me trouver Wu et Durant.

Les sourcils d'Umali montèrent et descendirent deux fois, ce qu'Ottermeck considérait comme le salut de Cebu. Le rapide mouvement de sourcils pouvait indiquer l'approbation, la commisération, l'accord, le doute, la déception ou même « Dis-m'en davantage ».

– Ils sont au Peninsula, dit Umali. Depuis un mois. (Il marqua une pause.) Je te l'aurais dit pour rien.

– Je veux que tu me dises quelque chose pour quelque chose, Abe.

– Y a-t-il un chiffre ?

– Deux mille.

– Pesos ?

– Dollars, dit Ottermeck. Américains.

Les sourcils du vieil homme montèrent et descendirent à nouveau, ce qu'Ottermeck interpréta comme une marque d'intérêt.

– J'entends dire très peu de choses ces temps derniers, déclara Umali qui mentait manifestement. Je suis un vieil homme, à présent, et obligé de payer des jeunes femmes pour m'écouter. J'aime leur parler du passé. Le bon vieux temps à Cebu. Tu t'en souviens, Autremec ?

– Il n'y a pas si longtemps, dit Ottermeck. Dix, douze, quinze ans.

– Je veux dire, il y a quarante, quarante-cinq ans.

– A peu près l'époque de ma naissance. Peut-être que nous pourrions même parler un peu de ce temps-là, toi et moi.

– Pour de l'argent ?

Ottermeck hocha. Les sourcils d'Umali montèrent et descendirent par deux fois. Ottermeck tira de sa poche intérieure l'enveloppe non fermée du Peninsula Hotel et la plaça sur la table devant Umali.

– Puis-je ?

Ottermeck hocha de nouveau. Umali ouvrit l'enveloppe, scruta l'intérieur et mit de nouveau ses sourcils en mouvement.

– Tu peux questionner, dit-il. Peut-être que je pourrai répondre. Peut-être que non.

– Parle-moi de Boy Howdy, fit Ottermeck. Dis-moi pourquoi, hier soir, il s'est quasiment roulé sur le dos, les pattes en l'air, en m'implorant de lui gratter le ventre.

Umali regarda vers la gauche, comme si des idées bien ordonnées se trouvaient de ce côté.

– Toi, Durant et Wu, c'est ça ?

– C'est ça.

– Intéressant, dit Umali. Eh bien, d'abord, tu dois mesurer que Boy est en état de choc depuis que notre dirigeant s'est sauvé.

– Boy a peur qu'Aquino mette bientôt fin au temps des cerises ?

– C'est plus compliqué que ça. (Ottermeck attendit. Finalement le vieil homme poursuivit :) Boy croit au retour.

Brièvement, Ottermeck eut son sourire étroit, gai et dur.

– La foi est une chose merveilleuse.

– Boy est prêt à soutenir sa foi avec – comment dit-on ? – sa fortune et son honneur sacré, s'il lui en reste. De l'honneur, je veux dire.

– Il veut vraiment que Marcos revienne ?

– Beaucoup veulent cela. Mais Boy parie là-dessus tout ce qu'il possède.

– Quelles sont les probabilités, Abe ?

– Que Marcos revienne ? (Il secoua la tête.) Quelqu'un d'autre ? (De nouveau le double va-et-vient des sourcils.)

– Qui ?

Encore une fois les sourcils d'Umali répondirent « Qui sait ? »

– Boy a un favori ?

– Il faudra le lui demander.

– Bon, fit Ottermeck. C'était ma première question.

– Tu comptes en poser combien d'autres ?

– Une.

Les sourcils indiquèrent qu'une deuxième question était autorisée.

– Tu connais Cebu, dit Ottermeck. Tu es né là-bas.

Umali haussa les épaules.

– Dis-moi ce que tu sais d'Alejandro Espiritu.

La bouche mince du vieil homme s'étira en une large ligne pincée et sévère. Ses yeux se mouillèrent encore davantage. Il renifla, soit pour retenir des larmes, soit parce qu'il percevait une odeur déplaisante. Ensuite il parla :

– Va-t-en, Autremec. Emporte ton argent.

Ottermeck avança sa chaise, se pencha sur la table et tapota l'enveloppe ave son index droit.

– Deux mille dollars américains, Abe. Rien qu'une ou deux phrases.

Le vieil homme soupira.

– Toi, Wu et Durant liés à Espiritu. Ah, ça vous va bien, aux uns et aux autres. Mais je ne veux pas le savoir, Autremec. Pour la première fois de ma vie je ne veux pas être le premier à savoir.

– Espiritu t'inquiète, hé ?

Les sourcils refirent un aller et retour.

– Quand c'était un gosse, il me faisait seulement peur. Maintenant que c'est un vieillard, il me terrifie. Vous ne l'aurez pas parce qu'il est plus malin que toi, Autremec. Plus malin que Durant. Plus malin même qu'Artie, et c'est un record. Quoi qu'il arrive, vous ne gagnerez pas. Alors peu importe si l'affaire est grosse, laisse tomber. Va faire le coup du général mexicain ou celui du banquier d'Omaha à quelqu'un de Hong-Kong ou de Bangkok. Ou même à Singapour, bon Dieu.

Ottermeck sourit.

– Il est redoutable, hein ?

– Il est la mort.

– Ramasse ton argent, Abe.

Umali secoua la tête.

– Je veux que tu lui fasses parvenir un message.

L'angoisse lutta avec la curiosité sur le visage du vieil homme. La curiosité gagna.

– De toi ?

– Tu peux lui faire parvenir un message sans que ni toi ni moi y soyons liés. Tu sais y faire, pour ça, non ?

La main du vieil homme glissa sur la table et vint reposer sur l'enveloppe pleine d'argent.

– Quel message ?

– Sur les cinq, c'est Ottermeck le bon.

Le vieil homme le regarda fixement. Sa bouche de tortue redevint une mince ligne désapprobatrice. Son œil gauche déborda et une larme unique coula sur sa joue. Il ne prit pas la peine de l'essuyer.

– Tu vas arnaquer Wu et Durant, c'est ça ?
Ottermeck ne répondit rien. Le vieil homme ramassa l'enveloppe et la fourra contre son ventre derrière la boucle de sa ceinture.

– Je parle à un homme mort, dit Umali. Si Espiritu ne te règle pas ton compte, Durant le fera.

Ottermeck se leva.

– Veilles-y, Abe.

– Je n'aime pas parler à un homme mort, lança le vieillard mais déjà Ottermeck marchait vers la porte.

17

Après que Durant l'eut présenté à Artie Wu, la première chose que dit Booth Stallings fut :

– Comment êtes-vous devenu le prétendant, M. Wu ?

– Vous voulez quelque chose à boire ou bien une bière ? dit Wu.

– Une bière, avec plaisir.

Durant alla au réfrigérateur du salon et sortit trois bières. Il passa les boîtes à la ronde sans les ouvrir. Wu dégoupilla la sienne, but une longue gorgée, soupira de plaisir.

– Je suis, déclara-t-il, le fils illégitime de la fille illégitime du dernier empereur de Chine.

– L'empereur-enfant ? fit Stallings sans s'étonner, dégoupillant sa propre boîte de bière. Le vieux P'ou Yi ?

– Lui-même, dit Artie Wu, content que Stallings connaisse, et encore plus content de n'avoir pas besoin de longues explications.

– Mao l'a jeté quelque temps en prison, non ? Et puis il en a fait un guide pour touristes à Pékin – ou quelle que soit leur façon d'appeler cette ville à présent [1]. Il est mort dans les années soixante, je crois. Soixante-quatre, soixante-cinq... par là.

– Soixante-six, dit Wu.

Stallings leva sa boîte de bière en manière de toast.

– Eh bien, à grand-père.

– Autant que vous sachiez le reste, dit Wu que le toast faisait sourire. Mon vrai père était un évêque méthodiste chinois à la sexualité débordante qui s'est glissé ou rué dans la chambre de ma mère. Elle avait été adoptée par un couple de missionnaires méthodistes qui l'avaient ramenée de Chine à San Francisco. Elle avait dix-sept ans quand l'évêque l'a eue et elle est morte en m'enfantant. Mes grands-parents adoptifs ont été tués dans un accident de voiture quelques années plus tard et je me suis retrouvé à l'orphelinat de la fondation John Wesley de San Francisco.

– Où il m'a rencontré, dit Durant.

– Et vous avez toujours été associés depuis, tous les deux, c'est ça ?

Durant hocha la tête.

– Ce doit être réconfortant, dit Stallings.

– Que nous soyons associés ? demanda Wu dont les sourcils se haussèrent d'un air inquisiteur.

– De savoir d'où vous êtes issu. La plupart des gens ne savent même pas qui était le père de leur grand-père. Moi, en tout cas, je ne le sais pas. Il y a quelques années, je me suis dit que peut-être je devrais, mais je me suis demandé quelle différence

1. Simple allusion à la translittération officielle depuis 1958 : Beijing (N.d.T.)

ça ferait et ça m'a passé. Mais je peux encore comprendre en quoi ce peut être réconfortant.

– Vous avez des enfants ? demanda Durant.

– Deux filles mais pas de petits-enfants.

Wu sortit un de ses gros cigares et procéda au rituel d'allumage tout en parlant.

– J'ai toujours eu le sentiment qu'un talent vendable procure beaucoup plus de sécurité émotionnelle qu'un arbre généalogique bien étiqueté. Quand vient le terme et qu'on est fauché, cela n'aide guère de savoir qu'on est vaguement apparenté à un type qui a signé la Déclaration d'indépendance, ou chargé avec Pickett à Cemetery Hill, ou prêté un crayon au roi Jean. (Il leva les yeux et souffla vers le plafond un de ses épais ronds de fumée.) En revanche, quand on met la main à la poche et que rien ne tinte, et qu'il faut sortir trouver quelque chose à gratter, c'est agréable de savoir qu'on a un talent à vendre, que l'on soit tonnelier, pasteur, charron, meunier ou même expert en terrorisme.

Stallings cligna des yeux à l'adresse de Wu.

– J'aime beaucoup la façon dont vous avez ramené ça sur le tapis.

Wu se pencha en avant, ses gros coudes sur ses larges genoux, une expression d'intérêt sur le visage.

– Eh bien, comment êtes-vous devenu un expert en terrorisme, Booth ?

Stallings but un peu de bière et réfléchit un instant.

– J'ai appris sur le tas, dit-il. Parce que c'est ce que j'ai pratiqué entre le moment où j'ai eu dix-neuf ans, à peu près, et jusqu'à ce que j'aie presque dix-neuf ans et demi.

– Ici ? fit Durant. Je veux dire, ici aux Philippines ?

– A Negros et à Cebu. Surtout à Cebu. (Stallings marqua une pause.) Vous voulez savoir le reste ?

– Bien entendu, dit Wu.

Stallings termina sa bière avant de poursuivre.

– On venait juste de me donner le grade de sous-lieutenant. Pour que je remplace une perte. Le 182e d'infanterie. L'invasion de Cebu était fixée au 26 mars.

– Quarante-cinq ? dit Durant.

– Quarante-cinq. Il y avait sur Cebu une organisation de guérilla qui était pas mal du tout et la division voulait prendre contact avec elle. Ils ont donc décidé d'envoyer une patrouille d'I & R – information et reconnaissance – trois semaines à l'avance. Huit hommes, surtout des connards et des nouveaux comme moi. A part moi, il y avait quatre tireurs, un sergent expérimenté, un opérateur radio, un infirmier T5 et un guérillero pour faire la liaison.

– Alejandro Espiritu, dit Wu.

– Exact. Le vieil Al. Eh bien, on s'est fait choper sur la plage. Infanterie japonaise. Quatre d'entre nous n'ont même pas eu le temps de descendre des canots. Le sergent et trois tireurs ont été tués les premiers. Le quatrième tireur a eu son compte à l'instant où il atteignait la plage. Puis le radio. Restaient donc Al, l'infirmier et moi. On a couru comme des dingues, on a tout perdu dans le ressac, et on a finalement atteint l'endroit où on était censés faire la jonction avec les maquisards, mais ils étaient tous morts. Dix-neuf types, tous morts. On a récupéré un M1 sans cran de mire et à peu près cent cartouches qui avaient échappé aux japs. (Il s'interrompit un instant.) A l'époque, on les appelait les japs.

Wu hocha la tête :

– Je continue à les appeler comme ça quand la télé déjante.

– Après, dit Stallings, eh bien, on est devenus des terroristes, du moins Al et moi.

– Et l'infirmier ? demanda Durant. Le type qui a son nom en lettres d'or, Profette ?

– Il a merdoyé. Hovey était un quaker et un objecteur de conscience qui avait mal choisi ses convictions. On était sur une petite crête dans les Guadalupes, tous les trois, quand Hovey a repéré les deux éclaireurs d'une compagnie japonaise en patrouille. C'était des fusiliers impériaux, en fin de compte. Des grands méchants. Bon, Hovey voulait effacer les deux éclaireurs avec cet unique fusil qu'on avait. Sans cran de mire. Al et moi ne trouvions pas l'idée tellement flambante. Mais Hovey a empoigné le fusil.

Il y eut un silence qui menaçait de se prolonger indéfiniment quand Durant le rompit d'une question monosyllabique :

– Et ?

– Et Al a liquidé Hovey avec un bolo.

– Je ne peux pas dire que je lui donne tort, fit Durant.

Wu hocha lentement la tête à plusieurs reprises avant de poser la question suivante.

– Et puis ?

– Et puis Al et moi avons fait la jonction avec d'autres guérilleros, on a mangé du poisson et du riz quand on en trouvait, du chien et pire que du chien à d'autres moments, et nous sommes devenus d'assez bons terroristes.

– Quand vous avez rejoint votre propre unité, dit Wu, est-ce qu'ils ont demandé des nouvelles de l'infirmier ?

– Ils ont demandé. J'ai recommandé Hovey pour la DSC. Et il l'a eue, d'ailleurs.

– Et avant de rejoindre les vôtres...

Le ton de Durant n'était pas franchement interrogateur. Stallings lui adressa un sourire étroit, froid, morose. Son sourire de février, songea Durant.

– Vous voulez savoir qui nous terrorisions, c'est ça ? Qui on tuait ?

Durant hocha.

– Les Japonais étaient notre objectif premier. Nous en avons tué un tas. Les Philippins collaborateurs étaient notre objectif secondaire. Nous en avons aussi tué un paquet.

– Comment saviez-vous que c'étaient des collaborateurs ? demanda Wu.

– Nous avions une liste.

– Faite par qui ?

– Espiritu.

– Une bonne liste ?

– Aussi bonne qu'une autre. (Stallings fit une pause.) Les listes en temps de guerre, je m'en suis aperçu plus tard, beaucoup plus tard, comprennent souvent les noms des ennemis de ceux qui dressent les listes. J'imagine que le vieil Al y avait disséminé quelques-uns des siens.

– Avez-vous quoi que ce soit de... personnel contre lui ? dit Wu.

– Contre Espiritu ?

Wu acquiesça.

– C'est un type avec qui j'ai fait la guerre il y a longtemps. C'est tout. Il ne m'inspire ni affection ni aversion. Mais s'il s'agit de lui faire confiance, je ne serai pas tout à fait aussi neutre. Je ne lui fais pas confiance du tout.

– Alors nous non plus, dit Artie Wu. (Il regarda Durant.) Commandons de quoi déjeuner et faisons venir Georgia et Autremec. On pourrait aussi bien commencer.

– Je pensais que c'était déjà fait, dit Durant en décrochant le téléphone.

* * *

Georgia Blue et Ottermeck arrivèrent ensemble peu de temps avant une paire de serveurs du Peninsula qui poussaient devant eux les déjeuners commandés par Durant. Celui-ci avait demandé trois repas au poisson et deux au poulet, ce qui convenait bien car Wu, Georgia Blue et Stallings voulurent du poisson. Ottermeck et Durant furent satisfaits d'avoir du poulet.

Pendant le déjeuner on causa à bâtons rompus. A présent, tout le monde était au courant de l'épisode du matin au monument aux morts. Il y eut plusieurs longs moments de silence et Durant surprit de temps en temps Wu à regarder au loin avec une expression curieusement vide. C'était un air que Durant considérait toujours chez Wu comme révélateur d'un plan totalement vicieux.

Quand les déjeuners eurent été mangés (ou à moitié mangés), Wu et Durant empilèrent les assiettes, rabattirent les côtés de la table à roulettes et la sortirent dans le couloir. Stallings les regarda qui travaillaient avec presque autant d'efficacité que des serveurs, et il se demanda combien de repas ils avaient pris dans combien d'hôtels. Des milliers de repas, estima-t-il. Des centaines d'hôtels.

Wu revint s'asseoir au bout du canapé, sortit un cigare et le leva pour savoir si quelqu'un avait une objection. Personne n'en avait. Georgia Blue choisit l'autre bout du canapé. Stallings regagna son fauteuil club. Autremec Ottermeck prit une chaise et s'assit, les pieds fermement plantés, les genoux joints, les bras croisés sur sa poitrine. Durant s'appuya contre un mur et alluma une de ses cigarettes de moins en moins fréquentes.

Booth Stallings remarqua que tous les regards, y compris le sien, convergeaient sur Artie Wu. Trois épais ronds de fumée prirent la direction du plafond. Wu les regarda se tordre, tourbillonner et finalement se désintégrer. Ensuite il regarda Stallings.

– J'ai réfléchi à notre problème, dit Artie Wu, et j'ai peut-être une solution.

– Écoutons ça, dit Stallings.

Durant regarda sa montre quand Wu commença à parler. Il parlait d'un ton égal et assuré, comme à partir d'un mémo soigneusement préparé. Sa voix baissait même parfois d'un ton pour placer une note en bas de page exactement quand il fallait. Stallings se pencha en avant, écoutant attentivement. Un sourire admiratif s'élargit lentement sur le visage d'Ottermeck et refusa de s'en aller. Georgia Blue contemplait fixement Wu d'un air qu'on aurait pu prendre pour de l'adoration, mais dont Durant savait qu'il s'agissait de respect impressionné. Il y eut un dernier paragraphe de résumé et Wu en eut fini. Durant regarda sa montre. Wu avait parlé sans faire de pause ni être interrompu pendant exactement vingt-six minutes.

Bien qu'il eût occasionnellement jeté un coup d'œil aux autres, Wu avait adressé son boniment (car c'est bien de cela qu'il s'agissait) à son client principal, Booth Stallings. Ils attendaient maintenant de voir si l'acheteur était conquis.

Stallings se frotta fortement le menton, tira sur le lobe de son oreille gauche et dit :

– Ça me plaît. Bon sang, oui.

Artie Wu s'illumina et regarda Georgia Blue. Elle sourit d'un air quasiment désarmé.

– Parfait, Artie. Comme toujours.

Wu se tourna vers Ottermeck.

– Alors, Autremec ?

Ottermeck fit un effort pour effacer son sourire, mais il échoua. C'est donc toujours souriant qu'il répondit :

– Tu sais ce que c'est, non, Artie ? C'est du neuf. Complètement neuf. Pas juste un vieux truc modifié. Et je n'ai pas entendu un truc neuf depuis qu'Angliche l'Ordure, qu'il repose en paix, a inventé le coup du Vol de l'Ange à Saigon et c'était il y a combien ?... onze ans, quand ils escaladaient tous les murs de l'ambassade. Ce truc-ci, ils lui donneront un nom. Il restera dans l'histoire. Ils devraient l'appeler le Grand Chinois.

– Je crois comprendre que tu approuves, Autremec. (Wu était radieux.)

– J'adore.

– Quincy ? dit Wu.

Durant secoua la tête avec admiration.

– C'est vraiment pourri, Artie.

Wu, toujours radieux, revint à Booth Stallings.

– C'est la plus haute expression de sa considération.

– J'ai une question, dit Stallings qui fronçait les sourcils.

– Vous en avez sûrement plusieurs.

– Tout le monde doit jouer un rôle, dit Stallings. C'est normal, je suppose ?

– C'est une nécessité de base, dit Durant. On devient acteur. Tout comme la plupart des officiers traitants sont des vendeurs de première classe, tous les aigrefins sont des acteurs. On apprend son rôle. On y croit. On ne s'en écarte pas.

– Je suis le Vieux Copain, bien sûr, dit Stallings.

Wu hocha la tête.

– Vous et Durant êtes la Paire de Valets.

De nouveau Wu acquiesça.

– Restent le Gardien et le Chaînon Faible, fit Stallings en regardant d'abord Georgia Blue, puis Ottermeck. Lequel est qui ?

– Le Chaînon Faible se rend le premier à Cebu, dit Wu, suivi environ vingt-quatre heures plus tard par le Gardien. Je vois assez bien Georgia faire le Chaînon Faible.

Durant n'était pas d'accord.

– Seigneur, Artie. Les gens n'aiment pas les surprises. Ils aiment qu'on ait le physique du rôle, et c'est pour ça qu'il y a des stéréotypes. Il faut que nous envoyions un roseau penchant, pas une championne de décathlon. Regarde Autremec. Allez, regarde-le.

Tous regardèrent Ottermeck, comme s'ils tentaient de le voir pour la première fois. Il leur rendit un regard rogue.

– Bon, poursuivit Durant, il est mignon tout plein et propre comme un sou neuf. Mais qu'il ne se rase pas pendant un jour ou deux, qu'il dorme tout habillé, qu'il se parfume l'haleine avec un peu de gin et vous aurez un parfait traître.

– Ce n'est pas tout à fait l'image que j'ai de moi, Durant, fit Ottermeck avec cette dignité curieusement ferme que Stallings avait déjà remarquée. Et ce n'est foutre pas comme ça qu'ils se souviennent de moi, à Cebu.

– Eh bien, tu t'es laissé dégringoler, dit Durant en haussant les épaules.

Artie Wu plissa le front, son regard allant d'Ottermeck à Georgia Blue et revenant à Ottermeck.

– Je ne sais pas, dit-il. Qu'en penses-tu, Autremec ?

– Je peux faire l'un ou l'autre, Artie. Tu le sais. Si tu ne le sais pas, eh bien merde !

Wu secoua un peu la tête, comme s'il s'interrogeait encore.

– Georgia ? dit-il.

– Je serais meilleure en Gardien. Je peux ajouter quelques conneries du Service secret en les exagérant pour bien faire vrai, et je pense aussi qu'Autremec serait parfait en Chaînon Faible. (Elle regarda sa montre.) Je ne savais pas que ça allait durer si longtemps. Si vous voulez bien m'excuser, j'ai un rendez-vous dans Manille, avec un coiffeur.

Wu hocha et Georgia Blue se leva et partit. Après son départ, Wu regarda Ottermeck toujours renfrogné.

– Bon, Autremec. Tu prends l'avion pour Cebu demain.

– Pas si tu n'es pas convaincu, Artie.

– Je suis plus que convaincu. Et les autres aussi ; spécialement Durant.

– Tu vas jouer ton propre personnage, Autremec, dit Durant. C'est le rôle de ta vie.

La conversation se prolongea encore trente minutes, roulant principalement sur les détails sans importance qui surgissent toujours après qu'on a fait les choix essentiels. Ottermeck se chamaillait avec Durant à propos de quel hôtel utiliser comme quartier général à Cebu quand le téléphone sonna. Wu décrocha, dit « Allô », écouta et tendit le combiné à Durant.

Après son propre allô, Durant entendit la voix d'Emily Cariaga. Habituellement sereine et même détachée, cette voix crépitait à présent d'une excitation confinant à la panique.

– Tu as une voiture, Quincy ? demanda-t-elle.

– De l'hôtel.

– Alors tu peux m'emmener à l'aéroport et t'assurer que je monte bien dans l'avion ?

– Tu retournes à Baguio ?

– Barcelone.

– Je vois.

– Ne dis pas ça, parce que ce n'est pas vrai. Tu te rappelles que j'ai parlé de poser des questions pour voir ce que je pourrais apprendre ?

– Oui.

– Eh bien, j'ai posé des questions et ce que j'ai appris m'a convaincue que je ferais mieux de m'en aller pendant un moment.

– Mais tu vas me raconter...

– En allant à l'aéroport.

Durant regarda sa montre.

– Je serai là dans trente minutes.

Emily Cariaga lui demanda d'y être en vingt et raccrocha.

18

A cause d'une circulation impossible, ce n'est que trente-six minutes plus tard, à 15 h 39, que Durant, au volant d'une Mercedes de l'hôtel, franchit le portail d'acier ouvert dans le haut mur de parpaings qui entourait la maison d'Emily Cariaga à Forbes Park. La maison était à un peu plus de deux rues de distance, au sud et à l'est, d'Epifanio de los Santos Avenue (EDSA) et Durant s'inquiéta qu'il n'y ait pas de garde au portail et qu'une conduite intérieure Toyota beige bloque l'étroite allée d'asphalte.

Il se gara juste derrière la Toyota et descendit lentement de la Mercedes en observant la maison. C'était une des demeures anciennes de Forbes Park avec de larges avant-toits plafonnant une véranda qui l'enveloppait sur deux côtés et sur toute la largeur de la façade. Les fenêtres étaient vastes et profondément en retrait dans l'épaisseur des murs stuqués. La vieille demeure, avec son air massif, semblait promettre qu'il ferait vingt ou même vingt-cinq degrés de moins à l'intérieur.

Ce que Durant remarqua ensuite, c'est la paire de chaussures de sport qui dépassaient – orteils en l'air, talons en bas – de derrière un élégant palmier Traveler. Les semelles étaient lisses d'usure. Les chaussures – et les pieds qui étaient dedans – terminaient une paire de jambes vêtues de jean. Le haut des jambes disparaissait dans l'épais massif de bougainvillées écarlates qui servait de fond au palmier.

Un sentier de gravier menait aux chaussures de sport mais Durant l'évita, ne voulant pas que le crissement du gravier dérange l'homme dans les bougainvillées s'il était endormi ou, mais c'était moins probable, ivre. Marchant sur l'herbe, Durant atteignit les bougainvillées et les écarta, tâchant en vain d'éviter les épines.

Les jambes en blue-jean appartenaient à un homme trapu d'environ vingt-cinq ans. Il avait un visage large et laid, rendu plus laid encore par de profondes marques de petite vérole. Il était manifestement mort, la nuque manifestement brisée. Mais ses yeux brun sombre étaient restés ouverts et conservaient ce qui était peut-être une expression de légère surprise.

L'homme s'appelait Placido, se rappela Durant. C'était un des deux gardes qui travaillaient pour Emily Cariaga. L'autre garde travaillait de nuit et s'appelait Mario. Durant se rappelait aussi que Placido était marié et avait trois enfants, tous des garçons. Il ne put se remémorer si Mario, le garde de nuit, était marié.

Durant se redressa et se tourna vers la maison. La porte d'entrée était entrebâillée, d'un ou deux centimètres seulement. Durant jeta un coup d'œil circulaire sur les jardins soigneusement entretenus, cherchant quelque chose avec quoi frapper, trancher ou poignarder. Il espérait voir une machette de jardinier, ou même une bêche, ou au moins un râteau. Il ne trouva qu'un tuyau d'arrosage en plastique vert avec un bec en cuivre de vingt centimètres.

Durant dévissa le bec, trotta vers la maison, monta vivement les marches de la véranda, gagna la porte et l'ouvrit d'un coup de pied. La porte ne cogna pas contre le mur comme elle aurait dû. A la place, elle heurta quelque chose de doux et mou qui ne fit pas de bruit.

Le géant philippin sortit de derrière la porte. Il y avait dans sa main droite un minuscule couteau. Comme le couteau s'abattait vers lui en scintillant, Durant décida (presque rêveusement) que c'était en réalité un grand couteau, un eustache avec une lame d'au moins vingt centimètres. C'est seulement l'énorme main du géant qui l'avait fait paraître minuscule. Jaugeant encore le couteau, Durant pivota sur le côté, arquant le corps comme un torero anxieux d'éviter la corne. Le couteau trancha dans sa chemise.

Durant enfonça le bec d'arrosage en cuivre dans l'œil gauche du géant. Le géant grogna et plaqua sa main gauche sur son œil. Durant pivota et abattit son poing armé du bec au moins quinze centimètres au-dessous de la boucle en argent massif de la ceinture du géant. Le géant dit quelque chose qui ressemblait à ouf, fit un pas en arrière et frappa Durant d'un coup de pied dans la poitrine.

C'était un coup sérieux propulsé par une jambe de poteau télégraphique. Si Durant ne s'était pas rabattu sur sa droite, se courbant, ne présentant que sa cuisse droite, le coup de pied l'aurait atteint à l'aine. Mais il manqua l'aine et la cuisse et frappa juste sous le sternum. Durant découvrit qu'il ne pouvait plus respirer et que ça faisait trop mal d'essayer. Il s'effondra à genoux puis se recroquevilla sur le sol carrelé et frais.

Tandis qu'il gisait, s'interrogeant sur son éventuelle asphyxie et attendant la lame du couteau, Durant sentit la main du géant lui faire les poches. Il entendit la clé de la Mercedes tinter sur son anneau. Il entendit claquer la porte d'entrée et se demanda si le coup de pied lui avait cassé des côtes et si les côtes lui avaient perforé les poumons. Durant essaya d'inspirer profondément mais la douleur le lui interdit. Il tenta une inspiration menue, précautionneuse et unique. Cela le brûla comme un gaz empoisonné mais un peu d'air se répandit dans ses poumons et Durant découvrit qu'il n'allait pas étouffer, somme toute.

Il entendit démarrer le moteur de la Mercedes. Puis une portière claqua. Un autre moteur démarra, celui de la Toyota cette fois, et il y eut le son inimitable et contraint d'une voiture qui fait marche arrière. Après cela, ce fut le calme.

Durant se força à s'asseoir. Il se força à prendre de petites inspirations courtes. La douleur de son torse était toujours un supplice, mais du moins pouvait-il introduire de l'air dans ses poumons. Il se leva lentement, de quelques centimètres à chaque fois. Il essaya de se tenir droit, constata qu'il ne pouvait pas, et resta debout, plié en deux, aspirant de petites gorgées d'air. Finalement il se redressa, refoulant la douleur, s'avança en traînant les pieds, et entra dans le long salon, se déplaçant comme un emphysémateux de quatre-vingt-seize ans aux pieds faiblards.

Une valise brun clair et un sac de voyage marron foncé se trouvaient sur le sol auprès du piano crapaud. Le couvercle du piano était fermé. Quelqu'un avait laissé dessus une pochette de femme en cuir de Cordoue.

Durant essaya de héler Emily Cariaga par son nom, mais rien ne sortit qu'un croassement aigu. Durant prit sa première aspiration profonde. Elle lui brûla les poumons mais il refusa de nouveau d'admettre la douleur et utilisa l'air pour beugler son nom. Il attendit, écoutant. Il n'y eut pas de réponse.

Il quitta le salon et longea lentement le long couloir qui menait à la chambre d'Emily Cariaga. La porte était fermée. Durant tendit la main vers la poignée, hésita, ouvrit la porte et entra.

Elle était étendue sur le dos au bout du grand lit de coton écru, vêtue pour voyager d'un pantalon de toile grise et d'un corsage bleu foncé. Près de sa main gauche se trouvait une épaisse veste de tweed gris sombre, car elle disait toujours qu'il commence à faire froid dès qu'on atteint Hawaï. Elle avait les yeux fermés, la bouche ouverte, et on l'avait poignardée au torse. Durant s'agenouilla près d'elle et remarqua qu'on l'avait poignardée trois fois et qu'il n'y avait vraiment pas beaucoup de sang.

Il ne sut jamais combien de temps au juste il était demeuré agenouillé près du corps d'Emily Cariaga. Ce fut peut-être une minute, ce fut peut-être dix. Mais quand elle eut enfin cessé d'être Emily Cariaga et qu'elle fut un cadavre, Durant se leva, gagna le téléphone en contournant le lit et appela la police. Après ça, il appela Artie Wu.

* * *

Le nom de Hermenegildo Cruz était au centre de la carte professionnelle gravée que le lieutenant de police en civil avait donnée à Durant. Dans le coin inférieur gauche figurait un numéro de téléphone. Dans le coin inférieur droit, une discrète annonce d'un seul mot en italique, corps 6 : *Criminelle*.

Durant pensa que le lieutenant Cruz avait fait imprimer les cartes à ses frais car il était improbable que la police de Manille ait payé la gravure. Durant trouva aussi que cet enquêteur de la Criminelle était presque aussi original que sa carte de visite, à commencer par son complet en tussor couleur de beurre vanillé et ses chaussures marron et blanc aux talonnettes presque invisibles et à la pointe ornée de surpiqûres en forme de fleur de lis. Et puis il y avait la chemise bleue en chambray au col déboutonné et que Durant soupçonnait de porter une étiquette Paul Stuart. Pour finir, il y avait la cravate peinte à la main, ornée d'une longue et fine cascade argentée et de grands pins, qui manifestait soit une affection vicieuse pour le kitsch, soit un goût extraordinairement mauvais.

Cruz lui-même, quoique pas très grand, avait un de ces longs visages minces qu'une ossature parfaite rend presque jolis. Sous le petit nez droit et inquisiteur poussait une moustache. Elle n'était pas du genre macho-police-de-la-route, mais plutôt dans le style suave et immaculé très en faveur chez les vedettes de cinéma des années trente et quarante. Le lieutenant de la Criminelle avait aussi des cheveux noirs épais, riches et soigneusement taillés, décorés d'une ondulation qui saillait sur le devant. Cette ondulation servait de cale à une paire de coûteuses lunettes d'aviateur. Au-dessous des lunettes, des cheveux, et d'un front sans rides se trouvaient deux des yeux bruns les plus intelligents que Durant eût jamais vus.

Lui et le lieutenant Cruz étaient assis aux deux bouts d'un canapé du salon, près du piano crapaud.

La pochette d'Emily Cariaga était toujours sur le couvercle fermé de l'instrument, sa valise et son sac de voyage à côté sur le sol. Durant les avait explorés tous les trois avant l'arrivée de la police.

Il y avait peut-être une douzaine de policiers en uniforme ou en civil dans la maison. L'un d'eux, un sergent entre deux âges en uniforme, l'air bourru, était au téléphone dans le salon, utilisant un mélange d'anglais et de tagalog pour annoncer la mort aux proches de la victime. Sa voix, aux intonations étonnamment douces, était trop grave pour que Durant entende rien de ce qu'il disait.

Le lieutenant Cruz posa à Durant la même question pour la sixième ou septième fois, en la formulant d'une autre manière encore :

– Vous êtes tout à fait certain que vous n'avez vu rien ni personne qui sorte de l'ordinaire ?

– Deux morts, dit Durant. C'est un peu extraordinaire pour moi.

– Mais si nous les laissons de côté pour l'instant ?

– Rien, dit Durant qui tenta de respirer profondément et n'aboutit qu'à tousser.

Cruz le considéra avec sympathie.

– Souffrez-vous d'asthme ou de bronchite, M. Durant ?

– De bronchite asthmatique, dit Durant, pas du tout sûr que cette affection existât. Le stress la déclenche parfois. Je dois être allergique au stress. (Il sourit faiblement, espérant que le sourire passerait pour une excuse touchant son évidente incapacité à fournir des informations plus sérieuses.)

– Vous fumez ? demanda Cruz.

– J'essaie d'arrêter.

La main droite manucurée du lieutenant attrapa une poignée d'air.

– Il faut prendre le taureau par les cornes.

Durant fit de nouveau son sourire de mauviette.
– Et les souffrances du manque ?
– Elles disparaîtront vite, affirma le lieutenant Cruz d'un ton impérieux d'ex-fumeur.
– Je suis content de l'entendre, dit Durant qui eut deux petites toux presque délicates.
– Est-ce que vous couchiez avec la défunte ? demanda Cruz sur le même ton qu'il avait utilisé pour demander à Durant s'il fumait.
– Je vous demande pardon, fit Durant, laissant son intonation exprimer un sentiment d'offense exactement dosé.
– Désolé, mais je dois connaître la profondeur de votre relation. Etait-ce occasionnel ? Purement mondain ? Intime ? Quoi ?
– Nous étions bons amis.
– Amants.
– Nous nous fréquentions avec plaisir.
– Au lit ?
Durant serra les lèvres en une mince ligne irritée et laissa son silence exprimer un sentiment d'offense accru.
Le lieutenant Cruz soupira.
– Où vous êtes-vous rencontrés ?
– Chez le dentiste.
Un sourcil sautilla pour marquer le scepticisme de Cruz.
– Nous étions dans le salon d'attente, expliqua Durant. Nous devions tous les deux nous faire irriguer une racine. Nous avons bavardé et décidé que nous aimerions mieux prendre un verre que nous faire irriguer les racines, et c'est ce qu'on a fait.
– Quand ?
– Il y a environ trois ans.
– Elle était encore mariée quand vous l'avez rencontrée ?

– Oui.

– Et son mari est mort... quand était-ce ? Six mois après ?

– A peu près.

– Vous savez, bien sûr, comment il est mort ?

– À San Francisco.

– Ça, c'est où. Ce n'est pas comment.

– Un accident. Il a été renversé par un chauffard qui a pris la fuite.

– Et qu'on n'a jamais retrouvé.

– Non.

– La date, dit le lieutenant Cruz, était le 21 août 1983. (Il se tut, comme s'il attendait que Durant fasse remarquer la signification historique de cette date.)

Durant décida d'être obligeant.

– Ils sont tous les deux morts le même jour, n'est-ce pas ? Benigno Aquino, abattu ici à l'aéroport, et Patrocinio Cariaga, renversé sur Polk Street à San Francisco. (Durant secoua légèrement la tête, comme si tout ça était fabuleux.) Nous en parlions parfois, Emily et moi, et nous nous demandions si ça voulait dire quelque chose. Nous n'avons jamais abouti à une conclusion sauf qu'il y a eu coïncidence mais ce n'est guère une conclusion.

– Alors vous l'avez connu, Cariaga ?

– Bien sûr. Je connaissais Pat.

– Étiez-vous amis ?

– Pas exactement.

– Savait-il que vous couchiez avec sa femme ?

– Il n'en a jamais parlé, mais c'est aussi qu'il n'avait pas de raison de le faire, n'est-ce pas ?

– C'est ce que j'essaie de déterminer, dit Cruz en regardant fixement Durant comme s'il avait finalement décidé de bien se le mettre en mémoire. Je crois savoir que Pat Cariaga et Ninoy Aquino étaient alliés politiques, exact ?

– Pas vraiment.

– Ils étaient tous les deux des opposants à Marcos.

– Mais aux deux bouts de l'éventail politique, dit Durant. (Il fit un geste de la main gauche.) Aquino était plutôt par ici. (Il fit un geste de la main droite.) Pat était plutôt par là.

– Vous parliez politique avec Cariaga ?

Durant secoua la tête.

– J'écoutais son point de vue, c'est tout.

– Et ?

– Je trouvais que c'était des fariboles.

– Des conneries, vous voulez dire ?

– C'est ça.

– Pourquoi était-ce... des fariboles ?

– Il pensait qu'une fois débarrassés de Marcos, les gens de droite s'installeraient et dirigeraient les choses comme elles devraient l'être. (Durant eut un sourire dénué d'humour.) Pat a toujours pensé qu'il ferait un sacré bon ministre des affaires étrangères.

Avant que le lieutenant Cruz puisse faire un commentaire, le sergent à la voix grave et réconfortante raccrocha le téléphone et quitta le salon. Cruz le regarda s'en aller puis revint à Durant.

– Mme Cariaga partageait-elle la position politique de son mari ?

– Non, dit Durant. Elle est un des plus chauds partisans de Mme Aquino. (Il se reprit.) Était.

– Vous sympathisiez avec cette position ?

– Plus ou moins.

– Alors vous êtes un homme de gauche, M. Durant, fit Cruz d'un ton affirmatif plutôt qu'interrogateur ou même accusateur.

– Non, dit Durant.

– Mais puisque vous n'êtes nettement pas de droite, il ne reste que le centre. Dites-moi, c'est une position confortable, selon vous ?

– Il y a un type au Texas nommé Hightower qui prétend qu'il n'y a rien au milieu de la route à part une ligne jaune et des tatous morts. J'ai tendance à être d'accord.

– Toutefois, vous portez manifestement à la politique un intérêt qui n'est pas seulement abstrait.

– C'est parce que la politique influe sur les profits.

– Et dans quelle branche travaillez-vous ? Principalement ?

– Dans plusieurs branches.

– Les assurances ? demanda le lieutenant Cruz. Les réassurances, pour être précis.

Durant hocha la tête, regardant fixement Cruz et soudain très désireux d'une cigarette. Il est encore plus vif que tu ne croyais, se dit-il.

– J'ai envisagé les affaires de réassurance.

– Vous étiez en affaires, ou peut-être devrais-je dire en association, avec feu Ernesto Pineda. Je crois savoir que vous avez même identifié son corps. Là-haut à Baguio. Exact ?

– Exact.

– Le pauvre Pineda était un cousin éloigné de notre président renversé, dit Cruz. Saviez-vous cela ?

– Ernie en a peut-être parlé en passant.

– N'est-il pas... regrettable, M. Durant, que vous ayez à voir avec trois meurtres horribles en l'espace d'une seule semaine ? Cela doit affecter très sévèrement votre asthme ?

Tout en préparant une réponse, Durant toussa de nouveau d'une manière délicate. Mais avant qu'il puisse dire un mot, le sergent à la voix douce réapparut et chuchota quelque chose à l'oreille du lieutenant Cruz.

– Immédiatement, répondit Cruz.

Le sergent quitta la pièce. Cruz adressa à Durant un sourire affable.

– Nous avons un visiteur, dit-il.

Tous deux se tournèrent vers la porte quand elle s'ouvrit et qu'Artie Wu entra, portant son complet blanc, son panama et sa canne. Wu négligea le lieutenant Cruz, alla droit à Durant et lui posa sur l'épaule une grande main réconfortante.

– Désolé, Quincy, dit-il. Je suis vraiment aussi désolé qu'il m'est possible de l'être.

Durant ne dit rien.

Wu se retourna pour examiner le lieutenant Cruz, prenant le temps d'admirer le costume de soie vanille, les chaussures bicolores et le reste de l'habillement de l'enquêteur de la Criminelle. Ensuite Artie Wu hocha la tête, comme pour approuver, et dit :

– Et vous êtes, monsieur... ?

– Lieutenant Cruz, dit le policier en souriant et en contemplant la mise de Wu avec la considération ouverte d'un frère en dandysme ; toujours souriant, Cruz se leva, tendit la main et dit : bienvenue, bienvenue, M. Wu.

19

Pendant l'heure qui suivit, le lieutenant Cruz cribla Wu et Durant de questions sur eux-mêmes, sur feu Ernesto Pineda (à qui il s'était même mis à se référer comme au « pauvre Ernie »), et sur Emily Cariaga.

– Quel lien y avait-il entre elle et le pauvre Ernie ? voulut savoir Cruz qui parut insatisfait quand Durant répondit aucun, à sa connaissance ; sur ce, Cruz entreprit d'interroger Wu et Durant, chacun à propos de l'autre.

Il demanda à Durant si Wu était marié et, dans ce cas, quels étaient les prénoms de Mme Wu et des enfants. Durant les débita. Il demanda ensuite à Wu si Durant avait jamais cherché à soigner sa bronchite asthmatique. Wu acquiesça gravement, répliquant que Durant avait cherché auprès des meilleurs spécialistes de Los Angeles, Denver, Zurich, et que dans quelques semaines il allait consulter un spécialiste de Harley Street qui semblait prometteur.

– Nous avons de bons médecins ici, vous savez, dit Cruz sans chercher à masquer son chauvinisme.

– C'est mon médecin qui m'a recommandé celui de Londres, mentit Durant dont Artie Wu remarqua qu'il avait sa maestria habituelle.

– Nous avons les meilleurs dentistes d'Asie, fit Cruz par une association d'idées très ténue.

– Les meilleurs du monde, à ce prix-là, dit Artie Wu.

Cruz sembla comprendre qu'on le mettait en boîte et il reprit donc ses questions.

– Vous avez de toute évidence reçu une bonne éducation, M. Wu, dit-il. (Son ton manifestait clairement qu'il s'attendait à une réponse mensongère.)

Artie Wu se contenta de hausser les épaules. C'est Durant qui fournit les détails :

– Princeton. Il a même un doctorat de philosophie.

– Et vous, M. Durant. Êtes-vous aussi diplômé de Princeton ?

– Non. J'y suis allé mais je n'ai pas reçu de diplôme.

Durant ne jugea pas nécessaire d'expliquer comment il avait assisté à tous les cours auprès d'Artie Wu, non comme étudiant mais en tant que garde du corps permanent du prétendant au trône impérial de Chine.

Le lieutenant Cruz abandonna toute tentative de crédulité.

– Ce que vous essayez de me faire avaler, c'est que deux adultes intelligents, cultivés, expérimentés, grands voyageurs et sagaces, se sont laissé embobiner par un vendeur à la sauvette, un arnaqueur de quatre sous. (Il secoua deux fois la tête avec scepticisme.) Racontez-moi toute l'histoire. Même les passages cochons. Vous d'abord. (Du menton, il désignait Artie Wu.)

Le soupir de Wu parut plein de gêne.

– Je crains que le pauvre Ernie n'ait été, comme vous dites, lieutenant, rien qu'un aigrefin.

– Vraiment, fit Cruz en s'assurant que son sarcasme était assez marqué pour être saisi ; puis il sourit d'un sourire étincelant qui avait en partie été confectionné par un des meilleurs dentistes d'Asie. De combien Ernie vous a-t-il refaits ?

– Trois cent mille.

– Pesos ?

Wu secoua tristement sa grande tête.

– Dollars.

– Sainte Mère de Dieu, murmura Cruz. Si c'est vous qui l'avez tué, ils pourraient conclure à un homicide justifié.

– Mais vous avez déjà contacté les flics de Baguio, n'est-ce pas ? dit Durant.

Cruz hésita, puis hocha la tête.

– Alors vous savez qu'on ne l'a pas tué.

– Qui croyez-vous qui l'ait tué ?

– Une supposition ? dit Wu.

Cruz haussa les épaules de son costume sur mesures comme pour dire « pourquoi pas ? »

– Une équipe d'hirondelles de la NPA, dit Wu.

La réponse fit se rembrunir Cruz. Mais ensuite sa moue s'effaça et il acquiesça à contrecœur.

– Ça fait sens, dit-il. Un petit peu.

Il y eut un long silence tandis que le lieutenant Cruz examinait Wu, puis Durant et de nouveau Wu.

– Tous les deux, fit-il doucement, vous êtes peut-être les meilleurs menteurs que j'aie vus depuis des années.

Wu sourit.

– Je pense que cela veut dire que nous pouvons partir ?

– Mais pas loin.

– Cebu, ça va ? demanda Durant.

Cruz se hérissa.

– Cebu ! Qu'est-ce qu'il y a à Cebu ?

– Des affaires, fit Durant. Il faut encore que nous mangions.

Le lieutenant Cruz regarda fixement Artie Wu.

– Vous avez déjà été dans une de nos prisons, M. Wu ?

– Jamais.

– Elles sont absolument révoltantes.

Wu hocha.

– Comment fait-on pour les éviter ?

– On reste en contact.

– Et si l'on n'a rien à raconter ?

– Nos prisons, bien qu'atrocement surpeuplées, peuvent toujours accueillir deux détenus de plus.

– Nous resterons en contact, dit Wu.

* * *

Durant se banda lui-même le torse dans la Mercedes du Peninsula que Wu avait rangée dans Forbes Park en face d'une grande maison qui arborait le drapeau de l'Allemagne de l'Ouest. Un garde de sécurité philippin en uniforme les considéra d'un air soupçonneux mais n'intervint pas. Wu coupait des longueurs de bandage avec une paire de ciseaux et les tendait, une par une, à Durant assis à l'arrière, chemise ôtée. Wu avait acheté les ciseaux et le bandage à la pharmacie de l'hôtel sur la demande de Durant. Durant se banda le torse avec prestesse et dextérité.

– Fêlure ? demanda Wu.

– Peut-être pas.

– Douloureux quand même ?

– Moins que tout à l'heure.

– Bon. Raconte.

Durant regarda son torse à présent bandé, le tapota légèrement, grimaça un peu, et entreprit de remettre sa chemise.

– Le garde d'Emily était mort quand je suis arrivé. La porte était ouverte. Juste un peu. Je l'ai ouverte en grand d'un coup de pied et ce grand abruti qui fait le videur chez Boy Howdy est sorti avec un couteau. Il m'a raté et je l'ai eu dans l'œil avec un bec d'arrosage en cuivre, un de ces machins pour tuyau de jardin.

Wu acquiesça.

– Ça ne l'a pas beaucoup embêté et il a essayé de me donner un coup de pied dans les couilles et m'a atteint à la poitrine. Un sacré coup.

– Pourquoi ne t'a-t-il pas achevé ?

– Qui sait ? Peut-être que personne ne lui a dit de le faire.

– Peut-être que personne ne lui a dit de s'occuper d'Emily non plus, dit Wu.

– L'idée m'est venue.
– Et c'est pourquoi tu n'as pas parlé de lui à Cruz.
Durant hocha la tête.
– Il faudrait aller parler à Boy, dit Wu.
– Tu me laisseras lui parler.
– Qu'est-ce que je ferai ? demanda Wu.
– Tu le tiendras.

* * *

En glissant au barman un billet de cent dollars, Wu et Durant s'achetèrent le code d'accès – un coup long, deux brefs – au bureau verrouillé de Boy Howdy. Wu sonna selon le code et quand le bourdonnement du déverrouillage se fit entendre il poussa la porte blindée et resta immobile, s'appuyant légèrement sur sa canne et considérant Boy Howdy dont la main droite se dirigeait vers le tiroir du bureau qui contenait le .45 automatique.

– Je ne ferais pas ça, Boy, dit Wu. Ça pourrait déplaire à ce fumier de Durant.

– Ce fumier de Durant pourrait t'arracher la figure, dit Durant par-dessus l'épaule de Wu.

La main droite de Boy Howdy s'immobilisa.

– Il ne l'a pas tuée, dit-il. Elle était morte quand il est arrivé. Le garde, pareil.

Artie Wu s'avança dans le bureau et jeta un regard circulaire. Durant se déplaçait sur la gauche de Wu sans quitter Howdy des yeux. Wu examina la peinture à l'acrylique sur velours représentant le carabao adipeux et le tigre mafflu.

– Personne ne t'a jamais signalé, Boy, que tu possèdes peut-être le plus mauvais goût de toute l'Asie ?

– Il ne l'a pas tuée, dit Howdy. Elle était morte quand Ozzie est arrivé.

– Ozzie ? fit Durant.

– Osmundo, expliqua Howdy.

– Comment va Osmundo ? demanda Durant.

– Il a perdu l'œil gauche, non ? dit Howdy. Tu l'as éborgné, voilà.

Wu chercha du regard et choisit une chaise à dossier droit, le même siège qu'Autremec Ottermeck avait choisi. Il s'assit, ôta son chapeau, le posa sur le sol, et croisa les mains sur le sommet de sa canne. Durant s'appuya contre le mur à l'autre bout de la pièce, les yeux toujours fixés sur Boy Howdy.

– Qu'est-ce qu'Ozzie faisait chez Mme Cariaga, Boy ? dit Durant.

Howdy adressa sa réponse à Wu :

– Je le loue à d'autres gens, hein ? Je veux dire, si quelqu'un a un peu de liquide qu'il veut voir arriver à la banque sans problème, il loue Ozzie pour cinq cents pesos de l'heure. Personne de sensé ne va déconner avec un géant. Alors je reçois un coup de fil ce matin, vers midi. Une femme. Elle dit qu'elle est Mme Cariaga et qu'elle habite à Forbes Park. Elle dit qu'elle va aller à l'aéroport et qu'elle veut qu'Ozzie l'accompagne et s'assure qu'elle monte dans l'avion. Alors je lui demande à quelle heure elle veut qu'il vienne et elle dit trois heures et demie et je lui dis le prix et qu'Ozzie y sera.

– Tu connaissais son mari ? fit Durant.

– S'il s'appelait Pat Cariaga, alors oui, dit Boy Howdy qui continuait de regarder Wu. J'ai entendu parler de lui. Comme tout le monde, non ? Mais il est mort depuis presque trois ans maintenant, non ?

Wu hocha la tête et se pencha en avant, posant le menton sur ses mains toujours croisées sur le haut de sa canne. Il contemplait Boy Howdy avec un intérêt profond.

– Alors Ozzie est arrivé là-bas à trois heures et demie ? dit Durant.

– C'est ça. Et là, le garde est dans les buissons avec le cou brisé. Alors Ozzie va à la porte, la trouve ouverte et entre un peu. Il fait ohé une ou deux fois. Vous voyez. Mais personne ne répond alors il regarde un peu dans le secteur. Aucun domestique, il dit. Pas une âme. Alors il va au fond de la maison et il la trouve étendue là près du lit, raide morte. Bon, Ozzie n'est pas très vif, hein, mais il sait quand il est temps de partir.

Boy Howdy se tut comme s'il attendait un encouragement. Comme il n'y en eut pas, il s'éclaircit la gorge et continua.

– Bon, à ce moment-là Ozzie entend quelque chose. Il entend une voiture qui arrive et un peu plus tard quelqu'un court vers la maison sur le sentier de gravier et ce quelqu'un se trouve être ce fumier de Durant.

Howdy tourna la tête pour contempler Durant pour la première fois.

– Alors Ozzie a fait ce qu'il a fait et tu as fait ce que tu as fait et le pauvre vieux se retrouve éborgné. (Howdy s'interrompit un instant.) Il pense que c'est peut-être toi qui les as arrangés, elle et le garde. Et pour ce que j'en sais, il a raison.

– Boy, dit Artie Wu.

Howdy le regarda.

– Quoi ?

– Comme je vois les choses, tu as trois solutions. Tu as déjà entendu parler d'un lieutenant de la Criminelle nommé Cruz ?

– Gildo Cruz ? Ouais. Sûr. J'ai entendu parler.

– C'est une des solutions que tu as. Toi et Ozzie pouvez lui parler. Si l'idée ne te plaît pas beaucoup, alors je te laisserai seul avec Durant et tu pourras lui parler à lui. Il a peut-être une ou deux côtes fêlées mais il est plutôt sous pression. Peut-être que tu pourras faire face ; peut-être que non. Je pense que non.

Boy Howdy regarda Durant.

– Il n'est pas si terrible. J'ai fait face à pire. A bien pire.

– Laisse-moi ta canne, Artie, dit Durant. J'aurai peut-être envie de le couper un peu.

– Comme je disais, continua Wu, Durant est un peu sous pression. Lui et Mme Cariaga étaient bons amis. De très bons amis.

Une lueur salace commença d'apparaître dans l'œil de Howdy. Il ouvrit la bouche pour dire quelque chose mais la referma d'un coup quand il regarda Durant.

– Ta troisième solution, Boy, dit Wu, est de nous dire ce qui s'est réellement passé. Si c'était seulement les affaires et si Ozzie n'a rien eu à voir avec la mort de Mme Cariaga, nous pourrons prendre ça comme point de départ. (Wu marqua une pause.) Tu as environ dix secondes pour te décider.

– Depuis combien de temps me connaissez-vous, Durant et toi, Artie ? dit Boy Howdy.

Wu détacha son menton de ses doigts toujours posés sur le haut de sa canne. Il se redressa contre le dossier de sa chaise, étendit la jambe gauche et tapota songeusement sa chaussure avec le bout de sa canne.

– Des années, Boy. Trop d'années, en fait.

– Et nous avons fait un bon nombre d'affaires ensemble, toi, Durant, Autremec et moi. Et on a eu quelques belles parties de rigolade, aussi.

– Je ne m'en rappelle aucune, dit Durant.

– Alors, poursuivit Howdy sans réagir, il me tombe une petite affaire. C'est tout. Un petit boulot, c'était. Une certaine personne a besoin de quelqu'un pour faire de l'intimidation. Il semblerait que la dame Cariaga ait fourré son nez là où elle aurait pas dû. Mais la dame Cariaga est suffisamment futée pour savoir qu'elle aurait pas dû découvrir ce qu'elle a découvert et donc elle se tire. Pour l'Espagne, à ce qu'on dit. Eh bien, les gens qui ont besoin de faire de l'intimidation, c'est parce qu'ils veulent être sûrs que la dame Cariaga ne bavarde pas avant de prendre l'avion. Alors je leur loue ce brave Ozzie pour ne rien faire d'autre, ça je le jure, que flanquer un peu la crainte à la dame Cariaga. Et je jure devant Dieu que ça s'est passé comme j'ai dit à partir du moment où il est arrivé là-bas. Elle était déjà morte. Elle et le garde, les deux. Et c'est la vraie vérité du bon Dieu.

– Qui a loué ton gorille, Boy ? demanda Artie Wu d'une voix douce.

– Pourquoi tu ne me demandes pas de me trancher la gorge moi-même, Artie ?

– Tu te la tranches ou je te la tranche, dit Durant.

Howdy parut soudain s'ennuyer. Il bâilla et même s'étira. Après l'étirement, sa main droite redescendit négligemment vers sa nuque. Il avait presque sorti le couteau de son fourreau dorsal quand une gigantesque masse floue et blanche qui était Artie Wu en mouvement fit claquer la canne sur le coude droit de Boy Howdy. Il hurla, mais Durant était déjà derrière le bureau et tenait le couteau à demi tiré dans son propre poing droit.

Durant plaça la pointe du couteau juste sous l'extrémité du menton de Howdy, le forçant à lever la tête.

– Dis-le, fit Durant.

Boy Howdy laissa un petit grognement de souffrance s'échapper entre ses lèvres presque serrées.

– Laisse-nous respirer, Durant, dit-il.
Durant écarta la pointe du couteau. Howdy laissa pendre sa tête et ferma les yeux.
– Je suis mort, ça y est.
– Finissons, Boy, fit Wu avec un soupir.
– C'est cette morue qui a loué Ozzie, voilà, dit Howdy les yeux toujours fermés.
Wu et Durant se regardèrent fixement, aboutissant simultanément à la même conclusion.
– La femme Espiritu, tu veux dire ? fit Durant. Carmen Espiritu ?
Boy Howdy ouvrit les yeux pour regarder Durant avec rage.
– Arrête de me chambrer, Durant. Je ne connais pas de Carmen je-ne-sais-quoi de merde !
– Boy, dit Artie Wu d'une voix douce et patiente. Dis-nous simplement son nom.
– C'est votre salope de tueuse qui s'est loué Ozzie, dit Howdy. Georgia Blue. Voilà tout. (La rime involontaire le fit sourire malgré sa douleur et quand il remarqua l'expression soudain sombre et surprise de Wu et Durant, son sourire s'élargit encore.)

20

Il était 22 h 33 ce soir-là quand Georgia Blue arriva en taxi au Manila Hotel. Elle pénétra lentement dans le vaste hall, le balayant d'un regard expérimenté comme elle le traversait en direction des ascenseurs, la main droite à l'intérieur du sac de cuir suspendu à son épaule.
Elle monta seule dans une cabine jusqu'au troisième étage. De là elle prit l'escalier jusqu'au qua-

trième, passa sans bruit devant le garçon d'étage assoupi et se hâta dans le couloir jusqu'à la suite 542 où elle frappa doucement. Booth Stallings ouvrit la porte quelques secondes plus tard.

– Je crois que j'ai des petits ennuis, dit-elle d'une voix guère plus haute qu'un murmure.

Stallings sortit la tête et scruta de côté et d'autre dans le couloir.

– Entrez, dit-il en ouvrant suffisamment la porte pour la laisser passer ; puis il ferma le battant, le verrouilla et mit la chaîne de sûreté.

En se retournant il vit Georgia Blue au milieu du salon de la suite, le maintien bizarre, l'expression indécise. Stallings se dit qu'elle avait presque l'air d'avoir perdu quelque chose, peut-être une partie essentielle de son corps – un pied, ou même un bras – puis il se rendit compte que c'était son extrême aplomb qui avait disparu. Elle l'a perdu quelque part, estima-t-il. Ou bien quelqu'un le lui a pris.

– Asseyez-vous, dit-il.

Un instant elle sembla ne l'avoir pas compris. Puis elle sourit, comme si c'était l'offre la plus gentille qu'on lui eût jamais faite. Le sourire s'évanouit comme elle pivotait pour choisir où s'asseoir. C'était manifestement une décision difficile à prendre et peut-être la plus importante de sa vie. Enfin elle choisit un fauteuil vert, où elle s'enfonça, gardant la main droite au fond du sac à bandoulière.

– Un verre ? fit Stallings en gagnant le réfrigérateur de la pièce ; elle secoua la tête ; Stallings sortit une boîte de bière, la rapporta vers le canapé, s'assit, dégoupilla la boîte et dit : quel genre d'ennuis ?

– J'ai besoin d'un endroit où rester ce soir, dit Georgia Blue.

– Ici, vous voulez dire ?

Elle acquiesça.

– Wu et Durant vous cherchent.

– Ah ?

– Autremec, aussi.

– Qu'il aille se faire foutre.

Stallings but un peu de sa bière.

– Racontez-moi, dit-il en s'adossant et en posant la boîte de bière sur le bras gauche du canapé. (Il étala son propre bras droit sur le dossier, espérant que c'était la position la plus dénuée de menace qu'il pût prendre. Il lui vint ensuite à l'esprit qu'un sourire pourrait contribuer à ce qu'elle garde la main droite plongée dans le sac de cuir. Il sourit donc.)

– Pourquoi me cherchent-ils ? dit-elle.

– Ils ne l'ont pas dit et j'ai pensé qu'ils n'avaient guère envie que je le leur demande.

– Puis-je rester ici ce soir ?

– Et qu'est-ce qui se passera demain ?

– Demain, c'est l'an prochain. C'est dans l'avenir. Ce soir, c'est maintenant et je ne peux pas faire face à plus. (Elle fit une pause et ajouta, presque comme une idée qui lui venait :) Nous pouvons faire un peu de sexe si vous voulez.

– C'est tentant, dit Stallings qui lui adressa un nouveau sourire.

– Non ça ne l'est pas, dit-elle et elle sortit sa main droite du sac ; elle tenait le semi-automatique Walther. Est-ce cela qui vous inquiète ?

Il haussa les épaules.

– Ce n'est pas exactement un aphrodisiaque.

Elle remit le pistolet dans le sac à lanière puis déposa le sac sur le sol près de son fauteuil.

– C'est mieux ?

– Beaucoup mieux.

Un autre silence commença de s'établir. Stallings n'y remédia pas. Le silence fut brisé après moins de trente secondes lorsque Georgia Blue dit « Merde ! »

– Continuez, fit Stallings.

– C'est arrivé entre le moment où nous sommes rentrés du monument aux morts et notre déjeuner au Peninsula. C'est alors qu'il a appelé.

Un autre silence menaça de s'établir mais Stallings le contra.

– Qui ?

– Harry Crites.

– Ah.

– De Washington.

– Je vois, dit Stallings. Il devait être près de minuit hier là-bas, s'il était près de midi ici aujourd'hui. A une heure près.

– Nous n'avons pas parlé de l'heure. Ni du temps qu'il faisait.

Stallings lui adressa un hochement de tête qu'il espérait encourageant. N'obtenant pas de réaction, il poursuivit :

– De quoi avez-vous parlé ?

– Nous avons un code, dit-elle. Une espèce de code verbal idiot. Il l'a utilisé pour me dire d'appeler un numéro exactement dix minutes après qu'il aurait raccroché. Je devais appeler pour recevoir des directives.

– Un numéro d'ici ?

– Une cabine. C'est toujours une cabine.

– Vous avez appelé ?

– Je suis censée travailler pour lui, non ?

– Certes.

– Alors j'ai appelé.

Elle attendit, comme si elle comptait que Stallings pût de nouveau l'aiguillonner avec une question.

– Qui a répondu ? demanda-t-il obligeamment.

– Un homme.

– Une voix reconnaissable ?
– Il avait un accent.
– Philippin ?
– Je ne suis pas sûre. Il faisait peut-être semblant. Sans doute pas. Mais je ne sais pas qui c'était.
– Mais il vous a donné des instructions ?
– Oui. Il m'a dit de...
– Le type de la cabine ?
Elle hocha la tête.
– Il m'a dit d'appeler Boy Howdy, de me faire reconnaître, et de dire que je voulais louer son videur géant pour faire une frayeur à une dénommée Emily Cariaga. Je devais offrir à Boy Howdy deux mille dollars américains. Puis le type de la cabine m'a donné l'adresse de la femme, à Forbes Park, et m'a dit à quel sujet il voulait que le videur lui fasse peur. Ensuite... (Elle cessa soudain de parler et Stallings pensa un instant qu'elle était peut-être frappée d'aphasie.)
– Continuez, dit-il.
– Elle prenait l'avion en fin d'après-midi. Elle s'en allait en Espagne.
De nouveau se fit ce brusque silence, avec son allure absolument irrémédiable. Stallings sentit son agacement grandir et décida de l'exprimer un tantinet.
– Nom de Dieu, Georgia !
Elle cligna deux fois des yeux, comme si ce ton l'étonnait un peu.
– Ce videur, dit-elle. Cet homme monstrueux qui travaille pour Boy Howdy devait l'avertir qu'elle ferait mieux de ne parler à personne de ce qu'elle avait appris. A personne. Jamais. Le monstre devait se montrer... extrêmement ferme, a dit l'homme de la cabine.

– Je suppose qu'il ne vous a pas dit ce dont elle était censée ne pas parler ?

– Non.

– Alors vous avez appelé Howdy ?

Elle hocha la tête.

– Il voulait son argent d'avance. J'ai dit qu'il pourrait passer le prendre en bas à la réception. Je l'ai déposé là pour lui. Dans une enveloppe. Et puis je suis allée au Peninsula et nous avons tous déjeuné.

– En effet, dit Stallings.

Il finit sa bière, écrasa la boîte, se leva et se dirigea vers le petit réfrigérateur. En passant près du fauteuil de Georgia Blue il rafla le sac. Elle tourna la tête pour le dévisager.

– Je savais que vous alliez faire ça, dit-elle.

Au lieu de répondre, Stallings regarda dans le sac.

– J'aurais pu vous en empêcher, dit-elle.

Stallings sortit le Walther, l'examina brièvement, et le fourra dans sa poche arrière droite. Il laissa retomber le sac par terre.

– Quand avez-vous découvert qu'elle avait été tuée ? dit-il.

– En fin d'après-midi. C'était sur Radio Veritas, je crois. Je suis descendue appeler la police d'une cabine pour m'assurer que c'était la même Emily Cariaga.

– Qu'avez-vous fait ensuite ?

– Je suis sortie. Je suis allée au Palais de la Chaussure et chez Rustan, à Makati, près du Peninsula. Mais je n'ai rien acheté. Puis je suis entrée dans une ou deux librairies. Après ça, à l'Intercontinental. Ils ont un café avec des Jeepneys, là-dedans. Je veux dire avec des box qui ont l'air de Jeepneys. J'ai bu un verre. Peut-être deux. Peut-être ai-je mangé quelque chose. Je sais que je n'ai pas faim.

– Et puis vous êtes rentrée tout droit ici ? fit Stallings.

Elle hocha la tête.

– Vous ignorez qui elle était, n'est-ce pas ?

– Oui.

– Durant a reçu un coup de téléphone après votre départ cet après-midi, dit Stallings. C'était d'Emily Cariaga. Elle et Durant étaient... eh bien, très bons amis, je pense. C'est Durant qui l'a trouvée.

Georgia Blue se figea. Rien ne bougeait. Stallings pensa qu'elle ne respirait même pas. Il n'avait rien d'autre à dire et il attendit sa réaction. Elle exhala enfin l'air qu'elle avait retenu, puis en inspira et l'utilisa pour parler.

– Je vois. (Il y eut encore un long silence après quoi elle ajouta :) Vous feriez mieux d'appeler Durant.

– Pour quoi faire ?

– Lui dire que je suis ici.

– Qu'est-ce qu'il fera ce soir qu'il ne puisse faire demain ?

Elle le regarda avec une expression à la fois perplexe et déroutée. Et puis elle posa une question dont elle connaissait manifestement déjà la réponse, quoique cela parût encore l'étonner.

– Vous êtes... vous êtes un type drôlement bien, non ?

– Quelquefois, dit Booth Stallings. De loin en loin.

* * *

Quand Georgia Blue était entrée dans la suite de Stallings, elle portait un corsage de soie marron, une jupe brun clair qui semblait une espèce de coton treillissé mais était sans doute en gabardine de soie, ses escarpins marron et blanc, et le sac à bandoulière contenant le Walther PPK. Quand elle entra dans la chambre de Stallings à 1 h 16 du matin, elle portait seulement le corsage de soie marron.

Stallings était assis dans son lit et lisait un livre. C'était en fait un jeu d'épreuves broché qu'un éditeur avait envoyé à la fondation. En faisant ses bagages, Stallings l'avait trouvé sur la table de chevet dans son logement en face du zoo de Washington.

Le livre était composé d'articles écrits par dix-neuf notabilités d'importance diverse mais d'orientation identique. Chaque essai présentait les pensées souvent embrouillées de l'auteur sur le terrorisme, qu'aucun d'eux ne pouvait définir sans laïus. Mais s'ils étaient incapables de se mettre d'accord sur ce qu'est le terrorisme, ils étaient unanimes quant à ce qu'il faudrait faire à ses praticiens. Stallings avait constaté que le volume était encore une nouvelle dissertation fastidieuse de l'école « Flinguez-moi tout ça ! » A Washington, l'ouvrage l'avait endormi quatre nuits de suite, il l'avait donc emporté dans ses bagages à la place du Seconal.

Quand Georgia Blue entra dans la chambre, portant seulement sa chemise de soie marron, Stallings laissa tomber par terre les épreuves brochées, croisa les mains derrière la tête, et la contempla. Il se rappela le moment où, la voyant pour la première fois au Madison, il avait estimé qu'elle était une des trois femmes les plus saisissantes qu'il eût jamais vues. Il réduisait à présent ce nombre à deux, et il envisagea même d'éliminer la concurrente restante qui était une actrice italienne proche de la cinquantaine.

– Le canapé du salon est trop court ou bien est-ce vous qui êtes trop grande ? dit-il, sentant ses lèvres former quelque chose qu'il espéra être plutôt un sourire qu'un rictus avide.

– Les deux, dit-elle et elle commença de déboutonner son corsage.

Elle défit les boutons méthodiquement, en les regardant comme elle l'aurait fait si elle avait été seule. Quand tous les boutons furent défaits elle ôta le corsage, le plia bien, comme pour le mettre dans une valise, et le déposa soigneusement sur un siège.

Puis elle pivota, ni provocante ni prude, servant le menu complet. Stallings le dévora des yeux, se demandant quel goût il aurait sur la langue.

– Voilà qui fouette le sang, dit-il.

– Bien, dit Georgia Blue qui se glissa dans le lit près de lui.

L'embrasser, estima Stallings, était comme embrasser votre première maîtresse plus âgée – celle qui est pleine d'expérience perverse. Il décida ensuite de ne rien décider d'autre et de suivre simplement tout ce qui se produirait, sauf que ce qui se produisait était loin d'être simple. Au contraire ce fut complexe, un tantinet démentiel, totalement sensuel et novateur même pour Stallings qui croyait, jusque-là, avoir franchi depuis longtemps sa dernière frontière sexuelle. A un moment il ressentit une exaltation d'avare en se rendant compte que cette nuit dans ce lit de la suite 542 du Manila Hotel deviendrait son plus gros compte à la Banque des Fantasmes, où il pourrait tirer des traites illimitées aussi longtemps qu'il vivrait.

* * *

Ce fut terminé en une demi-heure, à cinq minutes près. Ils restèrent étendus, contemplant le plafond, la tête de Georgia Blue sur l'épaule de Stallings qui, pour la première fois depuis des années, regretta de n'être plus fumeur. Les Chesterfield. Sans filtre. Les Destroyers et leur promesse : « Vous serez satisfait ». Ou était-ce les Old Gold ? Il avait presque décidé de demander à Georgia Blue, même si elle n'était pas assez âgée pour se rappeler, quand elle parla :

– Ce fumier de Durant.

– Il a l'air d'un assez brave gars.

– Pas quand on se dit qu'il vous tuera peut-être.

– A cause de cette Cariaga ?

– Il pourrait, dit-elle. Je ne sais pas s'il le fera. Mais il pourrait.

– Il ne vous tuera pas, dit Stallings. Pas avant d'avoir son argent, en tout cas.

Elle tourna la tête et vit qu'il contemplait toujours le plafond.

– Mais, et s'il n'a jamais son argent ? dit-elle. Et si j'ai fait manquer toute l'affaire ?

– Dans ce cas, dit Stallings en contemplant toujours le plafond, ce n'est pas seulement ce fumier de Durant que vous devrez craindre.

* * *

A 8 h 17 le matin suivant, les stores vénitiens remontèrent avec un fracas qui se termina par un petit claquement. Le soleil rayonna sur Stallings et Georgia Blue étendus dans le lit, tous deux nus jusqu'à la ceinture, c'est-à-dire jusqu'au bord du drap. Elle se dressa d'un coup. Stallings ouvrit les yeux et vit Autremec Ottermeck debout à la fenêtre, qui regardait la baie.

– Belle journée, fit Ottermeck sans se retourner. Sauf qu'ils disent qu'il va faire un peu chaud plus tard.

Il se retourna alors, regardant d'abord Stallings, puis Georgia Blue qui ne fit pas un geste pour remonter le drap.

– Wu et Durant sont là, dit Ottermeck en indiquant le salon d'un signe de tête. Ils pensent qu'il faut qu'on parle.

– Ils ont commandé du café ? dit Stallings.

– Non, mais moi oui, fit Ottermeck qui se détourna et quitta la pièce.

21

Georgia Blue sortit de la chambre de la suite, vêtue d'un de ces longs peignoirs blancs en tissu éponge que les hôtels supérieurs fournissent à leurs clients en même temps qu'un avertissement comme quoi on le paiera si on le vole. Elle sortit pieds nus, la main droite enfoncée dans la poche du peignoir où elle serrait le Walther PPK que Booth Stallings lui avait auparavant restitué sans commentaires.

Stallings remarqua qu'elle avait retrouvé son aplomb perdu, lequel semblait à présent presque inaltérable tandis qu'elle s'immobilisait pour regarder chacun des quatre hommes. Elle salua de la tête Artie Wu, assis sur le canapé dans son coin gauche de prédilection, une tasse de café dans une main, un cigare du matin dans l'autre. Wu hocha poliment en retour. Le regard acéré de Georgia Blue passa sans s'arrêter sur Ottermeck, assis comme d'habitude sur une chaise, et ne s'attarda que brièvement sur Stallings, qui l'observait par-dessus le bord de sa tasse de café. Les yeux de Georgia Blue vinrent se fixer sur Durant, debout près du chariot de service encombré de trop de tasses et de soucoupes et d'une paire de cafetières chromées. Durant se retourna vers le chariot et versa une tasse de café.

– Noir, hein, Georgia ? dit-il. Sans sucre ?

– S'il te plaît, dit-elle.

Durant se retourna avec la tasse et la soucoupe, la rejoignit au centre du salon où elle se tenait immobile, et lui tendit le café. Elle le prit de la main gauche, gardant la droite serrée sur le Walther dans la poche de son peignoir. Elle pivota alors, cherchant un endroit où s'asseoir, et choisit de nouveau le fauteuil vert et sa petite table latérale. Posant d'abord la soucoupe et la tasse sur la table, elle s'assit, croisant les jambes sous le long peignoir, gardant la main droite dans sa poche.

Personne ne dit rien avant qu'elle eût pris la tasse de la main gauche et bu une gorgée. Alors Artie Wu parla.

– Booth nous a dit ce que tu lui as dit hier soir, Georgia. Il en a fait un compte rendu très concret, très objectif. As-tu quelque chose à ajouter ou à préciser ?

– Avant d'être condamnée, tu veux dire ?

– Je ne crois pas que tu penses vraiment ce que tu viens de dire.

Elle réfléchit à la question, haussa les épaules et regarda Durant, toujours debout, adossé maintenant au mur et fumant sa première cigarette du matin.

– Je ne savais pas qui c'était, Quincy, dit Georgia Blue. Je ne savais pas qu'elle allait être tuée. Je suis désolée.

Durant la considéra en silence.

– Ôte ta main de ta poche, Georgia, dit-il enfin. Tu n'en auras pas besoin.

Le soulagement de Georgia Blue la fit se détendre d'une manière à peine visible. Elle prit la tasse de la main gauche, but encore du café, reposa la tasse et regarda Artie Wu. Elle avait toujours la main droite dans la poche de son peignoir.

– Et maintenant, Artie ? fit-elle.

Artie envoya vers le plafond un de ses épais ronds de fumée.

– Le plan reste inchangé, dit-il, sauf que nous accélérons. On a apparemment tué Emily Cariaga pour la faire taire. Mais nous ne savons pas ce qu'elle avait appris ni l'importance de ce qu'elle avait appris, et il paraît inutile de faire des spéculations. Nous allons vite entrer et vite sortir de cette opération en espérant que les flics de Manille perdront tout intérêt pour Durant et moi.

– Je pense que la dame Cariaga avait découvert qui met les cinq millions, dit Autremec Ottermeck dont les spéculations étaient le pain quotidien.

– Bien trouvé, Autremec, fit Durant.

– Eh quoi ! j'aime les choses claires, dit Ottermeck en le regardant fraîchement. Mais ça n'est pas pour ça que si je vois des choses claires et nettes il faut que je les élimine juste parce que ça me plaît beaucoup comme ça. C'est du gâchis.

– Il n'a pas tort, dit Booth Stallings en se tournant vers Wu. Vous ne pourriez pas vérifier ? Voir les gens qu'elle a vus, savoir de quoi ils ont parlé ?

– Quincy et moi essaierons, bien sûr, dit Wu. Mais je ne crois pas que cela nous mènera quelque part. Emily circulait dans les hautes couches de la société où l'air est raréfié et l'escalade difficile, sinon impossible, pour deux arnaqueurs sans autres références qu'un sourire joyeux et des propos spirituels.

– Je croyais que c'était ce que vous faites le mieux, tous les deux, dit Stallings. Délester les riches de leur argent immérité. Si vous pouvez faire ça, pourquoi diable ne pouvez-vous les faire causer ?

– Pour les délester de leur argent, dit Durant d'un ton excessivement patient, tout ce que nous avons à faire est de chatouiller leur avidité. Mais cette fois nous n'en avons pas après leur argent. Nous allons leur demander de se confier à nous à propos d'une chose qui a provoqué l'assassinat de quelqu'un qu'ils connaissent. Et nous n'avons pas les moyens de pression qu'il faut pour ça.

– Mais nous allons essayer, Booth, dit Artie Wu.

– Vous feriez bien d'essayer très fort, bon sang.

Wu approuva de la tête et se tourna vers Georgia Blue.

– J'ai dit que nous allons accélérer, Georgia. Cela signifie qu'Autremec descend à Cebu aujourd'hui par l'avion de midi et que tu suis par le vol de quinze heures. Booth prendra l'avion demain, Quincy et moi suivrons le lendemain, c'est-à-dire... (il regarda sa montre à date) mercredi 1er avril.

– Le jour des poissons d'avril, dit Ottermeck, toujours précis.

Personne ne dit rien pendant plusieurs secondes. On regarda Artie Wu souffler dans l'air trois nouveaux ronds de fumée. Comme le troisième flottait vers le plafond, Wu reprit :

– Prenons encore un peu de café et puis je vais débiter une petite homélie dont je suis certain que chacun la prendra à cœur.

Ottermeck se leva, gagna la table de service à roulettes et prit une des cafetières chromées. Il fit le tour de la pièce, remplissant les tasses. Tout le monde avala poliment une gorgée dont personne ne semblait avoir vraiment envie. Booth Stallings gardait les yeux sur Artie Wu. Il était au bord de l'émerveillement devant la capacité de cet homme imposant à régner sur la pièce ; sur n'importe quelle pièce, d'ailleurs.

C'était en partie le vaste gabarit de Wu, estima Stallings, et en partie son brillant qui lui permettaient de diriger et de commander, presque sans qu'il y parût. Mais son arme véritable était ce charme aisé et avenant, tel qu'il plaisait à chacun et, bien plus utile, tel que chacun recherchait son approbation. Même toi, tu n'y es pas insensible, gare ! se dit Stallings.

Et puis il y avait ce fumier de Durant, songea-t-il en adoptant inconsciemment la dénomination à présent familière. Durant, qui est tout aussi malin, ou presque, et qui cultive soigneusement son air de bombe à retardement (et bon sang, il se peut très bien qu'il en soit une). Le charmant, l'adorable M. Wu et son terrible paladin. Sacré duo.

Il vint alors à l'esprit de Booth Stallings – et pour la première fois – qu'ils allaient peut-être, eux cinq, vraiment voler les cinq millions, en fin de compte. L'idée était si excentrique qu'elle le fit sourire et faillit lui provoquer un gloussement. Mais il réprima le gloussement, vida sa tasse de café et reporta son attention sur ce qu'Artie Wu avait à dire.

– A l'exception de Booth ici présent, commença Wu, nous nous connaissons tous depuis des années, ce qui est peut-être trop. Nous savons les points forts de chacun, ses faiblesses, ses bizarreries et ses blocages. Aucun d'entre nous n'est parfait, Dieu sait, mais chacun de nous est compétent. Au plus haut point. Eh bien, nous allons chasser la pierre de lune – cinq millions de dollars et, comme dit Autremec, c'est une somme tout à fait importante. En cinq parts égales cela devrait suffire à tout le monde et je suis certain qu'on peut réaliser la chose. Mais chacun de nous est humain et par conséquent sujet aux avances de la tentation. Alors si elle vous a jamais fait des avances que vous avez jugées irrésistibles, rappelez-vous seulement ceci : je vous tomberai dessus. Et juste derrière moi arrivera ce fumier de Durant. L'un de nous vous trouvera. Peut-être nous deux. Et jamais, au grand jamais vous ne dépenserez cet argent.

Artie Wu sourit, tira sur son cigare et s'adossa confortablement sur le canapé.

Georgia Blue fut la première à réagir.

– Sapristi, Artie, c'est la chose la plus inspirée que j'aie jamais entendue. (Elle ôta sa main droite de la poche de son peignoir, se leva, rassembla les vêtements qu'elle avait laissés au salon la veille au soir et disparut dans la chambre.)

Après l'avoir regardée partir, Durant se tourna vers Wu.

– Je n'aurais pas pu dire mieux, fit-il. Mais j'aurais pu faire plus court. (Il gagna la porte, l'ouvrit et se retourna vers Wu.) Je descends dans le hall pour voir s'il y a quelqu'un dans le secteur qui puisse nous parler d'Emily.

– Je descendrai tout à l'heure, dit Wu.

Après le départ de Durant, Ottermeck se leva et parcourut la pièce du regard, faisant au revoir d'un signe de tête à Stallings d'abord, puis à Artie Wu.

– Il faut que j'attrape cet avion, dit Ottermeck.

– On se reverra à Cebu, Autremec, dit Wu.

Ottermeck prit la direction de la porte et, à mi-chemin, se retourna vers Wu.

– A qui était destinée toute cette merde, Artie ? A moi ?

– Toi et tous les autres, Autremec.

Le hochement d'Ottermeck ne fit qu'affirmer son incrédulité.

– Tu parles, fit-il et il se détourna et quitta la pièce.

Booth Stallings se leva, alla à la fenêtre et regarda la baie de Manille.

– Vous avez quelque chose en tête que vous voulez me dire, Artie ?

– Je ne crois pas.

Stallings se retourna.

– Pas de suspects probables, de renégats ou d'agents provocateurs ?

– C'est une éventualité qui touche tout le monde.

– Y compris moi ?

– Y compris vous.

– Et vous et Durant ?

– C'est beaucoup d'argent, cinq millions. Gardez l'œil sur nous, Booth.

– Chacun surveille tout le monde, c'est ça ?

– C'est la seule voie sûre, si nous voulons vraiment réussir.

– Vous pensez qu'on va y arriver ?

Un instant Artie Wu demeura silencieux.

– Je le crois, dit-il ensuite. Je le crois vraiment.

– Moi aussi, dit Booth Stallings. Bon, je file.

– Où ?

– A Corregidor, dit Stallings. Je me suis dit que j'allais voir si je peux faire une balade en aéroglisseur et jeter un coup d'œil. (Il tapota ses poches pour s'assurer qu'il avait ses lunettes de soleil, ses clés et son portefeuille.) C'est peut-être la dernière occasion que j'aurai jamais.

– Vous ne comptez pas sortir d'ici par là, de nouveau ? fit Wu en souriant.

– Pas si je peux l'éviter, dit Stallings qui ouvrit la porte et sortit.

* * *

Quand Georgia Blue sortit de la chambre elle portait les mêmes vêtements que la veille au soir. Le même sac pendait de son épaule droite et à la vue d'Artie Wu toujours en attente elle plongea la main droite dedans.

– Assieds-toi, Georgia, dit Wu.

Elle gagna le fauteuil vert et se percha au bord du siège, genoux serrés, la main toujours dans son sac et étreignant le Walther.

– Tu as merdé, hein ? dit Wu.

– Je ne savais pas qui elle était, Artie.

– Tu aurais pu demander à quelqu'un.

– Mais je ne l'ai pas fait.

– Durant est... Eh bien, Durant est près de la température d'ébullition.

– J'ai vu, fit-elle en hochant la tête.

– S'il déborde, l'affaire est cuite.

– Je sais.

– Nous ne pouvons donc plus nous permettre que quelqu'un merde. Qui que ce soit.

– Spécialement moi, tu veux dire.

Wu secoua la tête.

– Spécialement Autremec.

La main de Georgia Blue sortit lentement du sac. Elle était vide.

– Eh bien, dit-elle doucement. Nom d'un petit bonhomme.

– Là-bas à Cebu, Autremec sera le Chaînon Faible. Tu seras le Gardien. Il va falloir jouer ton rôle pour de bon, j'en ai peur. Comme il va faire.

Un silence morose suivit.

– Je connais Autremec depuis longtemps, Artie, dit finalement Georgia Blue.

– Moi aussi, soupira Wu.

– Tu es sûr de ce que tu dis ?

Il hocha la tête avec sérieux.

– Alors... « il nous a laissés pour une poignée d'argent », commença-t-elle.

– « Rien que pour un ruban pour orner sa poitrine », termina Wu.

– Browning, hein ?

– *Le Héros perdu.*

– Eh bien, merde.

– Reste braquée sur lui, Georgia.

Hochant la tête, elle se leva.

– Il est malin et il est retors, dit Wu.

– J'ai été son élève d'élite, jadis, Artie.

– Et la mienne.

– Alors je dois savoir ce que vous savez à deux, dit-elle. Et un petit quelque chose de plus.

22

Durant remarqua d'abord les gardes du corps : une paire presque assortie de Philippins costauds et carrés proches de la quarantaine, l'œil alerte, les mains vides et une bosse identique sur la hanche droite, sous le pan raccourci de la chemise de sport.

Un de leurs protégés se précipitait sur ses petites jambes grassouillettes en direction du drugstore-kiosque à journaux du Manila Hotel. Il était suivi d'une fillette de neuf ans qui tâchait de ne pas se presser, afin de paraître compassée, adulte, et de contraster vivement avec le mouflet de six ans, son frère, dont ses parents continuaient de jurer que ce n'était pas un enfant adopté.

Entre les gardes du corps marchait la mère, jolie femme dans la trentaine, pas tout à fait rondelette, vêtue d'une robe de toile noire à liséré blanc que Durant soupçonnait de provenir de chez Neiman-Marcus. Il savait que Neiman-Marcus était la seule chose qui eût jamais plu à la femme à Dallas.

Quittant son fauteuil, Durant effectua une trajectoire lente et détournée à travers le hall, pour que la femme et les deux gardes du corps le voient simultanément. Mais le plus vif des gardes le remarqua le premier et ce qu'il voyait ne lui plut manifestement pas.

Le garde interpella sèchement son équipier qui fit filer le garçon et la fillette à l'intérieur du drugstore-journaux. L'autre se planta fermement devant la femme, la main droite se portant en arrière vers la bosse cachée de sa hanche. Durant s'immobilisa. La femme en robe noire à liséré blanc toucha le bras du garde du corps et dit quelque chose qui le fit se détendre.

La femme qui, derrière le garde du corps et un peu à sa droite, adressait maintenant un sourire à Durant était Restituta Ortiz, miséricordieusement appelée Tootie par presque tout le monde. Elle était mariée à Cristobal Ortiz qui avait tout d'abord investi son modeste patrimoine dans la banque et le transport naval, avec des résultats convenables, et ensuite dans la politique, qui l'avait rendu riche.

La défunte Emily Cariaga et Tootie Ortiz avaient grandi ensemble à Manille et plus tard avaient passé un an chez Miss Hockaday à Dallas, séjour dont elles avaient détesté chaque minute. De retour à Manille elles s'étaient mariées à un mois d'intervalle. Quand la liaison de Durant et Emily Cariaga avait commencé – alors que le mari trompé Patrocinio Cariaga vivait encore – c'est Tootie Ortiz qui avait servi d'intermédiaire aux amants, alors même qu'elle était désespérément incapable de transmettre les messages au lieu et à l'heure dits. Mais elle avait approuvé la liaison de tout son cœur car, ainsi qu'Emily Cariaga l'avait dit un jour : « Tootie aime tout ce qui est romanesque, audacieux et sale... pourvu que ce soit à distance. »

Quand Durant la rejoignit, la première chose que fit Tootie Ortiz fut de lui prendre la main droite entre les siennes en chuchotant :

– C'était beau, Quincy. C'était la plus belle messe de requiem que j'aie jamais vue.

– J'aurais aimé y être, Tootie, mais... (Il haussa les épaules pour signifier que la messe était pour la famille et les amis d'Emily et non pour son amant étranger.)

– Je comprends, fit Tootie en hochant la tête. Et Emily comprend aussi.

– Il faut que nous parlions, Tootie.

– De... ?

– Oui.

– Maintenant ?

Durant acquiesça. Elle regarda sa montre.

– Eh bien, dit-elle d'une voix chargée de doute, je suppose que nous pourrions, sauf que...

Comme souvent, Tootie Ortiz ne termina pas sa phrase. Ces inachèvements quasi chroniques étaient une de ses habitudes les moins plaisantes. Durant attendit patiemment la question qu'il était certain qu'elle allait poser.

– Avez-vous vraiment découvert... ?

– J'ai découvert le corps, dit Durant.

– Était-ce... ? (L'expression de son visage était un synonyme d'atroce.)

– C'était pire que ça, Tootie.

Elle se tourna vers le garde du corps et dit quelque chose à voix basse. Le garde du corps prit un air désapprobateur. Elle donna un ordre bref. Le garde du corps adressa à Durant un regard qui était presque un avertissement, se détourna et entra dans le drugstore-journaux où son équipier était en train de lire une bande dessinée au garçonnet. La sœur du petit garçon tâchait d'avoir l'air de ne pas savoir du tout qui étaient ces deux-là.

– Ils vont emmener les gosses à la cafeteria prendre, vous savez…

– Des glaces, dit Durant.

Tootie hocha la tête.

– Allons prendre quelque chose de bon au Cowrie Room.

– Je ne crois pas que ce soit déjà ouvert, dit Durant.

Tootie sourit d'un de ses sourires supérieurs.

– Ils l'ouvriront pour…

– Nous, compléta Durant.

– Moi… le corrigea-t-elle.

* * *

Quand Tootie Ortiz entra majestueusement dans le Cowrie Room vide, Durant dans son sillage, le maître d'hôtel se retourna d'un air revêche, vit de qui il s'agissait, effaça son air revêche, enfila une veste et les conduisit à un box d'angle. Tootie Ortiz commanda du café et des pâtisseries au caramel pour deux. Durant ne voulait pas de pâtisseries mais ne fit aucune objection car il savait que Tootie mangerait sa part.

Mais elle oublia presque de manger sa propre portion quand Durant commença son compte rendu hautement enjolivé de la découverte du corps d'Emily Cariaga. C'était presque une copie conforme de la narration qu'il avait faite au lieutenant Cruz, l'enquêteur de la Criminelle, sauf qu'il en offrait à présent à Tootie une version légèrement plus sinistre.

Elle écouta, les yeux agrandis, la bouche entrouverte.

– Seigneur Dieu, quelle horreur, dit-elle quand il eut fini et elle prit sa fourchette et attaqua la pâtisserie.

Durant attendit qu'elle eût mâché et avalé deux bouchées.

– D'abord le pauvre Ernie Pineda là-haut à Baguio, et puis Emily, dit-il alors.

La fourchette s'immobilisa à quelques centimètres de la bouche ouverte de Tootie. La bouche se ferma et la fourchette redescendit lentement se poser dans l'assiette.

– Il n'y avait pas de lien entre eux, dit-elle. C'est impossible car... (De nouveau la phrase mourut prématurément.)

– D'une certaine façon il y en avait, Tootie, dit Durant. Un lien.

– Comment ?

– Vous connaissez Artie Wu ? dit-il.

– Bien sûr que je connais Artie.

– Eh bien, Artie et moi étions en affaires avec le pauvre Ernie et c'est nous qui avons dû identifier son corps.

Elle se pencha vers lui, sa pâtisserie pour l'instant oubliée.

– Vous avez réellement vu...

Durant hocha la tête. Elle jeta un regard alentour et sa voix devint un chuchotement.

– Lui ont-ils vraiment...

– Ils les lui ont coupées, Tootie, dit Durant.

– Mais Emily ne m'a pas parlé de... (Elle s'interrompit et attaqua de nouveau sa pâtisserie qu'elle termina en quatre grandes bouchées.)

– Ne vous a pas parlé de quoi ? fit Durant comme elle avalait la dernière bouchée.

Elle tendit la main vers l'assiette de Durant, lui demandant d'un petit sourire s'il y tenait vraiment. Il poussa l'assiette vers elle.

– Ne vous a pas parlé de quoi, Tootie ? répéta-t-il.

– De vous et Ernie.

– Vous avez bavardé avec elle ?

Tootie, occupée à mastiquer, se contenta de hocher la tête.

– Quand ?

– Quand elle est redescendue de Baguio, dit-elle après avoir avalé. Elle m'a appelée pour me dire au sujet d'Ernie et elle se demandait pourquoi quelqu'un avait pu, vous savez, faire ça... Eh bien, j'ai fait remarquer qu'Ernie, après tout, était le *cousin* au troisième degré et...

De nouveau elle arriva à un de ses feux rouges verbaux mal synchronisés. Durant fit semblant de ne pas s'en apercevoir. Il sortit une cigarette et l'alluma. Après avoir soufflé un peu de fumée en l'air, il demanda :

– Vous disiez ?

– Tout le monde en parle.

– Ah bon ?

– Bien sûr.

– D'Emily ?

– Du pauvre Ernie.

– Oh. Oui. Lui. (Durant écrasa sa cigarette à peine fumée dans un cendrier.) Qui est tout le monde, Tootie ?

Elle remua les épaules comme pour dire que tout le monde sait qui est tout le monde. Comme Durant ne semblait pas convaincu, elle dit, « Cris », prouvant ainsi son affirmation en invoquant le nom de son mari.

– Comment ce vieux Cris fait-il face maintenant que son protecteur est parti à Hawaï ?

– Ils se parlent toujours.

– Cris l'appelle pour lui remonter le moral, je suppose ?

– C'est le président qui l'appelle, *lui*.

– De quoi Cris et ce brave vieux parlent-ils ? dit Durant. De la mort du cousin germain ?

– Vous ne me croyez pas, n'est-ce pas ?

– Vous ne m'avez encore rien dit, Tootie. Il n'y a rien à mettre en doute.

– Très bien, fit-elle en se penchant de nouveau en avant. Je vais vous dire exactement ce que j'ai dit à Emily.

– C'est-à-dire ce que Cris vous a raconté, non ?

– Cris sait ce qui... (Elle s'arrêta de nouveau.)

– Se passe, compléta Durant. Je suis sûr qu'il le sait bien.

Tootie jeta un regard circulaire pour s'assurer qu'il n'y avait pas d'oreilles indiscrètes.

– Il sait au moins qu'Ernie était un...

– Un quoi ? fit Durant étonné par la dureté de sa propre voix, qui surprit aussi Tootie.

– Un... communiste, dit-elle.

Durant sourit. Le sourire se transforma en une expression rieuse.

– Notre Ernie ?

Elle eut un regard malicieux.

– *Ils* pensaient qu'il l'était. Il était leur oreille à l'intérieur du palais.

– Ernie était l'oreille de la Nouvelle Armée Populaire à l'intérieur de Malacanang ?

Elle hocha la tête.

– Qu'est-ce qu'Ernie pouvait donner comme preuve de sa bonne foi ?

– De l'argent, dit-elle. Il avait toujours sa part dans les affaires du palais. Vous le savez. Alors il donnait la moitié de ce qu'il se faisait à la NPA.

– Il leur donnait aussi des renseignements, je parie.

– Ce n'était pas de *vrais* renseignements. C'était...

– Fabriqué par le palais, termina Durant.

Elle hocha la tête.

– Et il informait le palais de tout ce qu'il pouvait découvrir sur la NPA, dit-il.

– Bien sûr.

– Qu'est-ce qu'ils avaient sur lui ?

– Qui ?

– La NPA. Ernie ne s'est pas simplement baladé jusqu'à ce qu'il tombe sur un gars de la NPA et qu'il lui dise, « Salut, ça me plairait d'être votre espion au palais. »

– Ils l'ont fait chanter, dit-elle. Des photos de lui au lit avec...

– Des garçons ?

Elle acquiesça.

– Ernie se foutait pas mal que ça se sache, dit Durant.

– Mais ils *croyaient* que non.

Durant secoua lentement la tête à plusieurs reprises.

– La NPA est trop maligne pour ça. Ils ont pris l'argent d'Ernie et ses mensonges préfabriqués par le palais et ils lui ont donné leurs propres mensonges pour qu'il les fasse gober au palais. Mais quand Marcos a décampé, l'utilité du pauvre Ernie a pris fin et lui aussi.

– Alors ils l'ont tué, c'est cela ? La NPA ?

– Je ne sais pas, dit Durant. Ont-ils fait ça ?

– Mais pourquoi aurait... (De nouveau Tootie Ortiz ne finit pas ce qu'elle avait commencé. Sauf que cette fois ce ne fut pas par habitude, mais à cause de ce qu'elle voyait par-dessus l'épaule de Durant.)

Durant tourna la tête. Artie Wu, suivi de près par les deux gardes du corps, arrivait à grands pas vers le box d'angle. Wu tenait au creux de son bras gauche le garçonnet de six ans qui gloussait. Dans la main droite de Wu se trouvait la main de la fillette de neuf ans qui levait vers lui un sourire d'adoration.

– Tootie, fit Artie Wu en déposant le garçonnet et en se penchant pour embrasser la mère sur la joue.

– Artie ! C'est si bon de... Quincy et moi, nous sommes en train d'avoir une si...

– Gentille conversation, compléta Artie Wu.

– Oh mon Dieu ! dit Tootie en regardant sa montre et elle se glissa hors du box. Il faut vraiment que...

– Vous êtes superbe, Tootie, dit Wu.

Elle sourit et se tourna vers Durant.

– Quincy, j'espère vraiment que vous ne...

– Ne vous en faites pas, dit Durant, pas du tout sûr de savoir ce qu'elle espérait.

Tootie Ortiz eut un sourire nerveux, prit ses enfants par la main, et quitta majestueusement le Cowrie Room. Un des gardes du corps la précédait. L'autre suivit, marchant à reculons, les yeux fixés sur le box où Artie s'était assis en face de Durant.

– Eh bien ? dit Wu.

– Devine ce qu'est le pauvre Ernie.

– Est ou était ?

– Est.

– Aucune idée.

– C'est un agent double mort grillé.

– Il doit s'agir d'un Ernie bien différent, dit Artie Wu.

23

A 10 h 47 ce matin-là Booth Stallings était presque à mi-chemin de l'île de Corregidor quand un des moteurs de l'aéroglisseur tomba en panne, et le pilote coupa aussitôt l'autre. L'équipage philippin, Booth Stallings et près de trois douzaines d'autres passagers, dont vingt-quatre jeunes aviateurs japonais de l'aéronavale en uniforme blanc immaculé, se mirent à dériver avec la marée dans la baie de Manille.

Un des aviateurs et Stallings avaient engagé une sorte de conversation, criant presque pour se faire entendre à travers le hurlement des moteurs. Le jeune aviateur parlait un anglais rudimentaire mais il paraissait décidé à faire prévaloir son point de vue, à savoir que les États-Unis avaient beaucoup de chance d'être dirigés en ce temps de graves périls internationaux par le plus grand président de leur histoire. Quand Stallings répondit que le président avait certes un sens original de l'histoire, le jeune aviateur avait solennellement approuvé de la tête.

On ne dériva que quelques minutes avant qu'un aéroglisseur jumeau vienne bord à bord et que les deux équipages philippins confèrent vivement. Comme la marine japonaise était une clientèle constante et régulière, il fut décidé que les aviateurs seraient transbordés sur l'autre aéroglisseur et menés à Corregidor. La douzaine d'autres passagers resteraient à bord de l'engin en panne, qui allait rentrer au port en boitant. (Les aéroglisseurs boitent-ils ? se demanda Stallings.) Là, les billets seraient cordialement remboursés.

L'annonce fut accueillie avec résignation par tous les touristes aguerris à l'exception d'un Américain aux cheveux gris qui exécuta aussitôt une danse de la pluie autour de l'équipage philippin interloqué, l'accusant d'incompétence, de favoritisme et, par-dessus tout, d'ingratitude. Les membres de l'équipage, polis comme toujours, approuvèrent de la tête et rirent sous cape derrière leurs mains.

Quand l'aéroglisseur arriva à quai à Manille, les remboursements en liquide étaient prêts, en liasses bien nettes. L'Américain colérique insista pour compter deux fois la sienne pendant que Stallings faisait la queue derrière lui. Au lieu de compter son propre remboursement, Stallings le plia simplement en deux et le fourra dans une poche de son pantalon.

– Ils vous ont sans doute refait de cent pesos, dit l'Américain à cheveux gris.

– Vous croyez ?

– J'ai jamais vu ça, dit l'Américain. Nous faisons de Corregidor un nom de Dieu de reliquaire et une sacrée attraction pour le tourisme et à qui est-ce qu'ils donnent la priorité ? A ces putains de japs ! Les mêmes fumiers qui les ont aplatis pendant la guerre.

– Les petits-fils des fumiers probablement, dit Stallings.

– C'est pareil. Vous allez où ?

– Manila Hotel.

– Moi aussi. On partage un taxi ?

Stallings accepta et ils avaient fait presque la moitié du chemin menant à la rue quand il s'arrêta et tourna la tête pour examiner soigneusement l'Américain.

– Et si j'avais dit non ?

L'Américain lui fit un petit sourire étroit.

– Alors j'aurais juste dû venir vous trouver plus tard, M. Stallings.

* * *

Ils allèrent dans le bar à air conditionné le plus proche au lieu du Manila Hotel. C'était un endroit louche sur le front de mer, nommé le Shoreleave – La Perme du Marin – avec les habituelles radeuses adolescentes et du hard rock extrêmement bruyant. Quand une des filles vint voir en titubant s'ils voulaient de la compagnie, l'Américain aux cheveux gris lui dit d'aller se faire foutre et de leur faire apporter deux bouteilles de San Miguel mais pas de verres.

– On pourrait choper le sida dans les verres, expliqua l'Américain à Stallings. Toutes ces nanas aiment faire ça par-derrière, vous savez. Contrôle des naissances à la mode philippine.

– Comment vous appelez-vous aujourd'hui ? demanda Stallings.

– Weaver P. Jordan.

Stallings hocha comme pour confirmer quelque sombre soupçon.

– Un vrai nom de barbouze.

– C'est quoi, une barbouze ? fit Jordan en souriant de son petit sourire étroit.

La bière arriva sur ces entrefaites et Jordan essuya de la paume le goulot de sa bouteille. Stallings non. Après avoir bu un tiers de sa bière, Jordan posa la bouteille et se pencha par-dessus la table, appuyé sur des avant-bras nus qui avaient trop de chair et pas assez de poils.

Sa chevelure, par contre, était longue, épaisse et d'un gris luisant. Au-dessous, c'était le visage encore mal défini d'un bébé grincheux dont les couches sont mouillées et le hochet cassé. Les joues étaient grasses et rondes, la bouche petite, rose et humide. C'était un visage, pensa Stallings, qui dans quelques années s'écraserait sur lui-même comme un ballon abandonné après la fête.

– Je suis de l'ambassade, dit Weaver Jordan en tâchant en vain de garder un ton confidentiel et de se faire tout de même entendre à travers le fracas du hard rock.

– L'ambassade de quoi ?

– Merde, qu'est-ce que vous croyez ? jappa Jordan qui plongea la main dans la poche de sa chemise, empauma quelque chose et le fit glisser sur la table. Quand la main de Jordan se leva, Stallings ramassa une carte d'identité enchâssée dans un rectangle de plastique. La carte proclamait que Weaver P. Jordan III était un employé du Département d'État des États-Unis et qu'on devait lui accorder tous droits et privilèges y afférents. Elle proclamait aussi qu'il mesurait 5'10 1/2" (1,79 m), pesait 178 lbs. (81 kg), et était né quarante-trois ans auparavant dans l'Indiana, bien que son lieu de naissance exact demeurât non précisé.

Stallings rendit la carte au donneur. Jordan la saisit et la replongea dans la poche de sa chemise.

– Qu'est-ce que vous faites pour l'ambassade, Weaver ?

– Je suis du bureau de l'attaché culturel.

– J'aurais dû deviner, dit Stallings.

Jordan but un autre tiers de sa bière puis se pencha vers Stallings, tâchant de nouveau en vain de prendre un ton confidentiel.

– J'ai un message pour vous.

– De qui ?

– Votre gendre.

– Lequel ? J'en ai deux.

– Le secrétaire Hineline, dit Jordan qui marqua une pause pour dramatiser son effet. Un message de quatre mots.

– Ma foi, j'imagine que Neal n'a guère pu en trouver plus.

– Les quatre mots sont, dit Jordan, « Arrêtez et retirez-vous. » (Il se redressa en arrière, arborant de nouveau le petit sourire étroit qui ne découvrait pas ses dents.)

Stallings hocha la tête, comme s'il assimilait le message. Puis une idée parut le frapper.

– Pourrais-je lui envoyer une réponse par l'intermédiaire de vous autres de l'ambassade ?

– Ouais. Je pense. Pourquoi pas ?

– Quatre mots, dit Stallings. Cinq en comptant mon nom.

Jordan sortit un petit carnet de sa poche-revolver et un stylo-bille de la poche de sa chemise. Carnet ouvert, stylo en position, il hocha de nouveau.

– Le message est, dit Stallings (dictant avec une lenteur convenable), « Va chier. Grosses bises. Daddy. »

Jordan posa lentement son stylo-bille et, sa petite bouche rose entrouverte, regarda Booth Stallings se lever et gagner la porte principale du Shoreleave en s'arrêtant juste le temps de tendre un billet de cent pesos à la fille à qui Weaver P. Jordan avait dit d'aller se faire foutre.

* * *

Dans le bureau des Philippines Airlines de l'Intercontinental Hotel, Booth Stallings prit un numéro d'ordre et se trouva une chaise au milieu de quarante et un autres candidats au voyage. Une heure et neuf minutes plus tard on appela son numéro. Il demanda à l'employée des réservations dans combien de temps, au plus tôt, il pourrait avoir une place sur un vol pour Cebu et on lui dit qu'il pourrait décoller à 16 h. Tendant à l'employée sa carte American Express et son passeport, Stallings lui dit que ça conviendrait très bien.

Artie Wu reçut l'appel téléphonique de Booth Stallings à 13 h 39 et à 14 h 14 lui et Quincy Durant étaient dans la chambre de Stallings au Manila, empaquetant les vêtements de chez Lew Ritter et les affaires personnelles, étonnamment peu nombreuses, dans le vieux bagage Gladstone en cuir de buffle.

Le dernier objet était un livre que Durant feuilleta.

– Qu'est-ce qu'il lit ? demanda Wu.

– Auden, dit Durant. De l'Auden de la première période.

Il passa le livre à Wu qui le mit dans le sac dont il tira la fermeture à glissière. Un coup à la porte de la chambre les fit se regarder.

– Un porteur de mauvaises nouvelles ou je ne m'y connais pas, dit Wu.

Durant alla à la porte et l'ouvrit. Dans le couloir ils étaient deux, l'un derrière l'autre, tous deux l'air Made in USA. Le plus proche de la porte avait une bonne trentaine d'années et une certaine élégance, que Durant considéra automatiquement comme un leurre. L'homme numéro deux, Weaver P. Jordan, ne se payait d'aucune élégance d'aucune sorte.

L'homme élégant considéra Durant avec intérêt.

– Je ne pense pas que vous soyez M. Stallings, si ?

– Je ne pense pas.

– Je suis Jack Cray et lui Weaver Jordan. Nous sommes de l'ambassade et puisque M. Stallings n'est apparemment pas là, nous aimerions beaucoup vous parler, M. Durant. Et aussi à M. Wu.

– A quel propos ?

Cray fit disparaître le sourire poli qu'il arborait et se donna l'air sérieux, voire grave.

– La prison, disons, et comment l'éviter.

– Entrez, dit Durant.

* * *

Quand les présentations furent faites tous s'assirent, sauf Durant qui s'adossa à un mur. Cray et Jordan prirent des fauteuils ; Wu le canapé.

– Je crois que j'ai envie d'une bière, dit Wu en souriant. Quelqu'un d'autre ?

– Ouais, je vais prendre une bière, fit Jordan en négligeant le regard glacial que Cray lui jeta.

Durant servit les bières à Wu et Jordan puis reprit sa position contre le mur. Jordan dégoupilla sa boîte, but avidement et sourit à Durant.

– Vous êtes le serviteur muet, hé ?

– A piles, dit Durant qui regarda sa montre et puis Jack Cray. Nous sommes un peu pressés.

En réponse, l'expression de Cray parut indifférente à l'écoulement du temps. Il avait un visage maigre dont la peau tannée se tendait sur les creux et les escarpements, les plans et les crêtes. La bouche était légèrement incurvée vers le haut à un bout, vers le bas à l'autre bout, donnant à tout le visage un air de doute chronique. La voix allait avec le visage. C'était un baryton rude et sombre et plein de graviers.

– Comme pourrait dire notre bien-aimé vice-président, fit la voix rocailleuse, vous êtes en plein dans la chienlit.

– A ce point ? dit Artie Wu.

Jack Cray négligea Wu et regarda Durant.

– Vous ou (et) M. Wu avez identifié ou découvert les corps de la défunte Emily Cariaga et de l'également défunt Ernesto Pineda, exact ?

– Exact, dit Durant.

– Et vous êtes tous deux liés à un M. Booth Stallings qui est arrivé à Manille accompagné d'une Miss Georgia Blue et d'un M. Maurice Ottermeck, également connu sous le nom d'Autremec Ottermeck ?

– Ce vieil Autremec. (Weaver rota doucement.) Là, j'ai cru qu'il retournait en prison.

Wu examina Weaver Jordan, hocha la tête comme s'il était parvenu à quelque triste conclusion et se tourna vers Cray.

– Votre dernière phrase était-elle une accusation ou simplement une question ?

– Une question.

– Alors la réponse est non.

– Vous n'êtes pas liés à eux ?

– M. Durant et moi, déclara Wu après avoir bu un peu de bière, sommes « liés », comme vous dites. Nous sommes associés. Nous connaissons aussi Miss Blue ainsi que M. Ottermeck depuis pas mal d'années. C'est seulement récemment que nous avons rencontré M. Stallings.

– Laissez-moi formuler ça autrement, dit Cray. Êtes-vous associés dans une affaire avec Stallings, Blue et Ottermeck ?

– Pour formuler ça encore autrement, dit Durant, ça ne regarde pas vos petits yeux de merde.

Cray sourit et dirigea son regard vers le plafond.

– Je crois que je vais essayer la délicatesse. (Il abaissa le regard et le fixa sur Durant.) Voici deux semaines, ou à peu près, Booth Stallings a été contacté pour servir d'intermédiaire auprès d'un personnage politique d'ici, aux Philippines. Il a eu l'intelligence de discuter de cette offre avec son gendre qui occupe un poste de responsabilité au Département d'État.

– Le roi des stations-service, dit Durant.

Cray ne réagit pas.

– Le gendre de M. Stallings, poursuivit-il, a finalement mis l'essentiel de cette offre sur le papier et l'a fait circuler à l'intérieur du ministère au moment précis où la politique américaine envers les Philippines faisait l'objet d'un examen général. Le mémorandum a provoqué une discussion sérieuse au plus haut niveau.

– La merde a giclé, fit Weaver Jordan avec un rictus.

– Son gendre a câblé à M. Stallings, le pressant d'abandonner son projet, continua Cray. Le message a été transmis à M. Stallings personnellement, aujourd'hui.

– Par moi, dit Weaver Jordan. Stallings a riposté avec une roquette disant, « Va chier, grosses bises, Daddy. »

– Quelle dérision, dit Artie Wu.

– Fâcheusement, la réponse de M. Stallings a fait intervenir toute notre boutique dans le tableau, dit Cray.

Wu, apparemment perplexe, regarda Durant.

– Leur boutique ?

– Ce grand magasin là-bas à Langley, dit Durant.

– Oh !

Le soupir de Cray exprimait une patience presque épuisée.

– Il a été décidé à un très haut niveau que Booth Stallings doit être empêché d'accomplir son... entreprise. (Cray fit une pause pour regarder froidement Durant d'abord, puis Wu.) Ceux qui lui fournissent assistance ou complicité, consciemment ou inconsciemment, seront aussi... rebutés.

Artie Wu se tourna vers Durant.

– Il me semble que ce brave vieux Booth s'est collé dans un sacré pétrin.

– Saperlipopette, oui, dit Durant qui quitta sa position contre le mur et alla jusqu'à Cray ; contemplant Cray assis, il demanda : que disent les gens d'Aquino de tous ces cinglés d'Américains qui cavalent et essaient de se mêler des affaires de leur gouvernement ? (Comme Cray ne répondait pas, Durant eut l'air étonné.) Ne me dites pas que vous ne leur en avez même pas parlé ?

Weaver Jordan jeta sa boîte de bière maintenant vide dans une corbeille à papier.

– Pourquoi est-ce qu'on n'embarque pas simplement ces deux trouducs dans le prochain avion pour Los Angeles ? dit-il.

– Oui, fit doucement Artie Wu. Pourquoi pas, M. Cray ?

Cray se leva. Il était resté assis au moins quinze minutes mais son costume gris n'était pas froissé. Il examina une dernière fois Wu et Durant.

– D'ici une semaine nous vous aurons tous les deux retournés comme un gant. (Il sourit.) A moins que le lieutenant Cruz nous batte sur le poteau.

Comme Wu ni Durant ne répondaient, Cray se détourna, gagna vivement la porte et l'ouvrit. Weaver Jordan prit aussi le chemin de la porte mais s'arrêta le temps d'adresser à Wu et Durant un de ses petits sourires étroits et un clin d'œil.

– On se reverra à Cebu, les mecs, dit-il, et il suivit Jack Cray et quitta la pièce.

24

Le Boeing 707, avec Autremec Ottermeck bouclé dans son siège près du hublot babord arrière, ne mit qu'une heure à parcourir les cinq cent quatre-vingt-cinq kilomètres en direction du sud depuis Manille jusqu'à la longue île maigrelette qu'on avait appelée Sugbo des siècles auparavant, puis Zugbu et, finalement, Cebu.

L'île, hérissée d'une épine dorsale de montagnes verdoyantes, avait trois cents kilomètres de long et quarante kilomètres de largeur maximum. A peu près à mi-chemin de ses extrémités septentrionale et méridionale, face à l'est devant le détroit de Bohol, se trouvait le port de Cebu City, six cent mille habitants environ, et de toutes les villes d'Asie, la favorite absolue d'Autremec Ottermeck.

Comme le 707 des Philippines Airlines commençait sa descente vers l'aéroport de Mactan, Ottermeck songeait aux raisons pour lesquels Cebu City occupait toujours une place si élevée dans son panthéon des métropoles. D'abord elle est suffisamment ancienne, se dit-il, et tu aimes les villes vraiment vieilles. Cebu City avait été fondée en 1565, date facile à retenir pour Ottermeck car c'était exactement quatre cents ans plus tard qu'il avait descendu la passerelle de débarquement d'un caboteur des Sweet Lines et pris pied sur le Quai Trois avec en poche vingt-neuf dollars et de la monnaie.

Un an après, il avait pris l'avion pour Manille et de là pour Bangkok avec près de trois mille dollars dans une ceinture porte-billets flambant neuve. Et c'est pour ça que tu préfères Cebu à tout, décida-t-il. Parce qu'étant môme tu as fait ta pelote ici au lieu de finir complètement fauché sur la plage.

Les Espagnols avaient fondé Cebu City quarante-quatre ans après que la sagaie du chef Lapu-Lapu eût mis fin à la vie du navigateur portugais Fernand Magellan sur l'île de Mactan, cette même île où l'avion d'Ottermeck était en train d'atterrir. Ils avaient finalement élevé une statue à Lapu-Lapu, et donné son nom à un poisson savoureux, mais ce que les Cebuanos révéraient bien plus que le chef mort, c'était les fragments de la croix de Magellan, la première croix chrétienne jamais vue aux Philippines.

On disait que ces fragments étaient scellés à l'intérieur d'une autre croix en bois de tindalo qui était exposée dans un kiosque vers le haut de Magallanes Street. Ottermeck se rappelait que la **châsse**, si c'en était une, attirait autrefois des pèlerins, des mendiants et des pickpockets en nombres presque égaux. Il supposait que c'était toujours le cas.

Une fois dans le terminal de l'aéroport, Ottermeck négligea les cajoleries d'une douzaine de vendeurs de guitares et trouva un chauffeur qui jurait que l'air conditionné était encore en état de marche dans son taxi. En partie pour se remettre dans le bain, Ottermeck marchanda avec le chauffeur pour fixer d'avance le prix de la course jusqu'au Magellan Hotel. L'affaire conclue, ils quittèrent l'aéroport, escaladèrent et franchirent le pont Mandaue-Mactan, longèrent l'usine Timex, la limite sud du terrain de golf du club Filipino, atteignirent la courte allée du Magellan Hotel, construit depuis vingt-trois ans et qui depuis longtemps s'était gagné quatre étoiles pour son atmosphère et cinq pour son service.

Vingt et un ans avaient passé depuis la première fois où Ottermeck s'était inscrit au Magellan Hotel. C'était juste après qu'il eût transformé sa mise de vingt-neuf en deux cents dollars dans une affaire à la sauvette portant sur dix cartons de Camels des magasins militaires, apportés de Subic en contrebande par le second maître d'un cargo battant pavillon panaméen. Dès que les deux cents dollars avaient été à l'abri dans sa poche-revolver boutonnée, Ottermeck avait quitté l'YMCA pour le Magellan.

L'hôtel de cinq étages était construit en forme d'Y. Il s'enorgueillissait de deux cents chambres et de plus de chasseurs qu'il n'était vraiment nécessaire. Trois de ceux-ci accompagnaient à présent Ottermeck et son sac à la descente du taxi et en entrant dans l'hôtel. Comme il entrait et regardait les alentours, Ottermeck remarqua que le hall exsudait toujours une tolérance maximum. C'était la même ambiance qu'il avait trouvée tout autour du monde dans des hôtels commerciaux attentifs à n'être pas trop curieux de leurs clients ou des amis de leurs clients. Il se rappela qu'à une époque ce genre d'hôtel se rencontrait toujours près de la gare de chemin de fer. A présent ils étaient tous près de l'aéroport.

Conservateur d'instinct, Ottermeck fut aussi heureux de voir que presque rien n'avait changé dans le hall du Magellan. Il y avait toujours un indéniable comptoir à cigares à côté des ascenseurs, juste où il devait être. En face des ascenseurs, de l'autre côté du hall, se trouvaient la réception et, à côté, le guichet à barreaux du caissier. Pour s'asseoir, il y avait toujours les mêmes canapés et fauteuils confortables et bas, maintenant occupés, vit-il, par des cargaisons de touristes japonais d'une vingtaine ou une trentaine d'années qui semblaient se demander « où est-ce qu'on s'amuse ?»

A la réception, Ottermeck mentionna sa réservation. Le jeune réceptionniste fit monter et descendre ses sourcils, le salut de Cebu, et murmura que le directeur aimerait beaucoup parler à M. Ottermeck. L'employé se retira et revint avec Antonio Imperial. Ottermeck ne chercha pas à dissimuler son saisissement.

– Seigneur, Tony, c'est *toi* le directeur ?

Impérial, petit homme large au large sourire brillant, étendit les deux mains en un geste qui englobait l'hôtel entier.

– Impérial du Magellan, pour vous servir, dit-il et il se pencha sur le comptoir pour saisir la main droite d'Ottermeck et pomper vigoureusement. Combien de temps ça fait, Autremec ? dit-il sans cesser de pomper.

– Huit ans, dit Ottermeck. Bon Dieu, peut-être neuf. Mais à ce moment-là tu étais encore le chef des employés de nuit.

– Vous vous rappelez quand vous êtes descendu ici pour la première fois il y a vingt et un ans ? J'étais le gosse qui a monté votre sac. (Imperial secoua la tête pour signifier comme le temps passe et se tourna vers le jeune réceptionniste en alerte.) M. Ottermeck doit être servi avec notre meilleur soin, Zotico. Tous nos meilleurs soins.

– Oui, monsieur, dit le réceptionniste.

– Je vais avoir d'autres gens qui arrivent, Tony, dit Ottermeck.

De mémoire, Imperial récita leurs noms :

– Blue et Stallings plus tard aujourd'hui ; Wu et Durant demain. Exact ?

– Pas étonnant qu'on t'ait nommé directeur, fit Ottermeck avec un sourire.

– Peut-être pourrions-nous prendre un verre plus tard, Autremec... nous remettre au courant.

– Ça me plairait, dit Ottermeck.

Quand Antonio Imperial, directeur général du Magellan Hotel, pivota, tapa sur le timbre d'appel et aboya, « Service ! » à l'adresse du monceau des chasseurs, Autremec Ottermeck eut le sentiment que peut-être, à la fin des fins, il était vraiment revenu chez lui.

* * *

Assis devant le conditionneur d'air de la fenêtre, Ottermeck venait d'ouvrir sa deuxième bouteille de bière quand le téléphone sonna dans sa chambre du cinquième étage qui avait vue sur le terrain de golf. Il gagna le téléphone et répondit d'un allô.

– M. Ottermeck ? fit une voix de femme.

– Oui.

– Le même Ottermeck que dans, « Sur les cinq, c'est Ottermeck le bon ? »

– Possible, dit Ottermeck après avoir hésité un instant.

– Alors je pense que nous devrions nous rencontrer.

– Où ?

– Guadalupe.

– L'église ?

– Oui, l'église.

– C'est loin de l'autre côté de la ville.

– Oui, dit-elle.

De nouveau, Ottermeck hésita.

– Très bien, quand ?

– Quatre heures ?

Il regarda sa montre.

– Ça ne me laisse pas beaucoup de temps.

– Je sais.

– D'accord, dit Ottermeck. J'imagine que vous me reconnaîtrez alors je ne me préoccupe pas de vous reconnaître.

– C'est ça, dit-elle et elle raccrocha.

* * *

Quand Ottermeck sortit de l'hôtel, la première chose qu'il vit fut un grand panneau jaune, bleu et noir du Rotary Club de Metro Cebu qui présentait un test en quatre questions. « Nos pensées, nos paroles et nos actes », disait le panneau, « devraient appeler quatre questions : 1. Est-ce la VÉRITÉ ? 2. Est-ce JUSTE pour tous ceux que cela concerne ? 3. Cela renforce-t-il la BONNE VOLONTÉ et les AMITIÉS ? 4. Cela PROFITERA-T-IL à tous ceux que cela concerne ? »

Après avoir lu la pancarte avec soin, Ottermeck répondit aux quatre questions par un silencieux, « T'as foutrement raison ! », et vira pour entrer dans le bureau Avis d'à côté où il loua une conduite intérieure Toyota grise.

* * *

Ottermeck roula vers l'ouest sur General Maxilom Avenue, tourna à droite dans Rama Avenue et la suivit jusqu'à la limite nord-ouest de la ville. Là l'église de Guadalupe occupait un terrain oblong de plus d'un hectare entouré d'une allée d'asphalte défoncée. Construite un peu comme une piste d'hippodrome, l'allée allait tout droit sur les côtés et s'incurvait en demi-cercle aux deux bouts.

Toujours soupçonneux, Ottermeck fit trois fois le tour en voiture. L'église était une vaste structure avec un massif dôme gris en son centre. On avait mis une croix en béton au sommet du pignon de l'entrée sud. Sur le fronton se trouvait une fenêtre en vitrail au style travaillé. Deux énormes battants fermaient l'entrée, abritée de la pluie par un auvent arqué en béton. Une femme se tenait sous l'auvent.

Ottermeck était trop loin pour voir si elle était jeune, vieille ou entre les deux, mais il voyait qu'elle portait du bleu.

Il gara la Toyota grise à près de cinquante mètres de distance, la ferma à clé et se dirigea vers l'auvent de béton. La femme se tourna et l'observa qui approchait.

Quand il fut plus près, il vit qu'elle était jeune, pas plus de vingt-cinq ou vingt-six ans, et portait une simple robe de coton bleu pâle qui semblait bon marché. A son épaule droite pendait un sac brun clair en fibre tressée. Il remarqua aussi qu'elle avait de grands yeux marron et qu'elle gardait la main droite enfoncée à l'intérieur du sac à bandoulière.

Quand il fut à trois ou quatre mètres il s'arrêta.

– Je suis Ottermeck, dit-il.

– Je suis Carmen Espiritu.

– Vous êtes sa fille, sa petite-fille, sa nièce... quoi ?

– Sa femme.

Ottermeck la considéra avec scepticisme.

– Vous êtes mariés depuis longtemps ?

– Presque six mois.

– Bon, on parle ici ou on va ailleurs ?

– D'abord, dites-moi en une phrase courte pourquoi c'est Ottermeck le bon, dit-elle.

– Vingt-cinq mots ou moins, hein ? fit Ottermeck en souriant légèrement.

Elle haussa les épaules.

– D'accord, voici : ils vont lui faucher les cinq millions mais s'il fait ce que je lui dis de faire, il pourra en garder la moitié.

Elle répéta mentalement la phrase, ses lèvres remuant un peu.

– Vingt-quatre mots.

– Je n'ai pas compté.

– Il en gardera la moitié, dites-vous. Qui aura l'autre ?

– Moi.

– Alors vous êtes uniquement motivé par la cupidité.

– Qu'y a-t-il d'autre ?

– Comment comptent-ils partager ? demanda-t-elle.

– Qui ?

– Vous, Stallings, Wu, Durant, et cette femme qui est avec eux, Blue.

– Parts égales.

– Un million chacun, donc ?

– C'est ça.

– Est-ce que vous n'êtes pas inquiet de ce qu'ils feront quand ils découvriront que vous les avez trahis ?

– C'est mon problème.

– Une dernière question, M. Ottermeck.

Il hocha la tête.

– Vous souciez-vous de qui ramasse finalement l'autre moitié des cinq millions ?

Il secoua lentement la tête.

– Pas tant que je ramasse ma moitié. (Il sourit alors, de ce sourire bref et dur et totalement sans scrupules.) N'avez-vous pas peur de ce que M. Espiritu fera à Mme Espiritu quand il s'apercevra qu'elle l'a doublé ?

– Comme vous disiez, c'est mon problème.

– Ce sera risqué. Très risqué. (Le sourire avait disparu.)

– J'ai l'habitude du risque.

– Alors quand puis-je le voir et faire mon baratin ?

– Baratin ?

– Parler affaires.

– Oui. Bien sûr. Ce soir, cela vous conviendrait ?

– Où et quand ?

– Je vous téléphonerai, dit-elle. A l'hôtel.

– Très bien, dit Ottermeck qui recula de deux pas et leva les yeux vers la fenêtre à vitraux. C'est ouvert ?

– L'église ?

Il hocha la tête.

– Vous éprouvez le besoin de prier ?

– C'est juste que j'aime les vieilles églises.

– C'est ouvert, dit-elle et elle se détourna et s'éloigna rapidement.

Après l'avoir regardée disparaître au coin de l'église, Ottermeck pivota, tira avec effort un des battants massifs et entra. Superstitieux, sinon croyant, Ottermeck mit cinquante pesos dans le tronc pour se porter chance et s'assit dans la rangée du fond. Là, il croisa les bras sur son torse et se mit à méditer ses prochains mouvements. Quand il atteignit la sixième action, il s'arrêta parce qu'ensuite il y avait trop de variantes possibles. Mais la première action serait d'acheter l'arme, un revolver à cinq coups, si possible – canon court et efficacité à courte distance. Assis sur le banc de la vieille église, les bras toujours croisés, Ottermeck se demanda où il devrait faire cet achat et se décida finalement pour le Quai Deux. A défaut du Quai Deux, le Quai Trois. Au Quai Trois on pouvait toujours acheter à peu près n'importe quoi, sauf que ça coûtait toujours un peu plus.

25

C'est le directeur général du Magellan Hotel, Antonio Imperial lui-même, qui inscrivit Booth Stallings à 17 h 41 le 1er avril 1986. Remarquant que Stallings n'était chargé d'aucun bagage d'aucune sorte, Imperial sourit et dit :

– La compagnie aérienne a perdu votre sac, M. Stallings ? Ils sont très doués pour ça.

– Une confusion à Manille, dit Stallings qui remplissait la fiche d'hôtel. Des amis vont l'apporter.

– M. Wu et M. Durant ? (Voyant que Stallings levait les yeux avec un début de souci, Imperial ajouta vivement :) Autremec... je veux dire M. Ottermeck, a vérifié toutes vos réservations et, comme Miss Blue est déjà là, j'ai supposé que Wu et Durant allaient apporter vos bagages demain.

Le souci s'effaça et Stallings sourit légèrement.

– Vous connaissez Autremec depuis longtemps ?

– Plus de vingt ans.

– Il a beaucoup changé ?

– Question intéressante. Je dois dire que non, pas vraiment. Il est... eh bien, éternel, je suppose. (Imperial pivota, prit la clé de la chambre de Stallings dans son casier, se retourna, plongea la main sous le comptoir et en ressortit un petit sac de plastique transparent scellé qui contenait un rasoir jetable, une brosse à dents, des tubes miniatures de crème à raser et de dentifrice, et un petit flacon de shampooing.) Avec nos compliments, dit Imperial en posant la clé et le sac plastique sur le comptoir.

– Merci beaucoup, dit Stallings. Dans quelle chambre est Miss Blue ?

– Elle est juste à côté de la vôtre, au 426. (Imperial fit claquer ses doigts comme s'il se rappelait quelque chose. Il pivota de nouveau, saisit une petite pile de courrier, la feuilleta du pouce, isola une lettre et la tendit à Stallings.) Ceci est arrivé juste avant vous, dit-il.

Stallings examina l'enveloppe qui était carrée, blanche et bon marché. Son nom était tracé à l'encre. Dans le coin inférieur gauche, quelqu'un avait écrit : « A remettre à l'arrivée. » Stallings fourra la lettre dans une de ses poches-revolver, ramassa sa clé et le sac plastique, et prit le chemin de l'ascenseur.

– Voulez-vous qu'un chasseur vous conduise, M. Stallings ? demanda Imperial.

– Non, dit Stallings en se retournant. Mais vous pourriez faire monter deux bières fraîches.

* * *

C'est seulement après que la bière fut arrivée et qu'il eut bu la moitié d'une bouteille que Booth Stallings sortit la lettre de sa poche-revolver, l'examina à contre-jour, la flaira, ne sentit rien et finalement l'ouvrit.

Sur une seule feuille de papier blanc bon marché, pliée en deux, une main ferme avait écrit :

> Cher Booth,
> Bienvenue à Cebu de nouveau. Quelqu'un que nous connaissons tous les deux te rendra visite. Suis exactement les instructions s'il te plaît.
> Très sincèrement à toi,
> Al

Tenant toujours la lettre, Stallings alla jusqu'à la fenêtre de la chambre et leva le store vénitien. Il relut la lettre et puis contempla au loin un soleil rouge qui se couchait derrière les monts Guadalupe, ces mêmes montagnes où Stallings et Alejandro Espiritu, enfants terroristes, avaient tué beaucoup de leurs victimes. Aucun de vous deux, pensa-t-il, ne s'est jamais vraiment débarrassé de cette fascination. La seule différence, c'est que tu l'as étudiée et fouillée, que tu as écrit à son propos et que tu en as fait un gagne-pain tandis qu'Al, eh bien, Al a simplement continué à pratiquer.

Stallings regarda ce qui semblait être un grand Cessna en approche pour atterrir sur le vieil aérodrome de Cebu qui n'était plus utilisé à présent que par les avions privés. Quand son vol commercial arrivant de Manille avait commencé sa descente vers l'aéroport de Mactan, Stallings avait cru un instant s'être trompé d'avion. Mais Mactan était le nouvel aéroport de Cebu. L'aérodrome situé juste au bout de la route passant devant le Magellan était le vieux terrain d'aviation où lui et Espiritu, de leur position avantageuse dans la montagne, avaient observé l'atterrissage et le décollage des appareils militaires japonais.

A l'instant où le Cessna disparaissait derrière des arbres, il y eut un coup à la porte. Supposant que c'était Georgia Blue ou Ottermeck, Stallings dit, « Entrez ! », et continua de contempler ce qui restait du bref coucher de soleil tropical. Quand la porte s'ouvrit et qu'une voix fit, « Stallings ? » – transformant la question en accusation – il se retourna vivement et se trouva face à un grand vieillard d'au moins soixante-cinq ans vêtu d'une saharienne brun clair à manches courtes pourvue d'un grand nombre de poches, toutes protubérantes, et d'un pantalon de toile assorti.

Le vieil homme avait un maintien de fil à plomb, des cheveux blancs soyeux, un teint de rouille, de petits yeux bleus qui nécessitaient des lunettes à triple foyer et une bouche qui aimait manifestement donner des ordres. Seule la bouche aux lèvres minces, celle du haut faisant une saillie prononcée, parut vaguement familière à Stallings.

– Vous ne vous souvenez pas de moi, hein ? dit le vieil homme de sa grosse voix de baryton qui aurait pu appartenir à un individu de trente ans.

– Non, dit Stallings. Je devrais ?

– Crouch. Vaughn Crouch. Sauf que c'était major Crouch quand vous m'avez connu.

– Seigneur Dieu !

– Et c'est finalement devenu colonel Crouch.

– C'est vous qui nous aviez envoyés...

– Vous et Al Espiritu. (Crouch hocha la tête.) C'est moi.

– Qu'est-ce que vous...

– Je vis ici, coupa Crouch comme s'il n'avait pas la patience d'écouter des questions idiotes.

– A Cebu.

– Ici au bon Dieu de Magellan. J'ai fait mes trente ans et pris ma retraite en soixante-douze. Toujours été là depuis. Ça n'est pas cher et si j'ai besoin de me faire arranger quelque chose, comme la prostate, je peux prendre l'avion pour Clark ou même jusqu'à Schofield à Hawaï et me faire charcuter gratuitement par les toubibs. (Il dressa un peu la tête pour étudier Stallings à travers la lentille inférieure de ses verres à triple foyer.) Vous avez un peu changé. Je ne vous aurais pas reconnu si je vous avais croisé dans la rue. Vous êtes prêt ?

– A quoi ?

– Je me rappelle que vous étiez assez vif, Stallings. Un petit morveux peut-être, mais vif. (Crouch secoua la tête.) Je ne supporte pas les idiots. Je peux faire face à presque tout, bon Dieu, sauf aux idiots.

– Espiritu vous envoie.

– Il ne m'envoie pas, dit Crouch. Il m'a demandé. Je ne peux pas dire que j'aime les opinions politiques du vieil Al, mais il a une bonne cervelle tactique, il l'a toujours eue. Sa politique merdeuse, c'est son affaire. (Crouch marqua un temps.) Alors, vous êtes prêt ou pas ?

– Allons-y, dit Stallings.

* * *

La voiture du colonel retraité était une décapotable Volkswagen jaune de dix ans, bien entretenue, qu'il conduisait, capote baissée, avec une fougue que Stallings jugea vite très excessive. La grand-route qui escaladait la montagne commençait plutôt bien, mais elle se désintégra bientôt, se changeant en macadam défoncé, en gravillons dispersés par plaques, et finalement en un chemin de terre rouge sinueux qui n'était guère plus qu'une piste.

– Pourquoi prendre votre retraite ici ? demanda Stallings. Pourquoi pas à Fort Sam à San Antonio ?

– Avec les autres vieilles culottes de peau ? dit Crouch qui secoua la tête et rétrograda à l'approche d'un virage. J'ai fait trois guerres. Deux mauvaises et une bonne. Ça me ferait bien chier de me retirer à Séoul ou à Saigon – même si je pouvais. Alors comme la bourgeoise est morte et que les deux mômes sont soit mariés soit divorcés, je me suis dit qu'est-ce que ça fout, tu as toujours aimé les Philippins, alors tu peux aussi bien aller vivre là-bas et voir ce qui se passe, bordel ! (De nouveau il secoua la tête, avec satisfaction cette fois.) Ç'a été bougrement intéressant, dit-il.

Ils continuèrent de rouler sans parler pendant quelques minutes puis Crouch reprit :

– Al m'a prêté ce bouquin que vous avez écrit.

– Ah. (Le ton de Stallings était neutre.)

– Je ne suis pas d'accord avec tout ce que vous affirmez, mais c'est sûr que vous avez bien saisi l'essentiel. Alors je suppose que je n'ai pas besoin de vous dire de faire gaffe à Al, si vous faites affaire avec lui. Il est vicelard. (Crouch jeta un coup d'œil à Stallings.) Mais je suppose que vous vous en êtes aperçu, à présent.

– Depuis bien longtemps, dit Stallings.

Ils roulèrent de nouveau en silence sur une distance que Stallings estima être cinq kilomètres. Ce qui faisait jusqu'ici un trajet d'environ dix-neuf kilomètres – soit un peu moins de la moitié de la largeur de l'île. Crouch aborda un virage. Dans la lumière des phares de la VW il ressemblait à n'importe quel autre virage, mais Crouch ralentit jusqu'à 25 km/h, puis 20, et finalement s'arrêta.

– Terminus, dit-il.

– Il se passe quoi, maintenant ?

– Vous sortez, restez dans le secteur et admirez la Croix du Sud, si vous avez l'esprit à ça. Quelqu'un viendra vous chercher. Ce ne sera pas long. Ils sont là-dehors quelque part, ils attendent seulement d'être sûrs que personne ne nous a suivis.

– Comment rentrerai-je ? dit Stallings.

– Aucune idée.

Stallings ouvrit la portière, descendit de la Volkswagen, et regarda Crouch.

– Merci pour la balade.

– Peut-être qu'un jour vous ou Al pourrez me dire ce que c'est que toutes ces conneries.

Stallings se contenta de hocher la tête.

– Et peut-être que non, dit Crouch qui passa la marche arrière, fit faire demi-tour à la voiture et s'élança à toute allure sur la rude piste de montagne.

Stallings regarda la Volkswagen décapotée disparaître dans un virage. Il décida qu'une fois de plus les adultes l'avaient envoyé tout seul sur le terrain, comme s'il avait du bon sens. Durant le trajet il s'était rappelé d'autres détails vagues à propos de son chauffeur vieillissant. En 1945, Crouch était un major de vingt-six ou vingt-sept ans, il adorait la guerre, et c'était quelqu'un qui, avant guerre, avait fait davantage que simplement aller au lycée. Ou bien il avait exercé un emploi, ou bien il avait adhéré au CCC [1], ou bien il avait fait le trimard à travers le pays, ou encore il était sorti diplômé de l'Université d'État du Michigan ou de l'Institut technique et agricole du Texas. Quelque chose, en tout cas.

En 1945 cette différence de sept ou huit ans d'expérience avait paru à Stallings un fossé infranchissable. En 1986 il lui paraissait tout aussi large et tout aussi profond. Tu ferais mieux de te dépêcher de devenir adulte, fiston, décida Stallings, ou bien tu glisseras de l'adolescence chronique aiguë dans la sénilité, avec rien entre les deux. Il pivota et leva les yeux vers la Croix du Sud, pour s'apercevoir (avec un soupçon d'étonnement) qu'elle n'avait pas du tout changé, pas plus que lui-même, en quarante et un ans.

Stallings ne savait pas au juste combien de temps il avait contemplé la constellation avant de les entendre. C'était au moins cinq minutes, peut-être dix, peut-être même quinze. Ils arrivèrent de l'amont, trébuchant et murmurant dans le noir, insoucieux du bruit qu'ils faisaient.

Stallings tourna la tête pour regarder danser les torches électriques qui approchaient. Il sauta en l'air quand un objet dur lui fut enfoncé au creux des reins par celui qui s'était silencieusement glissé derrière lui.

– S'il vous plaît, ne bougez pas, M. Stallings, dit une voix et il reconnut celle de la femme qui disait s'appeler Carmen Espiritu.

1. Civilian Conservation Corps : sorte d'armée du travail pendant le New Deal (N.d.T.)

– Comment ça va, Carmen ?

– S'il vous plaît ne parlez pas non plus, fit-elle.

Ceux qui avaient descendu la pente en murmurant et trébuchant se révélèrent être au nombre de trois. Tous des hommes, aucun de plus de trente ans. Tandis que Carmen Espiritu gardait le canon de son arme dans le dos de Stallings, un des hommes le fouilla, les mains rapides et expertes.

– Rien, dit l'homme.

Elle contourna Stallings et lui fit face. Aidé par les trois torches électriques il vit qu'elle portait encore un autre pistolet semi-automatique, un T-shirt sombre, un jean et des chaussures de sport. Le T-shirt vantait les mérites d'une *cantina* de Basse Californie nommée Hussong's.

– Comment vous portez-vous, M. Stallings ? demanda-t-elle.

– Eh bien, j'ai parfois un brin de sciatique, mais ça va, ça vient.

– Je veux dire pouvez-vous marcher trois kilomètres en montagne sans qu'on vous porte ?

– Certes. Pourquoi pas ?

– Allons-y.

* * *

De l'avis de Stallings, il y eut beaucoup trop de montées et pas du tout assez de vallons à descendre. Mais il fut content de bien tenir le train, et étonné de se rappeler si vivement comment lui et Espiritu avaient jadis parcouru des sentiers de ce genre en bondissant comme deux chèvres. Deux jeunes chèvres.

On monta pendant une heure et quart avant de s'arrêter. Un des hommes imita le cri d'un oiseau dont Stallings n'essaya même pas d'identifier l'espèce. Après qu'un cri d'oiseau eut répondu, on traversa un champ de maïs dont les tiges bruissantes constituaient un efficace système d'alerte à distance.

Juste après le champ de maïs s'élevait une grande hutte nipa d'au moins trois ou quatre pièces. Elle reposait sur des piliers de hauteur habituelle, environ un mètre cinquante ou un mètre quatre-vingts. Une douce lumière de lampe à pétrole tombait des fenêtres ouvertes de la hutte et aussi de celles des trois ou quatre huttes nipa plus petites qui complétaient le hameau.

Un homme qui n'était pas très grand sortit par la porte principale de la grande hutte et s'immobilisa, contemplant Stallings qui émergeait du champ de maïs, flanqué de Carmen Espiritu.

– Comment ça va, Booth ? demanda Alejandro Espiritu.

– Très bien, Al, dit Stallings. Et toi ?

26

Après une chaude poignée de main et une accolade quelque peu raide au sommet de l'échelle de bambou, Stallings suivit Carmen et Alejandro Espiritu à l'intérieur de la hutte nipa, qui était en fait plutôt une maison qu'une hutte.

Ils pénétrèrent dans un combiné cuisine-salon-salle à manger. Une belle femme charnue d'une cinquantaine d'années qui portait un pantalon de toile rouge vif faisait cuire de la nourriture sur un brasero de charbon de bois. Une vieille table en planches était mise pour deux avec des verres, des fourchettes, des assiettes et des cuillers, mais pas de couteaux, dont beaucoup de Philippins se servent rarement, préférant couper ce qui a besoin d'être coupé avec le bord de la cuiller.

La partie salon était meublée de quatre fauteuils de bois incurvé et d'un canapé assorti. Il n'y avait pas d'images sur les murs ni de tapis sur le sol fait d'éclats de bambou polis. Mais de la musique sortait d'un petit poste Sony à ondes courtes, à piles, qui diffusait doucement quelque chose des Rolling Stones. La femme au pantalon rouge délaissa sa cuisine, alla à la radio et en monta légèrement le son, mettant son oreille gauche près du diffuseur. Personne ne présenta la femme à Stallings.

Espiritu, d'un geste, indiqua à son invité le canapé de bois incurvé et choisit pour sa part un des fauteuils assortis. Carmen Espiritu resta debout à proximité, appuyée contre un mur, la main droite enfoncée dans son sac à bandoulière en fibre tressée. Il vint à l'esprit de Stallings que tout récemment il avait vu quelqu'un d'autre se tenir ainsi, appuyé contre un mur, tout tendu et prêt à se déclencher. Durant, bien sûr.

– Envie d'une bière avant que nous mangions, Booth ? demanda Espiritu.

Stallings dit que oui et la femme au pantalon de toile rouge sortit une bouteille de San Miguel d'un sac plastique, l'ouvrit, traversa la pièce en direction de Stallings, s'arrêtant à la table pour prendre un des deux verres. Sans un mot elle tendit la bouteille et le verre à Stallings. Il dit merci, mais elle se contenta de hocher la tête et retourna au récepteur Sony où elle colla de nouveau son oreille au diffuseur.

Stallings versa avec soin la bière tiède dans son verre. D'un mouvement de tête il désigna la femme.

– Qui est-ce ? demanda-t-il.

– Ma petite sœur, dit Espiritu en souriant. Quoique pas si petite qu'autrefois.

La femme charnue, l'oreille toujours contre le diffuseur du Sony, se donna une claque provocante sur la fesse droite et continua d'écouter Mick Jagger.

– Et elle ? demanda Stallings en indiquant Carmen Espiritu d'un autre signe de tête.

– Qui a-t-elle dit qu'elle était ?

– Ta petite-fille.

Espiritu rigola et sourit largement. Stallings remarqua que les dents du petit homme paraissaient absolument parfaites. S'il a arrêté la canne à sucre pendant toutes ces années, pensa Stallings, il n'a sans doute pas un seul plombage.

– Carmen ment naturellement, dit Espiritu. Elle est mon épouse depuis six mois.

– L'actuelle Mme Espiritu, dit Stallings.

– La seule Mme Espiritu.

– Eh bien, assurément elle s'active, dit Stallings, et il but un peu de bière.

– Elle est aussi très ambitieuse, dit Espiritu en souriant à sa femme. N'est-ce pas, Carmen ?

– Je fais ma part.

Espiritu revint à Stallings.

– Qui est-ce qui disait ça, « Nous faisons notre part » ?

– L'Aigle bleu, dit Stallings. La NRA de Roosevelt.

– *National Recovery Administration.* Elle avait pour but de fixer les prix, hein ? (Avant que Stallings pût répondre ou faire un commentaire, Espiritu poursuivit.) Tu as vraiment l'air en forme, Booth. Tu es resté tout maigre et tu as même grandi encore un peu, non ?

– D'un centimètre et demi.

– Moi non, fit Espiritu en gloussant de nouveau. Comme tu as dû le remarquer.

Ce que Stallings avait surtout remarqué, c'était le léger tremblement de la main gauche d'Espiritu. Quand le léger tremblement menaçait de devenir un vrai tremblement, Espiritu saisissait sa main gauche dans sa main droite. Et si ses dents étaient parfaites ou presque, à soixante-deux ans, Stallings trouvait le teint d'Espiritu trop plombé et ses yeux noirs trop éteints.

Mais au reste il a l'air d'aller, décida Stallings, même si c'est difficile de juger avec cette chemise blanche boutonnée jusqu'au cou et ces manches qui descendent jusque sur ses pouces. Il se demandait aussi pourquoi Espiritu gardait dans sa main gauche un mouchoir roulé en boule. Mais quand la main s'éleva en tremblant jusqu'au coin gauche de la bouche et balaya un soupçon de salive, Stallings pensa qu'il avait la réponse.

Après une nouvelle gorgée de bière tiède, Stallings sourit presque avec douceur à Espiritu et demanda :

– Quand as-tu eu ça, Al ? Ton attaque ?

– Toujours très observateur, hein ?

– Quand ?

– Il y a des mois.

– Je suis désolé.

– Pas la peine. Je me suis bien remis et le pronostic est bon. (Il sourit, écartant le sujet.) Si nous mangions ?

Le dîner se composait de lapu-lapu grillé, de l'inévitable riz et d'une grande coupe de fruits. Stallings mangea tout ce qu'on lui servit ; Espiritu seulement une petite portion de riz et une banane. Les deux femmes ne se joignirent pas à la tablée. La sœur rondelette continua d'écouter la radio et Carmen Espiritu continua de rester debout pendant tout le repas, la main droite enfoncée dans le sac de fibre à bandoulière.

– Je suppose que tu as été étonné de voir le vieux major Crouch, dit Espiritu en épluchant sa banane. Colonel Crouch, en fait, à la retraite.

– Très étonné.

– Il est devenu verbeux ; comme nous tous, je suppose. Je pense parfois que les vieux ont tendance à parler surtout du passé parce qu'il y en a beaucoup. Et si peu d'avenir. Ma femme trouve le passé ennuyeux, n'est-ce pas, Carmen ?

– Je le trouve souvent sans objet, dit-elle.

– Qu'a dit Santayana ? demanda Espiritu. « Ceux qui... »

– Santayana était un crétin, coupa Carmen Espiritu, interrompant la citation familière.

Espiritu sourit à Stallings.

– Une femme aux opinions tranchées, surtout sur l'histoire. Tout ce qui a eu lieu avant sa naissance est sans objet. Quant à ses opinions politiques... (Il haussa les épaules, continuant de sourire à Stallings.) Qu'est-ce que tu as comme politique, ces temps-ci, Booth ?

– Je n'en ai pas.

– Réellement ? Après toutes ces années passées à étudier ce que tu tiens à appeler le terrorisme ?

– Terrorisme n'est qu'un mot pour simplifier.

– Oui, mais qui veut dire quoi ?

– C'est comme pour la pornographie, Al. Tout le monde le reconnaît en le voyant, mais personne ne peut se mettre d'accord sur une définition.

– Tu veux la mienne ?

– Certes.

– Politique d'intimidation extrême.

Stallings grogna.

– Faudrait travailler ça un peu.

– Je trouvais ça plutôt bien vu. Peut-être pourrons-nous en discuter encore demain matin ?

– Demain matin ? dit Stallings. Où ?

– Ici, bien sûr. Tout de suite après avoir discuté des cinq millions. Nous allons en parler, non ? Ou bien nous pourrions parler de l'argent tout de suite, et de ma définition au petit déjeuner.

Stallings s'adossa dans son fauteuil avec un sourire morose.

– Je suis ton otage, hé ? (Il regarda Carmen Espiritu.) Ou le sien.

– Oui, dit Espiritu. Je pense que oui.

Carmen Espiritu se détacha du mur, regardant sa montre.

– Ça a duré suffisamment longtemps, dit-elle à son mari et elle se tourna vers Stallings. Je m'en vais, M. Stallings. Les nôtres entourent et protègent le hameau, alors n'allez pas errer dans la nature, s'il vous plaît. (Quand Stallings eut hoché la tête, elle se retourna vers son mari.) Tu verras bien quand je rentrerai.

– Comme toujours, dit-il.

Carmen Espiritu pivota et quitta la pièce. Se tortillant sur son siège, Stallings la regarda partir par la porte principale. En se retournant il fut surpris de voir que la sœur charnue d'Espiritu était partie aussi.

Un long silence suivit, élevant une barrière entre les deux hommes. Stallings se pencha en avant, les coudes sur la table, et rompit le silence, sinon la barrière, avec un avis qu'il donna sous forme de question :

– Et si nous filions, Al ?

– C'est très simple, répliqua Espiritu. Tu serais abattu.

* * *

Autant qu'Autremec Ottermeck pouvait en juger, sa Toyota grise de location était garée juste à l'endroit où la voix, au téléphone, lui avait dit de la garer : à dix-neuf kilomètres trois cents du Magellan Hotel, à un virage de la route en terre qui menait dans la montagne.

Ottermeck savait aussi qu'il était à l'heure, mais il vérifia tout de même à sa montre. Il était minuit moins deux. Le Smith & Wesson Chief's Special à cinq coups qu'il avait acheté cinq cents dollars américains à un revendeur du Quai Trois était fourré sous sa cuisse droite.

Comme toutes les vitres de la Toyota étaient baissées, Ottermeck les entendit de loin sur sa droite tandis qu'ils descendaient la piste de montagne en trébuchant et en jurant. Ottermeck était certain qu'aucun maquisard qui se respecte (ou terroriste, ou guérillero, ou quoi qu'ils fussent) n'aurait fait tant de boucan ni braqué ainsi des torches électriques en tout sens.

Il tourna donc la tête vers la gauche, juste assez pour que sa vision périphérique devienne opérante. Il ôta aussi le revolver à cinq coups de sous sa cuisse et croisa les bras sur son torse. L'arme, à présent dans son poing droit, était braquée sur la vitre ouverte sur sa gauche.

Quand Carmen Espiritu surgit à la portière, Ottermeck agita légèrement le revolver, juste pour s'assurer qu'elle le voyait.

– Pose les deux mains sur le bord de la portière, Carmen.

Elle hésita, comme si elle calculait des probabilités à long terme, et puis elle posa les mains sur le rebord.

– Renvoie-les, dit Ottermeck.

Elle siffla deux trilles aigus et bruyants. Les lampes électriques s'éteignirent. Ottermeck alluma les feux de la Toyota et mit pleins phares. Les phares illuminèrent trois jeunes hommes au bord de la route en terre, à sept mètres de distance. Chacun d'eux était armé de ce qui semblait être un M 16. Chacun leva une main pour se protéger les yeux contre l'éclat des phares.

– Je vais me glisser sur le siège de droite, Carmen, dit Ottermeck sur un ton de conversation tranquille. Et tu vas entrer et te mettre au volant. D'accord ?

Elle hocha la tête.

– Mais avant, dit Ottermeck, jette ce sac à ton épaule sur le siège arrière. Avec douceur.

Carmen Espiritu ôta le sac de son épaule et le jeta par la vitre sur le siège arrière. Après avoir ouvert la portière avant, elle se glissa derrière le volant de la Toyota.

– Combien de temps ces types vont-ils rester immobiles comme ça ? demanda Ottermeck.

– Jusqu'à ce que je leur dise de bouger, dit-elle. Mais si vous baissez les phares ils s'assiéront.

Ottermeck atténua la lumière des phares et les trois hommes aux M 16 s'assirent sur la route en terre et allumèrent des cigarettes.

– J'ai cherché Booth ce soir au Magellan et trouvé le vieux colonel, dit Ottermeck. Le colonel Crouch. Devine ce qu'il m'a dit après deux ou trois verres.

– Je n'ai pas envie de deviner, dit-elle.

– Il m'a dit qu'il avait déposé Booth environ une heure après le coucher du soleil juste ici, à l'endroit même où tu m'as dit au téléphone d'être à minuit. Alors me voici et te voilà et ma question, je suppose, est où diable est ce vieux Booth ?

– Avec mon mari.

– Vraiment ?

– Oui.

– Laisse-moi poser une question vraiment idiote, Carmen. Ton mari est-il en vie ?

– C'est une question stupide.

– Eh bien, c'est simplement que le seul Espiritu en chair et en os dont quiconque ait entendu parler est Mme Espiritu, et je me demandais juste si M. Espiritu est vivant, mort ou peut-être dans le coma.

– Il va très bien.

– Bon. Et il compte se garder Booth un petit moment ?

– Oui.

Ottermeck eut un hochement approbateur.

– Un otage, hein ?

– Stallings est une assurance, dit-elle. Son autre utilité est de convaincre mon mari de la... légitimité de l'argent.

– Doux Jésus, ma petite dame. L'argent d'un pot-de-vin est toujours un bâtard.

– Le convaincre de l'existence de l'argent, pas de sa généalogie. Mon mari soupçonne qu'il pourrait s'agir d'un piège très élaboré pour l'attirer à Hong-Kong où il n'y aurait pas d'argent et où il ne serait qu'un exilé sans le sou parmi d'autres.

– J'aime la manière dont son esprit fonctionne, dit Ottermeck. Quand lui a-t-on fait miroiter cette affaire pour la première fois ?

– Il y a moins d'un mois.

– Et il a mordu, mais il a exigé que Stallings soit l'intermédiaire.

– Oui.

– Qui l'a contacté ?

– Je ne répondrai pas à ça, M. Ottermeck.

– Je ne vous donne pas tort, fit Ottermeck en souriant en coin. Si vous répondiez, alors je saurais ce que vous savez.

– D'ici combien de temps faut-il que vous voyiez mon mari ?

– Demain au plus tard. Et il faudra que vous mettiez Stallings de côté pendant une heure ou deux pour que votre mari et moi puissions être seuls.

Elle acquiesça.

– Revenez ici à trois heures de l'après-midi demain et je vous conduirai à lui. (Elle sourit pour la première fois.) Mais ne comptez pas que je vous laisserai seul avec lui, M. Ottermeck.

Ottermeck lui rendit son sourire.

– Je n'y ai pas songé un instant.

27

A 1 h 43 du matin, Autremec Ottermeck revint au Magellan Hotel, gara la Toyota grise et entra dans le hall où il découvrit Artie Wu assis sur l'un des canapés bas, les mains croisées sur son ventre, les yeux fixés sur l'entrée.

– Artie, dit Ottermeck dont l'œil fila d'abord vers la droite où Durant était appuyé au comptoir à cigares à présent fermé, puis vers la gauche où Georgia Blue se tenait devant la cage fermée du caissier, la main droite enfoncée dans son sac à bandoulière ; c'est alors qu'Ottermeck résolut de ne plus jamais avoir affaire à des femmes munies de sacs à bandoulière.

Il décida aussi de devancer Wu.

– Je crois qu'ils ont Booth Stallings, dit-il en observant avec soin la réaction de Wu, laquelle se réduisit à un signe de tête poli marquant un intérêt limité.

– Ils ? fit Durant qui se trouvait soudain à environ trente centimètres d'Ottermeck. Nom de Dieu, c'est qui, « ils » ?

Ottermeck ne fut pas étonné de la capacité de Durant à se transporter comme par magie, mais il ne se sentit pas tenu d'aimer ça.

– Doux Jésus, tu as de ces questions ! lui dit-il et il revint à Wu. Quand êtes-vous arrivés ici, les gars ? On ne vous attendait que demain. (Il se rappela l'heure qu'il était et rectifia.) Enfin, aujourd'hui, maintenant, je suppose.

– Il s'est passé quelque chose et nous avons affrété un avion, dit Wu. Un Cessna, n'est-ce pas ? (La question s'adressait à Durant.)

– Un Cessna, confirma Durant.

– Nous avons atterri au coucher du soleil, dit Wu en considérant de nouveau Ottermeck. Sur le vieil aérodrome en haut de la route. Le voyage a été tout à fait intéressant. Nous volions à près de vingt mille mètres et nous avons vu beaucoup de choses. Les îles avaient toutes l'air très luxuriantes, Autremec, très prospères. (Il marqua un temps.) Un air très trompeur.

– Demande-lui qui tient Stallings, dit Georgia Blue en quittant la cage du caissier pour prendre position derrière le canapé de Wu.

– Ne jamais bousculer Autremec, dit Wu. Il nous le dira quand il aura décidé ce qu'il veut que nous sachions.

– Vous voulez que je le dise ici dans le hall ? dit Ottermeck. Ou bien là-haut dans la chambre de quelqu'un qui aurait une bouteille, parce que je n'en ai pas.

– J'ai du scotch, dit Durant.

Wu se leva du canapé bas sans s'aider aucunement de ses mains.

– Alors allons dans ta chambre, Quincy.

* * *

Durant, comme d'habitude, s'appuyait au mur. Ottermeck était assis dans l'unique fauteuil de la chambre ; Georgia Blue au petit secrétaire. Wu assis sur le lit s'appuyait contre le dossier du meuble. Durant avait dosé et servi les verres de scotch à l'eau du robinet tiédasse après que Wu fut allé dans la chambre voisine, la sienne, et revenu avec deux verres supplémentaires.

Après avoir bu une longue gorgée, Artie Wu posa son verre et sortit un cigare. Tout en l'examinant avec soin, comme pour y rechercher des défauts cachés, il demanda :

– Alors qui tient Booth Stallings, Autremec ?

– M. et Mme Espiritu, dit Ottermeck, ses yeux allant et venant de Wu à Durant et de Durant à Georgia Blue pour tâcher de jauger l'effet de sa révélation.

Il ne fut ni étonné ni inquiet qu'il n'y en eût pas. Il but un peu de scotch à l'eau plate, s'enfonça dans son fauteuil et attendit de voir quelle attitude prendrait Wu.

– *Madame* Espiritu ? dit Wu en haussant un sourcil moyennement perplexe.

Ottermeck s'autorisa à se détendre, sans le montrer.

– Carmen Espiritu, dit-il. Je crois que tout le monde l'a rencontrée à un moment ou à un autre. Tout le monde sauf moi.

– Elle nous a dit qu'elle était sa petite-fille, dit Georgia Blue. Mais Booth n'y croyait pas.

– A ce que j'ai appris, elle ment beaucoup, dit Ottermeck.

– Tu as appris ça où au juste ? demanda Durant.

– Je vais te le dire, fit Ottermeck. Je suis venu chercher Stallings ce soir – hier soir, quoi – pour voir s'il avait envie d'un verre. J'ai appelé sa chambre, tapé à sa porte… rien. Eh bien, le directeur de l'hôtel est un ami à moi. Tony Imperial. Quand j'ai rencontré Tony pour la première fois il y a vingt ans, il était chasseur. Alors je lui ai demandé s'il avait vu Stallings et il m'a dit qu'il l'avait vu avec un colonel retraité de l'armée américaine qui habite ici à l'hôtel. Un type qui s'appelle Crouch. Vaughn Crouch, comme Vaughn Monroe, vous vous souvenez de lui ? Et Tony me dit que Crouch et Stallings sont partis dans la voiture du colonel. Une vieille VW jaune. D'accord ?

Wu fit signe à Ottermeck de poursuivre.

– Bon, je reste dans le secteur et le colonel revient tout seul. Alors je l'aborde doucement au bar, rien d'extraordinaire, et après deux ou trois verres il me raconte que pendant la Deuxième Guerre mondiale il avait envoyé Stallings et Espiritu et six autres gars débarquer à Cebu en patrouille d'info et reco dont il n'y a que ces deux-là qui sont revenus. Stallings et Espiritu. Alors quand il prend sa retraite ici en, je crois, soixante-douze, le colonel recherche Espiritu et reste en contact, même après qu'Espiritu a pris le maquis. Eh bien, le colonel affirme que c'est Espiritu qui lui a demandé de conduire Stallings là-bas dans la montagne. Et c'est ce qu'il a fait. Alors je lui demande à quel endroit de la montagne il a déposé Stallings et il me dessine un plan. Bon j'ai pris la voiture que j'ai louée chez Avis à côté et je suis monté là-bas jeter un coup d'œil.

– De nuit ? demanda Artie Wu.

– Bien sûr, de nuit. Bien forcé. Et on peut voir des choses la nuit, Artie. Pour ce que j'en savais ils auraient pu avoir des panneaux : par ici pour le camp de la NPA. Mais non. Alors je suis rentré. Ah, ouais. C'est le colonel qui m'a parlé de Carmen et m'a dit qu'elle ment beaucoup. Le colonel n'aime guère Carmen.

Un silence suivit la déclamation d'Ottermeck. Finalement Wu alluma son cigare et souffla vers le plafond trois épais ronds de fumée. Quand il parla, il s'adressa plutôt aux ronds de fumée qui montaient qu'à Ottermeck.

– C'est une histoire très intéressante et je soupçonne qu'il y a même beaucoup de vrai dedans.

– Trente pour cent en tout cas, dit Durant. Peut-être quarante.

Ottermeck regarda Durant avec indifférence.

– Fredonne-moi donc les bouts que tu n'aimes pas.

Durant se tourna vers Georgia Blue.

– Dis-lui, Georgia.

Elle pencha la tête de côté, examina Ottermeck avec soin, eut un léger hochement d'admiration et dit :

– J'ai parlé au colonel, Autremec. Ce que tu dis ne concorde pas complètement.

– Quand lui as-tu parlé ? demanda Ottermeck.

– Vers minuit.

– Il était à jeun ?

– Pas très.

– Ce type picole, fit Ottermeck en haussant les épaules. Il descend peut-être un litre par jour. Je n'y peux rien s'il ne se rappelle pas ce qu'il a dit ni à qui.

– Tu as dit avoir loué une voiture après lui avoir parlé, dit Georgia Blue.

– J'ai dit que j'ai loué une voiture.

– *Après* lui avoir parlé.

– Pas après. Ç'aurait été vers huit heures. Avis est fermé à ce moment-là. Je l'ai louée vers trois heures et demie – quatre heures. (Ottermeck fouilla dans une poche de son pantalon, sortit la clé de la Toyota et la lança à Georgia Blue qui l'attrapa sans peine.)

– Ça ne veut pas dire grand-chose, dit-elle après y avoir jeté un coup d'œil.

– Le contrat de location est dans la boîte à gants. Il y a l'heure sur le contrat. La voiture est une Toyota grise. Avec la clé tu peux aller voir. (Il pivota pour regarder Durant d'un air excédé.) Autre chose ?

– Tu n'aurais pas conservé le plan que t'a dessiné le colonel, des fois par hasard ? dit Durant.

Ottermeck posa son verre et se servit de ses deux mains pour tapoter toutes ses poches, le visage soucieux. Quand il eut tapoté une poche arrière, l'air soucieux s'effaça, remplacé par un sourire. De la poche arrière sortit un carré de papicr à lettres de l'hôtel, plié, qu'il tendit à Durant. Durant déplia la feuille de papier à lettres, y jeta un regard, et la passa à Artie Wu qui l'étudia avec soin.

– Cela semble bien être une sorte de plan, et très joliment dessiné en plus. Peut-être devons-nous des excuses à Ottermeck.

– On lui doit peau de zob, dit Durant.

– Je te prie d'excuser tout le monde, Autremec, dit Wu. Surtout Quincy.

– Oublions, dit Ottermeck.

Wu hocha la tête avec urbanité.

– A présent revenons à ce que tu as vu dans la montagne ce soir. Y avait-il la moindre chose qui indique que le point particulier où tu t'es rendu pourrait être utilisé comme rendez-vous par la NPA ?

Ottermeck regarda le plafond en grimaçant comme s'il tâchait de se souvenir.

– Je suis descendu de voiture et j'ai fait quelques pas, dit-il. Il y avait des mégots. Plein de mégots, en fait. Tous au même endroit.

– Autre chose ?

– Pas vraiment.

– Suppose que tu remontes là-bas demain et que tu attendes, dit Wu. Que crois-tu qu'il pourrait se passer ?

– Je crois que la NPA n'aimerait pas beaucoup ça et qu'ils m'emmèneraient dans un coin quelconque où je ne voudrais pas aller.

– Mais cela te donnerait une chance de jouer le rôle du Chaînon Faible, n'est-ce pas ?

– Ils n'y croiraient pas, Artie, fit Ottermeck en secouant la tête. Pas si je me contente de surgir de nulle part.

– Bien sûr, dit Wu. Mais suppose qu'ils sachent que nous autres les voleurs nous serions brouillés ?

Ottermeck s'illumina et sourit de son sourire dur et gai.

– Raconte.

Wu souffla d'abord un rond de fumée.

– Demain matin en bas au petit déjeuner, toi et Georgia aurez une discussion sanglante, irréparable. Je compte que les gens de la NPA l'entendront, ou en entendront parler, et rapporteront la chose à Espiritu. Donc, lorsque tu iras dans la montagne, disons demain après-midi, ce ne sera pas entièrement inattendu et ta crédibilité, quoique limitée, aura été établie.

– Je serai une sorte de transfuge, dit Ottermeck.

– De traître, dit Durant. Un rôle où tu peux vraiment te plonger.

Ottermeck le négligea et considéra Wu d'un œil froid.

– Je peux aussi me faire descendre, Artie.

– Notre affaire n'est pas exactement dépourvue de risques, Autremec.

– Je n'ai rien contre des risques partagés, dit Ottermeck. Mais jusqu'à maintenant on dirait que Stallings et moi sommes les seuls à allonger le cou.

– La tête de Georgia sera sur le billot demain, dit Wu. La mienne et celle de Quincy peu de temps après.

– Explique-moi ça, fit Ottermeck avec son sourire le plus dur.

– Une fois que tu auras « changé de camp », appelons ça comme ça, la NPA se demandera tout naturellement si tu es un infiltré. Georgia est manifestement la personne qu'ils devront questionner. Elle devra subir un interrogatoire et tenir bon.

– Bon, dit Ottermeck. Voilà pour elle. Et lui ? (« Lui » était manifestement Durant.)

Wu soupira.

– La raison pour laquelle Quincy et moi avons loué un avion et sommes arrivés plus tôt que prévu, c'est que deux types mal assortis de Langley nous ont rendu visite. Ils savent ce que nous projetons, plus ou moins, et comptent nous arrêter. Nous – Quincy et moi – ne pouvons pas les laisser faire.

– Tu veux qu'on échange nos risques, Autremec ? demanda Durant en souriant à Ottermeck, qui secoua la tête.

– Je crois qu'on est à peu près à égalité.

– Alors, dit Artie Wu en se levant du lit, je pense que nous devrions tous dormir un peu, à moins que quelqu'un ait autre chose à ajouter.

Personne ne répliqua. Georgia Blue sortit la première. Puis Ottermeck. Wu et Durant attendirent en silence deux minutes. Alors Durant gagna la porte, l'ouvrit, regarda de côté et d'autre dans le couloir, referma doucement la porte et se retourna vers Wu.

– C'est très très tangent, comment on joue ce coup, dit Durant.

Wu hocha la tête.

– Et ça va devenir encore plus tangent, dit-il.

* * *

Autremec Ottermeck était debout devant la fenêtre de sa chambre un quart d'heure plus tard, contemplant le néant de la nuit, quand il entendit le coup discret à sa porte. Il l'ouvrit, ne manifesta nul étonnement quand Artie Wu entra vivement, et il referma la porte derrière le grand Chinois.

– Tu viens me haranguer, Artie ? dit Ottermeck.

– Te donner une petite mise en garde. Ça va être compliqué.

– Foutrement trop compliqué.

– Il va nous falloir de la chance.

– Tu n'avais jamais compté sur la chance. Tu n'y crois même pas.

Les lèvres de Wu formèrent ce qui pouvait être ou non un léger sourire.

– Cette fois, c'est différent, Autremec. Alors si tu vois que ta chance s'épuise, décroche et file.

– C'est chacun pour soi, c'est ça ?

Le sourire d'acquiescement de Wu ne fut qu'un peu plus marqué que le précédent.

– Ou chacune, dit-il.

28

Le concours de cris se termina le lendemain matin à 8 h 49 dans le restaurant Zugbu du Magellan Hotel après qu'Autremec Ottermeck eut lancé une demi-tasse de café tiède à la figure de Georgia Blue et qu'il fut sorti à grands pas décidés.

Le petit déjeuner, au Zugbu, se présentait sous forme d'un buffet et Ottermeck s'était assuré qu'il avait terminé ses œufs brouillés, ses gâteaux roulés et quelques saucisses savoureuses avant de donner à Georgia Blue le signal du début de la représentation.

Ce fut une sorte de scène de ménage sauvage quoique archétypique, avec peu de détails clairs et beaucoup d'acrimonie. Des infidélités supposées furent rappelées. On exhuma des griefs depuis longtemps enfouis. Des allusions furent faites à l'échec d'entreprises communes de nature douteuse et peut-être délictueuse, et le tout eut pour leitmotiv l'argent et le fait qu'il manquait.

Le public, surtout des Philippins, des Australiens et des Américains – plus un contingent de Japonais – trouva tout ça fascinant. Les Japonais eurent l'air particulièrement appréciateurs, malgré l'absence de sous-titres.

Après le départ d'Ottermeck, Georgia Blue essuya calmement le café de sa figure avec une serviette de table. Elle alluma une cigarette, la fuma pendant quelques instants, l'écrasa et demanda l'addition. Elle la signa d'une main qui tremblait juste un peu, se leva et exécuta une sortie lente et digne qui inspira aux Japonais des murmures appréciateurs.

Elle se servit du téléphone intérieur du hall pour appeler Artie Wu.

– Le fils de pute m'a jeté une tasse de café à la figure, dit-elle quand il décrocha.

– Magnifique, dit Wu.

– On a fait salle comble.

– Excellent.

– Je serai à la piscine jusqu'à midi, dit-elle et elle raccrocha.

* * *

Ce matin-là le petit déjeuner d'Alejandro Espiritu et Booth Stallings consista en riz froid, encore des fruits et une boîte de sprats qu'Espiritu mangea avec délice. Stallings déclina le riz et les sprats, préférant deux bananes et trois tasses de thé.

Ils étaient restés longtemps après minuit, assis, discutant les problèmes du monde et échouant à les résoudre. Après six heures de sommeil ils se levèrent et prirent ce petit déjeuner. Quand Stallings eut fini sa troisième tasse de thé, il s'adossa dans son siège et dit :

– Parlons de tes cinq millions, Al.

– Y a-t-il réellement une telle somme ?

– À Hong-Kong.

– Marcos a autrefois mis ma tête à prix, tu sais. Deux cent mille pesos ; environ dix mille dollars américains. Ça, c'est une somme qu'on peut concevoir ; et même compter. Mais cinq millions de dollars US ? (Il secoua la tête.)

– Qu'est-ce que tu vas en faire, Al ? Acheter des armes ?

– Bien sûr.

– Si je peux imaginer ça, dit Stallings, les bailleurs de fonds le peuvent aussi. Ce qui nous amène à la question principale. Qui diable sont-ils ?

– Tu ne leur as pas parlé ?

– Seulement à un type qui affirme les représenter. Il dit qu'il y a un consortium de firmes qui ont un milliard ou deux investis ici et qui dépenseraient volontiers cinq millions pour faire sortir leur argent ou même se faire quelques dollars de bénéfice. Ils pensent qu'une fois que tu seras à Hong-Kong, ton mouvement se désagrégera et qu'Aquino pourra remettre les trucs en ordre.

– Mais tu n'as pas cru aux mensonges de leur émissaire ?

– Non.

– Alors pourquoi es-tu venu ?

– On est venu me chercher, non ?

– Oui. En effet. (Espiritu étudia Stallings pendant dix ou quinze secondes, puis fronça les sourcils.) Veux-tu savoir ce qui va réellement se passer ?

– Certes. Quoi ?

Espiritu prit une profonde inspiration.

– D'abord, Aquino n'a pas une chance.

– Et deuxièmement ? grogna Stallings.

– Depuis quatre siècles les Philippines sont gouvernées par une oligarchie de telle ou telle tendance. Mme Aquino est depuis sa naissance membre de l'oligarchie actuelle. Et parce qu'elle est de leur classe, ils lui donneront neuf mois, un an, peut-être même davantage ; jusqu'à ce que l'économie s'effondre. D'ici là, la prétendue révolution de février sera oubliée depuis longtemps, ou bien on s'en souviendra seulement comme d'une grande tromperie. Ajoute la déception à un effondrement économique total et tu obtiens une agitation générale : grèves, émeutes, etc. Devine qui on accusera ?

– Les communistes.

– Bien sûr. Des mesures militaires plus dures seront alors proposées et appliquées, suivies de l'inévitable coup d'État militaire. La nouvelle junte – ou le nouveau grand leader charismatique – promettra d'écraser les rouges, de ramener la prospérité et d'organiser des élections libres dans six mois, un an, deux ans ; à un moment quelconque. L'élite poussera un soupir de soulagement collectif. De l'argent pour l'extermination des terroristes affluera de

Washington et les choses reviendront au statu quo ante, ce qui conviendra parfaitement à l'élite.

– Historiquement inévitable, hein ?

– Il est inévitable que nous mourions, toi et moi, Booth. Nous ne savons pas quand, c'est tout. Si nous savions, nous dépenserions tout ce que nous avons pour retarder la chose. Eh bien, tes bailleurs de fonds, qui qu'ils soient, ne veulent rien retarder du tout. Ils veulent accélérer les choses.

Stallings eut un sourire sardonique.

– Alors plus tôt tu as tes armes, plus vite viendra le putsch.

– Exactement, dit Espiritu qui sourit. Ils ont bien réellement besoin de moi, Booth.

– Cinq millions me semblent un peu insuffisants, fit Stallings en hochant songeusement la tête.

– C'est un premier investissement, c'est tout, fit Espiritu en haussant les épaules.

– Je suppose, dit Stallings qui jeta un regard circulaire dans la pièce. Où est Carmen ?

– Elle était ici tout à l'heure mais elle est partie.

– Qui diable est-elle, Al ?

– Ma femme.

– Et avant ça ?

– La fille d'un vieil ami que Marcos a fait arrêter et interroger voici des années. Ils lui ont posé des questions qui lui ont donné soif. Alors ils lui ont donné de l'eau à boire ; quinze, vingt, et même vingt-cinq litres d'un coup. Il est mort, bien sûr. Carmen avait douze ou treize ans. J'ai fait en sorte qu'elle reçoive une éducation et plus tard elle a choisi de nous rejoindre, d'abord à Luçon et ensuite ici.

– Bon, mais pourquoi l'as-tu épousée, Al ? Ce n'était pas une question de sexe à moins que tu n'aies beaucoup changé.

– Le sexe m'a toujours paru être une telle... perte de temps. Je l'ai épousée par convenance politique parce que je venais d'avoir une attaque et qu'il me fallait être secondé. J'ai pensé pouvoir lui faire confiance. Elle m'a sauvé la vie, tu sais ? (Il fit une pause.) Tu ne savais pas, je suppose. Elle a fait monter un spécialiste de la ville sous la menace de son arme. Les yeux bandés. Je ne pouvais pas aller à l'hôpital, bien sûr, et c'était un moment politiquement très difficile parce que nous devions prendre position sur l'élection brusquée.

– Vous vous êtes abstenus, dit Stallings. Vous pensiez que Marcos l'emporterait dans un fauteuil. (Il se rembrunit.) Bon sang, Al, c'était ton idée ?

– Peu importe à présent.

– Alors revenons à l'argent, dit Stallings. Quand la question a-t-elle commencé de se poser ?

Espiritu ferma les yeux comme si cela l'aidait à se souvenir.

– Vers le début mars.

– Qui t'a contacté ? Je veux dire qui s'est pointé par un bel après-midi pour te dire, « Hé, Al, ça te plairait, cinq millions vite fait ? »

– Tu as toujours aimé les détails. (Espiritu sourit de nouveau.)

– C'est mon pain quotidien.

– Personne ne m'a contacté. Ils sont passés par Carmen.

– Elle a mené la négociation ?

– Selon mes directives.

– Se sont-ils jamais rencontrés, face à face, Carmen et les bailleurs de fonds ?

– Bien sûr que non. Ils se sont servis d'un tiers.

– Qui était-ce ?

– Tu vas écrire un autre livre, Booth ? *Anatomie de la terreur* m'a énormément plu. Est-ce que ça a fait de l'argent ?

– Qui était l'intermédiaire, Al ?

– Un Australien. Un Australien expatrié.

– Comment s'appelle-t-il ?

Stallings regarda Espiritu, en proie à un débat intérieur visible. Quand le débat fut terminé, Espiritu sourit de nouveau légèrement.

– Il a un drôle de nom, dit-il. Boy Howdy.

Stallings serra les dents, espérant que cela rendrait son visage inexpressif. Après un instant il se hasarda à hocher la tête.

– Tu as raison, dit-il. Drôle de nom. Qui l'a choisi ? Carmen ou les bailleurs de fonds ?

– Eux.

Stallings se leva de table, gagna le sac plastique, regarda dedans et en tira une bouteille de San Miguel tiède. Il se retourna vers Espiritu.

– Tu en veux une ?

Espiritu ayant secoué la tête, Stallings ouvrit la bière tiède qui moussa et déborda de la bouteille. Il la porta vivement à ses lèvres. Quand la mousse se fut dissipée, il but à longues gorgées, retourna à la table et, debout, considéra Espiritu.

– Qu'est-ce que tu es maintenant, Al ? Le ventriloque ou son pantin ?

– Tu fais allusion à Carmen, bien sûr.

Stallings hocha la tête.

Il s'écoula plusieurs secondes avant qu'Espiritu parle de nouveau.

– Il faut que j'aille à Hong-Kong, Booth.

– Tu es coincé, hein ?

Espiritu hocha la tête. Stallings but ce qui restait de sa bière et considéra une nouvelle fois le Philippin assis.

– Et tu as vraiment besoin de ces cinq millions ?

– Désespérément.

– Ta sœur, là, c'est vraiment ta sœur ?

– Oui.
– Et elle peut aller et venir ?
Espiritu acquiesça.
– Pourrait-elle, mettons, descendre à la ville et transmettre un message ce matin à quelqu'un qui est au Magellan ?
– Sans doute.
Stallings posa soigneusement sa bouteille de bière vide sur la table près de l'assiette de peaux de bananes. Il plaça les deux mains sur la table, paumes en appui, et se pencha vers Espiritu.
– Je ne suis pas tout seul sur cette affaire, Al.
– Durant, Wu, Ottermeck et Blue, m'a-t-on dit, fit Espiritu après un hochement de tête.
Stallings acquiesça.
– Tu ne m'as pas fait entièrement confiance, Booth.
– Je ne voyais guère de raisons pour ça.
– Qui est-ce ? Des mercenaires ?
– En quelque sorte.
– Et tu as confiance en eux ?
Stallings hocha.
– Alors tu es toujours aussi idiot.
Stallings cessa de s'appuyer sur la table et se redressa lentement, inclinant un peu la tête à gauche comme pour être sûr de bien entendre ce qui suivrait.
– Dis-le moi, Al. Je ne sais pas ce qu'il y a, mais dis-le.
Espiritu étudia Stallings avec un air d'intérêt détaché.
– Très bien, dit-il. A trois heures cet après-midi, selon Carmen, un de tes si fiables collègues va venir me voir avec ce qu'on me dit être une intéressante contre-proposition, dont les détails sont encore dans l'ombre.

Stallings fut étonné de sa propre rage subite, qui semblait si réelle et rare et pure qu'il y prit presque plaisir. Il se pencha par dessus la table vers Espiritu, esquissa un geste pour l'atteindre, se reprit et se redressa.

– Lequel, Al ? dit-il en faisant grincer les mots. Lequel de ces sales cons ?

Espiritu sourit, continuant d'étudier Stallings avec intérêt.

– Tu allais me frapper, n'est-ce pas ?

– Lequel est-ce, Al ?

– Le nommé Ottermeck.

La colère de Stallings se perdit dans les sables, faisant place à la tristesse et à la déception.

– Autremec, dit-il, plus pour lui-même qu'à Espiritu. Je ne sais pas pourquoi, je ne pensais pas que ce serait Autremec.

29

Quand la masse en mouvement intercepta la lumière du soleil à 10 h 52 du matin, les yeux de Georgia Blue s'ouvrirent d'un coup. Elle portait un bikini vert indécent et était allongée dans une des chaises longues à roulettes près de la piscine du Magellan. Le sac à bandoulière était proche et sa main fila vers lui mais s'immobilisa quand la lourde femme en pantalon de toile rouge vif dit :

– Je suis Minnie Espiritu.

– Minnie ?

– Minerva. Et j'ai une lettre pour Wu ou Durant, mais ils sont sortis. La réception a dit que vous êtes avec eux alors je pense que je peux vous la donner.

– Minerva Espiritu ? dit Georgia Blue en s'asseyant lentement.

– La sœur d'Alejandro.

– Vous êtes de...

– D'ici, coupa Minnie Espiritu comme si elle était pressée. De Cebu. Mais j'ai passé plein de temps en Californie et c'est sûr que je voudrais bien y être. (La circonspection envahit son visage.) Vous êtes bien Georgia Blue, non ?

– Oui.

Minnie Espiritu laissa tomber un exemplaire plié du *Manila Bulletin* sur la chaise longue près des pieds de Georgia Blue, pêcha un paquet de cigarettes dans la poche de son pantalon rouge et en alluma une, abritant l'allumette avec ses deux mains. Elle souffla la fumée et pivota pour examiner la piscine et les clients.

– A l'intérieur du journal, dit-elle sans cesser d'examiner la piscine.

– Je vais le monter dans ma chambre.

Minnie Espiritu hocha la tête, poursuivant son examen.

– Le Magellan n'est pas mal, dit-elle. J'aime bien les hôtels agréables. Si je pouvais, j'irais m'installer dans un hôtel agréable et je n'en repartirais jamais. Bon, contente de vous avoir rencontrée.

Elle se détourna et se dirigea vers l'hôtel. Georgia Blue bâilla, sembla remarquer pour la première fois le *Manila Bulletin* plié, le prit et le fourra négligemment dans son sac à bandoulière. Puis elle se rallongea, l'avant-bras gauche sur les yeux, et attendit que cinq minutes s'écoulent.

* * *

Dans sa chambre d'hôtel, Georgia Blue mit en marche l'air conditionné, enleva son bikini et resta debout, nue, devant le conditionneur de la fenêtre, examinant la lettre fermée qu'elle avait trouvée dans les plis du *Bulletin*.

L'enveloppe était blanche et ordinaire et il n'y avait rien d'écrit dessus. Elle l'éleva devant la fenêtre. Après l'avoir étudiée quelques secondes elle prit sur un fauteuil un mince peignoir de soie et l'enfila tout en se dirigeant vers sa valise. Elle sortit du bagage un paquet d'enveloppes blanches et compara l'une d'elles à celle qui provenait du journal plié.

Satisfaite, elle ouvrit avec une lime à ongles l'enveloppe que Minnie Espiritu avait transmise, tira la lettre de l'enveloppe et gagna le secrétaire. C'était une lettre de deux feuillets, pliés en deux.

On avait tracé un plan sommaire sur le premier feuillet. Elle s'en désintéressa pour lire vivement ce qui était écrit sur le second feuillet. Elle le relut, lentement cette fois. Après la deuxième lecture elle ouvrit le tiroir du secrétaire, prit une feuille de papier à lettres de l'hôtel et copia le croquis avec un stylo-bille.

Quand ce fut fait, elle plia la copie qu'elle avait faite du croquis et la mit dans une enveloppe du Magellan Hotel, qu'elle colla. Décrochant le téléphone, elle appela un numéro extérieur.

– Chambre trois cent dix-neuf, s'il vous plaît, dit-elle quand on répondit.

La chambre 319 décrocha à la deuxième sonnerie.

– Prenez un crayon et notez ça, dit Georgia Blue.

Elle attendit que son interlocuteur fût prêt. Elle lut alors au téléphone le texte de la lettre apportée par Minnie Espiritu. Elle lut à un rythme de dictée, épelant toutes les abréviations :

– « J'amène A. Espiritu demain, départ vers 16 h 30 de A sur croquis. Nous prendre avec moyen de transport en B sur croquis, 17 h 30 /18 h. Stallings. » (Elle fit une pause.) C'est noté ?

On répondit brièvement et on posa une question. La question irrita Georgia Blue.

– Où diable pourrais-je photocopier un croquis ? Je l'ai recopié. (Une autre brève question l'irrita encore plus.) Avec un putain de crayon, qu'est-ce que vous croyez ? dit-elle et elle raccrocha violemment.

* * *

Au comptoir en plein air du stand de jus de fruits Orange Brutus, sur le trottoir ouest de Jones Avenue, Autremec Ottermeck portait à ses lèvres un verre de jus de papaye quand Carmen Espiritu le rejoignit par la droite tandis que quelque chose l'effleurait sur sa gauche.

Ottermeck posa son verre et tourna la tête à gauche pour examiner un homme mince d'environ vingt-cinq ans qui semblait peu à son aise dans sa chemise blanche avec cravate bleue et son pantalon gris foncé. Ottermeck l'identifia comme l'un des trois jeunes hommes qui, la nuit précédente, s'étaient accroupis sur la piste de montagne pour fumer des cigarettes dans la lueur des phares de la Toyota de location. Ottermeck lui adressa un signe de tête et se tourna vers Carmen Espiritu.

– Il n'y a que lui ?

– Il y en a deux, mais il vous suffira de parler à celui-ci.

Ottermeck se retourna vers l'homme.

– Vous voulez un jus de fruit ?

– Oui, s'il vous plaît. Merci, dit l'homme en souriant.

Ottermeck fit signe à la femme du stand de servir Carmen Espiritu et l'homme. Quand ce fut fait et que l'homme eut bu une première gorgée, Ottermeck dit :

– Son nom est Georgia Blue, B-l-u-e.

– Je sais comment ça s'écrit, *blue*, dit raidement l'homme.

– Elle est dans la chambre quatre-deux-six.

– Excusez-moi, dit l'homme. Mais que faut-il lui demander, exactement ?

– Vous êtes au courant de notre grosse bagarre de ce matin ? dit Ottermeck.

L'homme hocha la tête.

– Demandez-lui de parler de ça et quelle en était la raison et si j'ai besoin d'argent et de combien.

Cette fois l'homme eut l'air préoccupé en acquiesçant.

– Nous devons paraître très soupçonneux à votre sujet ?

– C'est ça.

– Et si elle refuse de répondre ?

Ottermeck haussa les épaules.

– Giflez-la un peu.

L'homme se rembrunit pour marquer sa désapprobation.

– Ce n'est pas... gentil, dit-il.

Ottermeck considéra l'homme pendant un instant et se retourna vers Carmen Espiritu.

– Où avez-vous déniché Violette Timide ?

– Il fera tout ce qui sera nécessaire, dit-elle. Mais c'est bête, une querelle truquée suivie d'un interrogatoire truqué. A quoi bon ?

– Ça fera croire à Wu et Durant que tout se déroule exactement comme ils l'ont projeté. (Il sourit.) Y compris moi.

– Ils se posent des questions à votre sujet, oui ? dit-elle.

– Un petit peu.

– Vous me faites aussi me poser des questions, M. Ottermeck.

Ottermeck l'examina.

– Carmen, voudriez-vous que je vous rappelle une chose qui vous fera vous sentir vachement mieux ?

– Quoi ?

– Votre moitié, dit Ottermeck en souriant de son sourire dur et totalement sans scrupules, votre moitié sera de deux virgule cinq millions.

* * *

Le chauffeur de taxi, devant le Magellan, savait exactement où se trouvait le Cebu Plaza Hotel. Mais le nom de l'homme à qui il devait donner l'enveloppe cachetée contenant le croquis recopié à la main le déroutait. Il demanda donc à Georgia Blue de répéter lentement ce nom.

– M. Boy Howdy, dit-elle en prononçant avec un soin appuyé. Chambre trois cent dix-neuf. Au Cebu Plaza. M. Boy... Howdy.

Le conducteur hocha la tête d'un air dubitatif et démarra, se répétant silencieusement « Boy Howdy ». Georgia Blue rentra dans le Magellan, s'arrêta à la réception pour demander si M. Wu et M. Durant étaient de retour. On lui dit que non. Elle prit un ascenseur et monta au quatrième.

A l'instant où elle entra dans sa chambre elle vit le jeune homme mince en chemise blanche, cravate bleue et pantalon gris foncé. Il s'était plaqué au mur à côté de la porte. Automatiquement elle feinta du gauche, plongeant la main droite dans son sac vers le Walther. Quand le jeune homme mince esquiva comme prévu vers la droite, elle lui donna un coup de pied dans le ventre et il se plia en deux.

C'est alors que l'énorme bras gauche enserra par-derrière le cou de Georgia Blue. La salle de bains, pensa-t-elle. Celui-ci était dans la salle de bains.

Une main puissante comme un étau saisit sa main droite à l'intérieur du sac à bandoulière et l'immobilisa. Elle sentit une haleine chargée de girofle bien que l'homme semblât respirer sans effort. Elle estima qu'il était immensément fort mais pas si bon que ça, et qu'elle ferait mieux de se détendre avant qu'il ne lui rompe le cou par incompétence ou par agacement.

Elle se laissa aller, se fit presque flasque. L'homme à la chemise blanche se redressa lentement, les deux mains pressées sur le ventre. Il ne la regardait pas, mais plutôt quelque chose qui paraissait situé quelques centimètres au-dessus de sa tête et vers la droite.

– Prends le sac, dit l'homme à la chemise blanche.

L'énorme bras gauche resta verrouillé autour du cou de Georgia Blue mais l'autre main lui lâcha le poignet droit et ôta le sac de son épaule.

– Sur le lit, dit le jeune homme mince qui plus tôt dans la matinée avait bu du jus de fruit avec Autremec Ottermeck.

Le sac à bandoulière atterrit sur le plus proche des lits jumeaux. Le jeune homme mince alla lentement jusqu'au lit, ramassa le sac et en déversa le contenu. Il examina le Walther, s'assura qu'il était chargé, et s'assit sur le lit, braquant le pistolet sur Georgia Blue de la main droite, se tenant le ventre de l'autre main.

– Lâche-la, dit-il.

Le bras fut enlevé. Georgia Blue se massa la gorge.

– Puis-je m'asseoir ? demanda-t-elle.

Le jeune homme du lit hocha la tête. Elle gagna l'unique bon fauteuil de la chambre, se retourna, s'assit et regarda pour la première fois l'homme qui l'avait prise à la gorge. Il n'était pas aussi grand qu'elle s'y attendait – guère plus d'un mètre quatre-vingts. Mais il avait des bras immenses et un torse massif qui tendait sa chemise blanche à manches courtes. Il avait aussi une grosse tête et un visage curieusement placide avec une bouche gentille et des yeux marron foncé qui, pour une raison quelconque, semblaient naïfs et même confiants.

Georgia Blue se tourna vers l'homme au Walther et posa la question à laquelle elle pensait qu'il s'attendait.

– Qui êtes-vous et que voulez-vous ?

– Parlez-nous d'Ottermeck.

– C'est un sale con. Autre chose ?

– Vous êtes amants ?

– Non. A présent, non.

– Toutefois vous vous êtes disputés au petit déjeuner. Pourquoi ?

– L'argent.

– Il ne voulait pas vous en donner ?

– C'était l'inverse.

– Il voulait que vous lui donniez de l'argent ?

Elle hocha la tête.

– Combien ?

– Cinquante mille dollars américains.

– Un prêt ? demanda le grand homme à la bouche gentille qui s'approchait du lit où il commença à fourgonner d'un index épais dans le contenu renversé du sac à bandoulière.

– On ne prête pas à Ottermeck, dit Georgia Blue. On dit adieu à l'argent qu'on lui donne.

– Pourquoi voulait-il cet argent ? demanda-t-il d'un ton doux et enjôleur qui étonna et inquiéta Georgia Blue.
– Je n'ai pas demandé, dit-elle.
– Auriez-vous pu lui prêter tant d'argent ? demanda-t-il nonchalamment tandis qu'il ramassait le portefeuille de Georgia Blue et entreprenait d'en explorer les compartiments.
– Non.
– Alors pourquoi a-t-il demandé ? dit le grand homme en laissant le portefeuille pour ramasser une enveloppe blanche vierge.
– Il pensait que je pourrais me le procurer, dit-elle en le regardant ouvrir l'enveloppe.
Le grand homme oublia manifestement Georgia Blue pendant les quelques secondes qu'il lui fallut pour lire la lettre de Booth Stallings et examiner le croquis sommaire. La placidité disparut de son visage. La gentille bouche devint morose. Des plis creusèrent son front. Regardant Georgia Blue avec fureur, il passa le croquis et la lettre au mince jeune homme armé. Quand celui-ci eut fini de regarder et de lire, il parut en état de choc.
– Un tour, chuchota-t-il. On nous joue un tour.
En deux grandes enjambées l'homme grand rejoignit Georgia Blue.
– Qui vous a donné ces… choses ? demanda-t-il d'une voix qui n'avait plus rien d'enjôleur.
– On l'a glissée sous ma porte, dit-elle. Je ne l'ai même pas ouverte. J'ai cru que c'était une publicité ou quelque chose.
– Tuons-la, dit le jeune homme mince qui tenait maintenant le Walther à deux mains et le braquait sur Georgia Blue.
– Il veut vous tuer, dit l'homme grand d'un ton raisonnable. Si vous arrêtez de mentir, peut-être qu'il ne vous tuera pas.

– Je ne sais pas ce que c'est ni d'où ça vient, dit-elle, répétant les mensonges d'un ton monocorde que le Service l'avait entraînée à utiliser. On l'a glissée sous la porte. Je ne l'ai pas ouverte. Je ne sais pas ce qu'il y a dedans.

La platitude morne des mensonges ne réussit qu'à faire disparaître la dernière trace de naïveté des yeux de l'homme grand.

– POURQUOI ? beugla-t-il, saisi d'une rage subite qui menaçait de le submerger. Pourquoi est-ce que vous, les étrangers, vous nous faites ces mauvaises choses ?

Georgia Blue voulut demander « Quelles choses ? » mais n'en eut pas le temps car les deux mains entrelacées de l'homme s'abattirent sur elle comme un marteau. Elle tâcha d'esquiver le coup mais les énormes mains s'écrasèrent sur sa tête, manquant d'un rien la tempe.

Elle eut dans la bouche le goût imaginé de quelque chose, une chose de son enfance qu'elle ne put identifier. Mais cela ne dura qu'un instant avant que vienne le néant et qu'elle ne puisse plus éprouver le goût de quoi que ce fût, pas même celui du cuivre de sa collection d'anciennes piécettes à tête d'Indien.

30

Elle gisait par terre près de l'unique bon fauteuil de la chambre, dans cette attitude de poupée de chiffon mise au rebut que seuls les morts semblent capables de prendre. Artie Wu pensa qu'elle avait assurément l'air morte. Antonio Imperial, dont le passe-partout avait déverrouillé la porte de la chambre 426, en était persuadé. Seul Quincy Durant avait encore un doute lorsqu'il traversa vivement la pièce pour s'agenouiller près de Georgia Blue.

Ses mains semblaient savoir exactement où aller et quoi faire. Il tâta d'abord la grosse artère du cou. Puis il souleva une paupière. Ensuite il ouvrit le corsage et posa son oreille gauche contre la poitrine. Enfin il s'assit sur ses talons et considéra un instant Georgia Blue avant de lever les yeux vers Imperial.

– Elle est vivante, mais vous feriez bien d'appeler un médecin.

– Ne faudrait-il pas la conduire à l'hôpital ? dit le directeur de l'hôtel.

– Le médecin décidera. Mais si vous ne le faites pas venir, elle va peut-être mourir ici.

– J'en appelle un, dit Imperial qui sortit en hâte.

– Mettons-la sur le lit, dit Durant quand la porte fut refermée.

– Peut-on la bouger ? fit Wu en fronçant les sourcils.

– Tu veux lui parler ?

Wu acquiesça de la tête et aida Durant à la soulever doucement pour la déposer sur le plus proche des lits jumeaux.

– Un gant de toilette ou une serviette mouillée, dit Durant.

Pendant que Wu était dans la salle de bains, Durant examina la très vilaine enflure, juste au-dessus de l'oreille gauche de Georgia Blue. Quand Wu revint avec une serviette mouillée, les mains exercées de Durant l'appliquèrent sur la zone enflée. Les paupières de Georgia Blue tressaillirent, s'ouvrirent, se refermèrent et se rouvrirent. Il y eut un bruit de haut-le-cœur loin au fond de sa gorge.

– Un seau ! jeta Durant.

Georgia Blue vomit dans la corbeille à papier en métal qu'Artie Wu lui tint. Après s'être rallongée et avoir fermé les yeux, elle demanda à Durant :

– Grave ?

– Tu survivras, mais tu vas avoir une sacrée migraine.

– Un médecin est en route, Georgia, dit Wu qui revenait des toilettes où il avait vidé la corbeille à papier.

Elle ouvrit les yeux pour regarder Wu.

– Une équipe d'hirondelles de la NPA, Artie. Un grand, un petit. Le grand était presque aussi grand que toi.

– Raconte-nous, dit Wu. Si tu peux.

– Ils m'ont questionnée sur moi et Ottermeck et cette scène idiote qu'on s'est faite. Et puis ils m'ont questionnée sur la lettre de Stallings.

Wu et Durant se regardèrent.

– Quelle lettre ? dit Durant.

Par bribes de phrases confuses elle leur raconta comment Minnie Espiritu avait apporté l'enveloppe blanche vierge. Comment elle-même avait demandé à la réception si Wu et Durant étaient là. Comment elle était montée dans sa chambre et avait trouvé les deux hommes, un grand, un petit. Comment elle avait donné un coup de pied au petit et avait été prise à la gorge par le grand. Comment le petit avait trouvé le Walther et le grand la lettre. Mais elle ne raconta pas comment elle avait ouvert la lettre de Stallings et l'avait lue au téléphone à Boy Howdy, ni comment elle avait envoyé une copie du croquis à Howdy par l'intermédiaire d'un taxi.

– Tu as une idée de ce qu'il y avait dans la lettre de Booth ? demanda Wu.

– Il... il me l'a lue, mentit-elle.

– Le grand ? demanda Durant.

– Oui. Il y avait la lettre et un croquis. Il m'a lu la lettre et m'a montré le croquis. Ils voulaient savoir comment je les avais eus.

– Qu'est-ce que tu leur as dit ?

– Des mensonges.

– Peux-tu te rappeler ce qu'il y avait dans la lettre ? dit Wu.

Elle ferma de nouveau les yeux, comme si elle luttait pour se souvenir.

– La plus grande partie, je crois, dit-elle en rouvrant les yeux.

– Je vais prendre de quoi écrire, dit Wu qui gagna le secrétaire et revint avec une revue et plusieurs feuilles de papier à lettres de l'hôtel. Bon, fit-il et son stylo-bille cliqueta.

– Je... je crois, dit Georgia Blue d'une voix entrecoupée, que c'était quelque chose comme, « J'amène Espiritu demain de A sur le croquis. » (Elle fit une pause.) Et puis il y avait quelque chose sur leur heure de départ. 4 heures, je pense.

Wu leva les yeux de ses notes.

– 4 heures de l'après-midi demain ?

– Oui. Puis quelque chose comme, « Ayez un moyen de transport en B sur le croquis », sauf que c'était un peu abrégé et je suis assez sûre que l'heure, pour ça, était entre 17 h 30 et 18 h.

– Et le croquis ? demanda Durant. Tu as pu le regarder bien ?

– Oui.

Wu se pencha en avant.

– Peux-tu te rappeler où sont les points A et B ?

– Donne-moi du papier, Artie. Je peux peut-être le dessiner.

Il lui fallut dix minutes pour tracer le plan sur une feuille de papier de l'hôtel. Il lui fallut tout ce temps parce qu'elle hésitait sans cesse, changeait d'avis, et jetait des feuilles roulées en boule. Enfin satisfaite, elle tendit à Wu ce qu'elle avait dessiné. C'était une assez bonne autre copie du plan tracé par Booth

Stallings, sauf que sur cette seconde version les points A et B étaient environ un kilomètre plus loin vers l'ouest et l'est, respectivement.

Wu étudia le plan avec soin.

– Joli, dit-il en le passant à Durant. Tu as une bonne mémoire.

Durant examina le croquis et leva les yeux.

– Pour un plan, c'est un plan, dit-il.

Georgia Blue ferma les yeux avec lassitude.

– Il est peut-être un peu inexact, dit-elle.

– Un peu de combien ? demanda Durant. Vingt mètres ? Cinq cents mètres ? Deux ou trois kilomètres ?

– Tu veux une garantie pièces et main-d'œuvre ? dit-elle en ouvrant des yeux furibonds. Ce plan et ce que je vous ai dit, c'est tout ce que je sais. Tout. Sauf, eh bien, sauf une question bête qu'ils ont posée qui n'avait pas de sens.

– Et quelle était cette question, Georgia ? fit Wu avec un sourire encourageant.

– Ils m'ont demandé, ou plutôt le grand m'a demandé, ce que Boy Howdy faisait au Cebu Plaza. J'ai dit que je ne savais pas. Pour une fois que je ne mentais pas le gros salaud m'a cognée. (Elle tenta de sourire et y réussit presque.) Mais j'imagine que ça pourrait être pire : le petit voulait m'abattre.

– Pourquoi, à ton avis, t'ont-ils demandé ce que Boy...

Un coup énergique à la porte empêcha Wu d'achever sa question. Et avant qu'il puisse contourner les lits jumeaux, la porte s'ouvrit et un homme proche de la quarantaine entra à grands pas, une trousse de médecin à la main gauche et Antonio Imperial, l'air soucieux, sur ses talons. L'homme à la trousse de médecin s'arrêta au milieu de la chambre et jeta un regard alentour, comme s'il s'attendait à voir les traces d'une émeute, d'une révolution ou au moins d'une orgie de trois jours.

Il arborait une coûteuse chemise de polo verte, un pantalon jaune pâle en lin et un air compétent dans un visage étroit muni de doux yeux brun sombre et d'une bouche impitoyable.

– Je suis le docteur Bello, annonça-t-il à l'ensemble de la pièce. Qui diable êtes-vous, vous deux ?

– Des amis de la patiente, dit Durant.

– Les amis de la patiente auront l'amabilité d'attendre dehors.

* * *

Antonio Imperial s'en alla, laissant Wu et Durant attendre dans le couloir juste devant la chambre 426. Il s'en alla quelque peu soulagé après qu'ils lui eurent tous deux assuré que Georgia Blue n'avait nulle intention de faire un procès à son hôtel. Quand il fut parti, Durant déplia le croquis et l'examina en soupirant.

– Pour un plan, c'est un plan, dit-il à nouveau. Il y a une échelle sommaire et tout et tout.

Il tendit le dessin à Wu qui le replia et le rangea dans sa poche arrière droite.

– Je pense, dit Wu en boutonnant la poche, je pense que je ferais bien de passer au Cebu Plaza et d'avoir une conversation avec Boy.

– Tu veux que je vienne ?

– Je le veux loquace, Quincy. Pas terrifié. Et il faut que quelqu'un reste avec Georgia.

– Autremec peut rester avec elle.

– Tu oublies que c'est cet après-midi qu'Autremec change de camp.

– Monsieur La Confiance.

Wu haussa les épaules.

– C'est lui que nous avons, dit-il.

* * *

Artie Wu alla dans sa chambre et téléphona au Cebu Plaza Hotel. Il dit à un réceptionniste qu'il avait un paquet pour M. Howdy : devait-il l'envoyer au 314 ou au 514 ? Le réceptionniste dit que ni l'un ni l'autre, le paquet devrait être adressé à la chambre 319. Wu déclara qu'il aimerait que certaines gens apprennent à écrire lisiblement et le réceptionniste dit que ce serait assurément une bénédiction car Wu était la deuxième personne aujourd'hui même à ne pas avoir le bon numéro pour la chambre de M. Howdy.

En bas, Wu prit un taxi pour le Cebu Plaza, qui avait été bâti tardivement pendant le règne de Marcos et n'était pas seulement bien plus récent que le Magellan mais aussi bien plus élevé. Comme Wu réglait le conducteur, il remarqua la conduite intérieure verte Subaru quatre-portes qui attendait moteur en marche devant l'entrée du Cebu Plaza. Il la remarqua surtout à cause du grand Philippin qui se tenait près de la portière arrière ouverte du véhicule. Artie Wu remarquait toujours les hommes qui étaient presque aussi vastes que lui. Et celui-ci méritait spécialement un second coup d'œil à cause de son anxiété manifeste. Au volant de la Subaru était assis un homme plus petit portant une chemise blanche. Wu ne put déterminer si celui-ci aussi avait une crise d'angoisse.

Entré dans l'hôtel, Wu traversa le hall jusqu'aux ascenseurs. Deux d'entre eux étaient en marche et tous deux descendaient. Le premier ascenseur qui arriva ouvrit sa porte avec un petit bong carillonnant, et il en sortit Carmen Espiritu, portant une coûteuse robe de soie crème, pas de soutien-gorge, des escarpins noirs, trop de maquillage et un sac en bandoulière en cuir noir assorti dans lequel sa main droite était enfoncée.

A la vue d'Artie Wu elle s'arrêta court et son inhabituel haut talon gauche se tordit, ce qui la fit trébucher. Wu lui offrit le soutien de sa main, lui empaumant le coude. Carmen Espiritu reprit vivement son équilibre, reculant hors de portée, levant de la main droite son sac de cuir noir.

– N'essayez jamais de me toucher ! chuchota-t-elle férocement.

– Je vous paie un verre, Carmen ? fit Wu en souriant.

– Vous autres, vous êtes de tels... imbéciles ! dit-elle, et elle se détourna et s'en alla en hâte, tanguant sur ses hauts talons qui claquaient sur le sol de marbre.

Wu la regarda monter à l'arrière de la conduite intérieure Subaru verte. Le grand Philippin, apparemment toujours en proie à la panique ou à l'angoisse, claqua bruyamment la portière arrière et se précipita sur le siège avant à côté du conducteur. La Subaru partit en trombe.

Regardant la voiture s'éloigner, Wu se demanda s'il y pouvait quelque chose, à supposer qu'il aurait dû. Il décida que la seule action raisonnable était d'aller tambouriner à la porte de Boy Howdy.

Il monta seul dans l'ascenseur jusqu'au troisième étage, longea le couloir jusqu'à ce qu'il trouve le 319 et le carton « Ne pas déranger » qui pendait à la poignée de la porte. Wu tambourina à la porte. Comme on ne réagissait pas, il essaya instinctivement la poignée et fut étonné quand elle tourna. Il jeta vite un coup d'œil d'un bout à l'autre du couloir, franchit la porte et la referma derrière lui, s'assurant qu'elle se verrouillait.

Il y avait l'habituelle petite entrée avec la salle de bains à gauche et une penderie à droite. Après l'entrée se trouvait la chambre proprement dite où Wu découvrit Boy Howdy assis sur un siège de relaxation, ou plutôt effondré dessus, et vêtu de rien d'autre qu'un oreiller sur son ventre.

31

Il y avait deux petites entrées de balles juste au-dessous du mamelon gauche de Boy Howdy. Du sang, pas beaucoup, avait avivé de rouge une petite partie de la toison gris roux du torse. Il y avait aussi deux trous dans le mince oreiller, dont Wu conclut qu'il avait servi de silencieux de fortune.

Jetant un regard circulaire, il remarqua la literie froissée, et que les vêtements de Boy Howdy formaient une sorte de piste menant au lit. La chemise avait été ôtée d'abord, puis le gilet de corps en filet, suivi du pantalon, du caleçon et finalement des chaussures. Se demandant où étaient les chaussettes, Wu chercha du regard et en découvrit une paire, en coton blanc, toujours aux pieds de l'homme mort. Cela lui donna un peu d'agacement quant à ses capacités d'observation.

Wu ramassa le pantalon de Boy Howdy et explora les poches sans rien trouver d'intéressant. Il y avait sur le lit un second oreiller mince, mais rien en dessous. Wu souleva le matelas et trouva ce qu'il cherchait : le portefeuille de Boy Howdy.

C'était un grand portefeuille usé en peau d'autruche, très vieux, très épais, qui contenait cinq cent quatre-vingt-cinq pesos, huit cents dollars en traveller's cheques American Express, trois cartes de crédit, un permis de conduire, deux préservatifs, quelques reçus et une feuille de papier à lettres du Magellan Hotel, celle-là même où Georgia Blue avait tracé sa bonne copie du croquis de Booth Stallings.

Wu remit le portefeuille en peau d'autruche où il l'avait trouvé et alla au secrétaire avec le croquis. Sur le secrétaire se trouvaient un téléphone, une bouteille de scotch Dewar's, un seau de glace à demi fondue et deux verres, dont un seul avait été utilisé. Il y avait aussi une liasse de neuf feuilles de papier à lettres du Cebu Plaza Hotel. Un stylo-bille de l'hôtel était posé en diagonale sur le papier à lettres.

Wu alluma la lampe du secrétaire, sortit de sa poche arrière le plan que Georgia Blue avait dessiné pour lui et Durant, et le compara à celui qu'il avait trouvé dans le portefeuille de Boy Howdy. Les deux plans, visiblement tracés par la même main, étaient virtuellement identiques, sauf que les points A et B du croquis destiné à Wu et Durant avaient été déplacés d'un kilomètre vers l'ouest et l'est, respectivement.

Wu sourit et hocha la tête, appréciant l'excellence du trucage. Il prit la bouteille de scotch et en renifla le contenu. Cela sentait le whisky écossais et il but donc deux gorgées directement au goulot. Comme il se tamponnait les lèvres avec son mouchoir, quelqu'un frappa à la porte. Ce n'était pas le coup poli et interrogateur d'une femme de chambre, mais un choc dur du genre « Ouvrez là-dedans ! »

Wu répliqua par un rugissement sonore indiquant qu'il arrivait dès qu'il aurait pu enfiler quelque chose. Il examina les deux croquis posés côte à côte, les mit l'un sur l'autre et fit un pli serré juste au-dessous de l'en-tête du Magellan Hotel. Il déchira les en-têtes en suivant le pli et les fourra dans sa poche.

Gagnant vivement le lit, Wu prit sous le matelas le portefeuille de Boy Howdy et y mit le faux plan que Georgia Blue avait tracé pour Durant et lui, replaçant le portefeuille dans son originale cachette. Le plan qu'il avait trouvé dans le portefeuille de Howdy descendit prendre place sous le bord élastique de la chaussette noire de Wu, sur son mollet gauche.

De nouveau on frappa brutalement à la porte. Wu jeta un regard circulaire sur la chambre et se dirigea vers la porte, s'arrêtant seulement pour éteindre la lampe du secrétaire. Il ouvrit le battant et se trouva face à la paire de types à l'air « Made in USA ». Aucun des deux ne tenta de dissimuler sa surprise. Le plus âgé, Weaver P. Jordan, se reprit le premier, sourit de son sourire étroit qui ne découvrait pas les dents et dit :

– Je vous avais dit qu'on se reverrait à Cebu.

– En effet, fit Wu avec un signe de tête affable.

L'élégant Jack Cray avait un costume différent mais la même mine soupçonneuse.

– Où est Howdy ?

Wu secoua tristement la tête et répondit sur un ton convenablement étouffé :

– Tué à coups de feu, il semblerait.

– Dégagez, bordel ! dit Weaver Jordan (alors même que Wu reculait et s'écartait déjà) en se précipitant dans la chambre, Jack Cray à sa suite.

Jordan fit lentement le tour de feu Boy Howdy, trois fois, tandis que Jack Cray demeurait à un mètre de distance, les yeux non pas sur le cadavre mais furetant dans la pièce, à la recherche – présuma Wu – du tueur. Ne le trouvant pas, il se tourna vers Wu.

– Qui l'a tué ?

– Si vous m'aviez demandé qui voulait le voir mort, je pourrais vous faire une longue liste. Boy avait un don véritable pour se faire des ennemis pour la vie.

– Vous l'avez tué ? demanda Cray qui ne s'attendait visiblement guère à une réponse valable.

– Non.

Weaver Jordan cessa de circuler autour de feu Boy Howdy, le temps de jeter à Wu un regard menaçant.

– Et Durant ?

– Il est au chevet d'une amie souffrante, au moment même où nous parlons.

– Alors qu'est-ce que vous faites ici ? demanda Cray d'un air prêt à affronter mensonges et faux-fuyants.

– Comme vous n'avez pas plus d'autorité officielle que moi-même, je vous poserai la même question, dit Wu en souriant.

Jack Cray tourna la tête pour considérer sombrement le cadavre nu. Quand il parla ce fut d'une voix habituellement réservée aux oraisons funèbres.

– Il était des nôtres.

– Il était à tout le monde, dit Wu. Faisait-il des travaux ponctuels ? Des tâches occasionnelles ? Ou bien est-ce qu'il émargeait chez vous ? (Comme Cray se contentait de le regarder d'un air morose, Wu poursuivit sur un ton mi-hypothétique, mi-réminiscent.) Il a été sur vos registres pendant combien… dix ans ? Quinze ? Je dirais quinze. (Une pensée sembla le frapper.) Vous saviez sûrement qu'il était dans les registres de Tokyo, n'est-ce pas ? Et de Taipeh, de Canberra, de Kuala-Lumpur et, aux dernières nouvelles, même de Bangkok, quoique Bangkok ne paie vraiment pas tellement.

– Bangkok, dit Weaver Jordan en considérant feu Howdy avec désapprobation. Seigneur !

Cray ne dit rien. A la place, il examina Wu, le toisant lentement, comme s'il était curieux de ce qui viendrait ensuite.

– Son meilleur client, bien sûr, continua Wu, a toujours été le brave vieux de Malacanang. Howdy était à la fois son fournisseur et son distributeur. Mais vous savez cela, n'est-ce pas, car vous avez dû acheter à Boy du matériel venu du palais, si récent que l'encre n'était pas encore sèche. (Wu pivota pour examiner le corps de Howdy, comme pour la dernière fois.) Je pense que Boy a vraiment regretté le départ du brave vieux. (Il marqua une pause.) Je sais qu'il regrettait vraiment l'argent.

– Elles sont jolies, vos conclusions hâtives, dit Jack Cray.

Wu hocha la tête et jeta un dernier regard sur la chambre elle-même.

– Ça ressemble tout à fait à une partie de plaisir piégée typique, non ? Boy a quelque chose à vendre ou à acheter. Elle entre. On discute un peu. On parle affaires. Et puis un peu de sexe. D'abord sur le lit, ensuite une variation sur le fauteuil. Et puis pan, pan, Boy est mort.

– A travers l'oreiller, dit Weaver Jordan. Elle était probablement à genoux dessus. Du moins au début.

Jack Cray regarda Jordan et fit un petit geste.

– Fouille, dit-il.

Il ne fallut que deux minutes à Jordan pour trouver le portefeuille en peau d'autruche sous le matelas.

– Hé bé, zyeute-moi ça, dit Jordan en tendant le plan à Jack Cray.

Wu se coula derrière Cray, comme pour tenter de regarder à la dérobée par-dessus son épaule. Cray lui jeta un regard glacial et gagna l'autre bout de la pièce où il continua d'étudier le croquis.

Wu regarda Weaver Jordan examiner la liasse de papier à lettres du Cebu Plaza Hotel sur le secrétaire. Jordan la considéra d'abord d'en haut et puis s'accroupit pour pouvoir en étudier la surface à hauteur d'œil. Toujours accroupi et le regard sur le papier, il alluma la lampe du secrétaire, l'éteignit et la ralluma. Il sortit un crayon et commença d'ombrer une partie de la feuille du dessus.

– J'ai vu un type faire ça dans un film autrefois, dit Wu.

– Nous utilisons toutes les techniques les plus récentes, dit Jordan en continuant d'ombrer. Encre invisible. Dentifrice empoisonné. Étron farceur dernier modèle.

Il continua d'ombrer le papier à lettre avec son crayon pendant trois ou quatre secondes avant de s'exclamer :

– Eh bien, ça, bon sang ! (Il posa le crayon et se pencha sur la feuille.) Écoute ça, Jack, tu veux : « J'amène A. Espiritu... »

– Nom de Dieu, Jordan ! coupa sèchement Jack Cray et il se retourna vers Wu. Vous voulez attendre les flics par ici ? dit-il.

– Pas spécialement.

Cray sourit de son sourire le plus froid.

– Alors nous leur dirons que vous n'étiez pas là.

– Si la question se pose.

– Si la question se pose, acquiesça Cray.

Artie fit demi-tour et se dirigea vers la porte, mais rebroussa chemin.

– Dans ce film que j'ai vu, dit-il à Weaver Jordan, le type se donnait la peine d'ombrer le bloc avec un crayon, mais vous savez ce qu'était le message secret, en fin de compte ?

– Un faux, dit Weaver Jordan.

– Je crois que nous avons vu le même film.

– Je crois aussi, dit Weaver Jordan.

32

Convaincre Antonio Imperial de leur remettre l'attaché-case noir de Georgia Blue nécessita bien moins d'efforts que Wu et Durant ne s'y étaient attendus. Elle avait confié sa mallette à Imperial pour qu'il la garde dans le coffre et ils regardèrent poliment ailleurs pendant que le directeur de l'hôtel actionnait la combinaison du vaste et vieux coffre-fort Mosler qui se dressait dans son bureau.

– Comment va Miss Blue ? demanda-t-il en tirant sur la lourde porte du coffre.

– Confortablement, dit Wu. Le docteur Bello lui a donné un sédatif.

– Elle dort, alors ?

– Elle somnole, dit Durant. Mais elle a besoin de certains papiers de sa mallette.

– Ça ne vous ennuie pas de signer le retrait ? demanda Imperial en tendant l'attaché-case à Wu.

– M. Durant s'en fera un plaisir, dit Artie Wu.

* * *

En haut dans la chambre de Durant, Wu regarda pendant que Durant utilisait une lime à ongles et une attache trombone soigneusement incurvée pour ouvrir les deux serrures de la mallette. Il fallut cinq minutes de trifouillage et de jurons avant que les deux serrures succombent. Durant souleva le couvercle de la mallette, révélant approximativement deux cent mille dollars de ce qu'Autremec Ottermeck avait appelé l'argent « pour les petits imprévus ». Il y en avait environ la moitié en billets de cent, par liasses de cinq mille sous bandes, cinquante billets par liasse. Le reste était en traveller's cheques American Express non endossés.

– Combien ? demanda Durant.

– Dix mille pour le colonel ? suggéra Wu.

– Disons plutôt quinze, fit Durant en ôtant trois liasses.

– Et peut-être vingt-cinq mille pour le seigneur de la guerre.

– Tu crois que ça lui suffira ? dit Durant en faisant la moue.

– Mettons trente mille alors.

Durant ôta six autres liasses.

– Et cinq mille pour les imprévus.

Durant hocha la tête, ôta une dernière liasse, et ferma le couvercle de l'attaché-case.

– Ne le verrouille pas tout de suite, dit Wu qui gagna le secrétaire où il écrivit quelque chose sur une feuille de papier à lettres de l'hôtel et signa ; il tendit la feuille à Durant qui la lut à haute voix :

– « Avance sur frais d'un montant de cinquante mille dollars, retirée pour gratifications diverses et frais imprévus. A.C. Wu. »

– Signe de ton nom sous le mien et date, dit Wu.

– Je ne sais pas pourquoi, dit Durant en signant, mais je ne crois pas que ça tiendrait devant un tribunal.

* * *

Après avoir rapporté l'attaché-case à Antonio Imperial et, sur ses instances, l'avoir regardé le remettre dans le vieux coffre-fort, Wu et Durant prirent l'ascenseur jusqu'au quatrième et entrèrent dans la chambre 426. Georgia Blue était étendue sur le plus éloigné des lits jumeaux, les yeux fermés, la bouche entrouverte, le drap remonté jusqu'au menton.

Artie Wu alla jusqu'au lit et prononça doucement son nom. Comme elle ne bougeait ni ne répondait, il chuchota à Durant :

– Combien de Percodan le docteur lui a-t-il donnés ?

Durant leva deux doigts.

– Et toi ?

Durant leva deux doigts de son autre main.

– Allons-y, dit Artie Wu.

Quand la porte se fut refermée, Georgia Blue ouvrit les yeux. Elle s'assit lentement dans le lit et réussit à balancer les pieds jusque par terre. Elle se mit à vaciller légèrement et baissa la tête entre ses genoux, restant ainsi pendant au moins une minute. Ensuite, elle redressa la tête, respira profondément et se mit debout. De nouveau elle vacilla légèrement, mais se reprit, marcha lentement jusqu'au secrétaire, décrocha le téléphone et forma le numéro du consulat des États-Unis, dans le centre ville de Cebu City.

* * *

Durant frappa à la porte de la chambre 512 du Magellan Hotel. Wu se tenait juste à sa gauche. Quelques secondes plus tard, la porte fut ouverte par le vieil homme aux manières carrées, aux cheveux blancs soyeux, au teint de rouille. Il les considéra sans rien dire, attendant qu'ils engagent le fer.

– Colonel Crouch ? dit Durant.

Vaughn Crouch hocha la tête.

– Mon nom est Durant et voici mon associé, M. Wu. Nous sommes partenaires de Booth Stallings.

– Et alors ?

– Nous aimerions vous faire une proposition.

– Suis-je censé acheter ou vendre ? (Crouch hocha d'un air sceptique.)

– Vendre, dit Durant en souriant.

Crouch examina Wu en prenant son temps, puis de nouveau Durant.

– C'est bon, dit-il. Écoutons ça.

La chambre où Wu et Durant entrèrent avait visiblement été meublée pour satisfaire les goûts d'un minimaliste. Il y avait deux sièges, un lit étroit, une paire de lampes, une table où reposaient deux bouteilles – une de gin, l'autre de scotch – et quatre cannes à pêche appuyées dans un coin. C'était une pièce qu'on pouvait évacuer avec un préavis de dix minutes, ses richesses abandonnées, bues ou jetées dans l'évier.

– Asseyez-vous ou restez debout, comme vous voulez, dit Crouch qui choisit le lit.

Durant s'adossa à un mur, les bras croisés ; Wu prit l'unique fauteuil.

– Un verre ? demanda Crouch.

– Non merci, dit Wu.

– Alors, dit Crouch, lequel de vous deux est le baratineur ?

Artie Wu sourit.

– Nous croyons savoir que vous connaissez Alejandro Espiritu.

– Je connais un tas de types.

Wu hocha la tête, comme s'il avait reçu une réponse affirmative plutôt qu'évasive.

– Booth Stallings l'amène en bas demain.

Crouch se leva, gagna la bouteille de gin, en versa une dose dans un verre, et leva la bouteille vers Wu et Durant qui secouèrent la tête. Crouch s'envoya le gin pur et fit la grimace.

– Al descend volontairement ?

– Oui, dit Durant.

– Pourquoi diable ?

– Pour les cinq millions de dollars que quelqu'un est d'accord pour lui payer s'il s'exile à Hong-Kong, dit Wu.

Crouch retourna s'asseoir sur le lit.

– Quelqu'un vous bourre le mou, les gars, dit Crouch. Si Al Espiritu mettait jamais la main sur cinq millions, il dépenserait tout pour acheter de l'équipement. (Il sourit soudain.) A moins que quelqu'un les lui pique avant.

Il y eut un silence jusqu'à ce que Durant demande :

– Est-ce que ça vous ennuierait ?

– Oui et non, dit Crouch après s'être accordé un instant de réflexion. Je ne veux pas voir Al blessé ou tué ou emprisonné de nouveau. Mais d'autre part, je ne veux pas non plus voir sa bande au pouvoir. (Il marqua une pause.) Peut-être qu'un voyage à Hong-Kong lui ferait du bien. Il pourrait écrire ses mémoires ou quelque chose.

– C'est pourquoi nous venons vous voir, colonel, dit Wu. Pour empêcher qu'il soit blessé ou tué ou emprisonné.

– J'ai tout de suite vu que vous étiez deux bons chrétiens, grogna Crouch. Qui est-ce qui a le plus envie de l'arrêter, vous croyez ?

– Dites-nous, fit Durant.

– Eh bien, il y a Manille, bien sûr, fit Crouch. Parce qu'ils sont suffisamment malins pour savoir ce qu'il ferait de l'argent une fois qu'il aurait mis la main dessus. Et puis il y a avec lui cette bande de Jeunes-Turcs qui font pression pour le mettre au rancart. Et cinq millions ne leur déplairaient pas. Washington est sans doute complètement divisé quant à savoir de quel côté crapahuter. Il n'y a guère que la vieille bande à Marcos qui serait prête à appuyer Al parce qu'ils y gagnent à tout coup. S'il disparaît, c'est bon. S'il achète des armes, c'est encore mieux parce que ça fournirait un prétexte pour le putsch qui se produira tôt ou tard. (Il regarda Wu, puis Durant.) C'est à peu près ça que vous pensez, les gars ?

Durant hocha la tête.

– Sauf que pour Washington, on n'est pas sûrs, dit-il.

– Il y a des barbouzes qui mettent leur grain de sel ?

– Pas impossible, dit Wu.

– Alors qu'est-ce que vous voulez que je fasse ?

– Une action de diversion, dit Wu.

– Vous voulez dire faire du pétard par-ci pendant que le vieil Al file discrètement par-là ?

– Quelque chose comme ça, dit Durant.

Il y eut une longue pause tandis que Crouch contemplait le sol, réfléchissant à l'offre. Une minute s'écoula avant qu'il relève les yeux sur Artie Wu.

– Combien, dit-il.

– Que diriez-vous de dix mille ? demanda Wu.

– Je dirais quinze, de la hanche.

Durant eut un petit sourire.

– Pourquoi quinze ?

– Parce que j'ai une petite-fille qui veut aller à Swarthmore l'an prochain et ça fera à peu près quinze mille. A moins que je m'achète une nouvelle voiture. J'ai pas encore décidé. (Il sourit en coin.)

Les choses ne changent pas vraiment beaucoup, hein ? Au temps où j'étais môme mon vieux à dû choisir entre m'envoyer à Dartmouth ou s'acheter une Buick neuve. Il m'a envoyé à Dartmouth, j'ai loupé mes études et il a regretté sa décision jusqu'au jour de sa mort.

– D'accord, colonel, dit Artie Wu. Quinze.

– Vous avez un plan, les gars ?

– Une amorce de plan, dit Durant.

– Eh bien, j'écoute et ensuite je vous dirai comment faire pour que ça marche.

* * *

Le grand magasin, long de tout un pâté de maisons et appartenant à des Chinois, se trouvait sur Colon Street, la plus ancienne rue de Cebu – et des Philippines, d'ailleurs. Les bureaux de la direction étaient au quatrième étage et c'est là qu'Artie Wu était assis, sur un canapé au voisinage de la réception, vêtu de son costume blanc à finance, les deux mains entrelacées sur le haut de sa canne, son panama sur le bras du canapé. Auprès de lui était assis Durant, portant un costume gris clair, chemise et cravate de même. Sur les genoux de Durant se trouvait un porte-documents en cuir à fermeture à glissière sur trois côtés, assez vaste pour contenir un dossier juridique. Il y avait dedans trente mille dollars en billets de cent dollars.

Les alentours de la réception étaient dans des teintes pâles de vert et de jaune. Les fauteuils et le canapé avaient l'air d'avoir été récupérés par esprit d'économie parmi des ensembles cassés du rayon ameublement de l'établissement. Aux murs se voyaient six peintures à l'huile de production de masse, toutes des paysages marins, dont deux identiques ou presque. Du plafond venait du *Muzak*, une chose sirupeuse tirée de *My Fair Lady*. Artie Wu était à peu près sûr que le morceau passait pour la troisième fois. Enfin la porte verte ciselée s'ouvrit et le jeune Chinois qui s'était présenté comme étant M. Loh en sortit.

– Il va vous recevoir, messieurs.

La pièce où ils entrèrent était grande et pleine de beaux objets anciens de Madrid et de Séville, de Shanghai et de Canton. Aucun des meubles ne semblait avoir moins de trois cents ans et leur juxtaposition constituait un remarquable travail de mélanges et de contrastes.

Derrière un bureau dont Durant estima que c'était du dix-huitième siècle espagnol était assis un petit Chinois qui paraissait juste un peu plus jeune que son bureau. Il avait des kilomètres de rides et guère de cheveux et une paire de lunettes à monture d'or qu'il portait abaissées sur le bout de son nez. Deux yeux très noirs à l'air très juvénile scrutaient par-dessus les verres.

Du geste il indiqua des sièges à Durant et à Wu. Ils s'assirent et entendirent la porte verte se refermer derrière eux.

– Je suis Chang et vous êtes manifestement Wu et vous, monsieur, êtes Durant, dit le Chinois d'une voix ferme et aiguë qui s'acheva par un rire étouffé presque adolescent. Corrigez-moi si je me trompe.

Wu sourit poliment ; Durant non.

Chang inclina la tête en arrière pour pouvoir scruter à travers ses verres la lettre tenue dans sa main gauche.

– Mon cher ami Huang de Manille va bien ?

– M. Huang va très bien, dit Artie Wu.

– Il m'écrit à votre sujet avec une chaleureuse estime.

– Il me flatte.

– Il me demande de vous manifester tous les égards.
– Je suis reconnaissant.
– Et me presse de faire affaire avec vous parce que ce sera profitable.
– Un profit légitime n'est que justice, dit Wu.
Chang posa la lettre sur son bureau et se gratta songeusement l'oreille gauche.
– Très bien, fit-il. Dites-moi ce que vous voulez.
– Des mercenaires.
Chang acquiesça comme s'il en vendait tous les jours au balcon.
– Des bons ?
– Des médiocres.
– Des bons coûteraient cher.
– Et des médiocres ?
– Moins. Cela dépend du nombre que vous voulez.
– Disons, deux douzaines ?
– Et que feriez-vous de ces deux douzaines de mercenaires médiocres ?
– Ils aideront indirectement Alejandro Espiritu à fuir à Hong-Kong.
– Fuir ?
– Fuir.
– Et une fois là-bas, qu'adviendra-t-il de lui ?
– Il jouira d'une retraite confortable en exil.
– Et, s'il vous plaît, que demandera-t-on aux mercenaires de faire ?
– Se rendre.
Chang sourit et pouffa de nouveau. Il avait de petites dents irrégulières qui semblaient être les siennes.
– Comme c'est intéressant, dit-il.
– Je suis content que vous en jugiez ainsi.

– Avant de discuter des détails, dit Chang en se grattant cette fois l'oreille droite, peut-être faut-il parler du prix.

– Comme il vous plaira.

– Avez-vous un prix en tête ?

Wu secoua la tête.

– Le prix sera déterminé par la sévère limitation de nos ressources, dit-il.

– Vos ressources sont-elles en dollars ?

– Elles le sont.

– Alors je puis vous offrir un rabais de dix pour cent.

– Dix pour cent de combien, si je peux me permettre ?

Chang y réfléchit, les yeux maintenant fixés sur Durant.

– Deux douzaines de médiocres à quinze cents pièce, moins dix pour cent pour le comptant, feraient trente-deux mille quatre cents.

Durant secoua la tête.

– Mettons, arrondis à trente mille juste, ajouta Chang.

Durant hocha.

Chang sourit à Artie Wu.

– Votre partenaire sait marchander fermement, M. Wu.

Wu regarda Durant avec fierté.

– Il sait faire autre chose également bien, dit-il en revenant à Chang avec un coup d'œil soudain glacé. Il s'assure que les contrats, une fois passés, sont respectés.

Le visage ridé de Chang devint froid et rigide. Il l'a lyophilisé, pensa Durant. Puis le visage se décongela et un sourire apparut.

– Je partage le souci de M. Durant, dit Chang à Artie Wu.

Wu se détendit. Il se détendit encore davantage quand Chang se pencha en avant, les yeux pétillants, un ton de conspirateur.

– Si nous abordions les détails, à présent ? demanda-t-il. Je suis sûr que je vais les trouver tout à fait savoureux.

33

A 15 h 32 ce jour-là, Alejandro Espiritu posa sa chope de thé et demanda :

– Quel est le maximum que tu aies jamais gagné en un an avec tes friponneries sur le terrorisme ?

– Friponneries ? dit Stallings avec un sourire.

– Friponneries. Le mot est bon. Il est assez bon pour Poe, c'est chez lui que je l'ai rencontré la première fois. Dans une de ses nouvelles.

– Tu es un régal, Al.

Ils étaient de nouveau assis à la table de planches grossières dans la grande hutte nipa. Minnie Espiritu était rentrée une demi-heure plus tôt avec un sac plein de bières pour Stallings. Elle était à présent assise l'oreille contre le Sony à ondes courtes, écoutant une émission non musicale de la BBC.

– Alors, combien ? demanda Espiritu.

– Cinquante-huit mille en quatre-vingt-quatre.

– Quelles qualifications faut-il avoir avant de se présenter comme un expert en terrorisme ?

– Eh bien, il faut lire un ou deux livres, peut-être même trois. Passer au moins une semaine à Beyrouth et une autre soit à San Salvador, soit à Lima. Ensuite on rentre aux États-Unis, à Washington probablement, on loue un bureau, on fait imprimer des cartes professionnelles et ça y est.

– Tu plaisantes, bien sûr.

– Pas tellement.

– N'y a-t-il pas une quelconque espèce d'ordre professionnel qui établit des critères... une Société nationale des experts en terrorisme et contre-guérilla ?

– Aucune qui m'ait jamais demandé d'adhérer.

Espiritu but encore un peu de thé.

– Tu as parlé à beaucoup de prétendus terroristes, d'après ton livre.

Stallings acquiesça.

– Le Front Polisario ?

– Des gens bien sympathiques quand on aime la dinguerie.

– Le Sentier Lumineux ?

– Des dingues tout court.

– Pourquoi n'as-tu jamais parlé de nous, Booth ? Tu ne nous as consacré que deux pages dans ton livre. C'est tout.

– Je n'ai consacré qu'une seule page aux Tupamaros.

– Ils ne sont plus en activité.

– Eh bien, à vrai dire, j'ai estimé que je savais déjà tout ce que j'avais besoin de savoir de la NPA depuis l'époque où nous étions toi et moi en activité dans la guérilla de faible intensité.

– La NPA n'existait même pas encore.

– Mais toi, si, Al.

Espiritu voulut répondre, mais avant qu'il puisse le grand Philippin qui avait assommé Georgia Blue entra dans la hutte, suivi de son équipier plus petit. Le grand regarda Minnie Espiritu et, d'un bref signe de tête, lui commanda de sortir. Elle alluma d'abord une cigarette, éteignit soigneusement le poste à ondes courtes – pour économiser les piles, jugea Stallings – et partit.

Le grand Philippin se tourna vers Stallings.

– Venez.

– Non merci, dit Stallings.

– Mieux vaut aller avec lui, Booth, dit Espiritu.

Stallings se leva lentement et suivit le plus petit des deux Philippins hors de la hutte. Le grand fermait la marche. Quand on atteignit l'échelle de bambou, le grand manifesta que Stallings devait descendre en premier.

Comme il entamait la descente des treize échelons, Autremec Ottermeck en entama la montée. En attente au sol derrière Ottermeck se tenait Carmen Espiritu qui paraissait raisonnablement fraîche avec son pantalon de toile blanc cassé et son T-shirt noir. Ottermeck, par contraste, avait l'air fatigué et suant. Sa chemise de polo et son pantalon de toile gris étaient trempés de transpiration. Il leva les yeux et considéra silencieusement Stallings puis redescendit les échelons.

Stallings descendit prestement l'échelle de bambou, ses deux accompagnateurs juste à sa suite.

– Il fait assez chaud pour vous, Autremec ? dit-il et il s'arrêta comme s'il était curieux de la réponse.

Mais Ottermeck s'était retiré dans son bocal scellé où rien ne pouvait l'atteindre. Il n'adressa qu'un signe de tête à Stallings, tout à fait comme il aurait salué un voisin pas tout à fait méprisé.

– Presque, dit-il.

Stallings fit un sourire à Carmen Espiritu.

– Comment ça va, Carmen chérie ?

– On vous conduit seulement dans une autre maison, M. Stallings, dit-elle en montrant du doigt. Juste là-bas.

Stallings hocha la tête d'un air affable et prit la direction indiquée, accompagné par ses escorteurs mal assortis. Soudain il pivota complètement et héla

Ottermeck qui approchait du haut de l'échelle de bambou.

– Hé, Autremec !

Ottermeck tourna la tête, le visage indifférent.

– Qu'est-ce qu'il faudra que je dise à ce fumier de Durant ?

– Vous trouverez quelque chose, dit Autremec Ottermeck.

* * *

– Voici Ottermeck, celui dont j'ai parlé, dit Carmen Espiritu à son mari qui leva les yeux de sa chope de thé.

Ils se considérèrent, ni l'un ni l'autre ne cherchant à cacher sa curiosité. Ottermeck vit à peu près ce à quoi il s'attendait : de la vieille dynamite, d'où suintait la nitroglycérine. Un choc, pensa-t-il, et c'est bonjour le grand boum.

– Vous avez l'air fatigué et en nage après cette longue marche, M. Ottermeck, dit Espiritu en désignant le siège que Booth Stallings venait de laisser vacant. Voulez-vous une bière ?

– Merci, dit Ottermeck en s'enfonçant dans le fauteuil de bois incurvé.

– Carmen vous la servirait volontiers, mais elle doit partir, dit Espiritu en se levant.

– Non ! fit-elle, visiblement contrariée. Je reste.

Espiritu alla au sac plastique près du Sony à ondes courtes, en sortit une bouteille de bière et la rapporta à Ottermeck.

– Un verre ? demanda Espiritu.

Ottermeck secoua la tête, dévissa la capsule de la bouteille, but avidement et se renfonça dans son fauteuil pour observer.

– J'ai le droit de rester, dit Carmen Espiritu.

– Si tu restes, dit son mari, la discussion n'aura pas lieu.

Ottermeck sourit à la femme.

– A plus tard, Carmen, dit-il.

Elle pointa sur lui un doigt frémissant. La colère empourprait son visage et faisait vibrer sa voix.

– Cet homme, dit-elle à son mari, gagne sa vie sur le dos de vieux idiots comme toi.

– Se pourrait-il que ce fût vrai, M. Ottermeck ? fit Espiritu avec une stupeur visiblement feinte.

Ottermeck se contenta de sourire.

Se retournant vers sa femme, Espiritu la congédia d'un regard définitif.

– M. Ottermeck et moi avons beaucoup à discuter, Carmen.

Ils la regardèrent pivoter et quitter la pièce à grands pas. Quand elle fut partie, Espiritu inclina la tête de côté et examina Ottermeck.

– Bon alors, dit-il, par où commence-t-on ?

– Par les cinq millions.

– Ils existent réellement, ces fameux cinq millions ?

– Ils existent.

– Et qui les fournit ?

– Ça vous importe vraiment ?

Espiritu envisagea la question.

– Pas vraiment.

– Mais vous les voulez ?

– Certes oui.

– Eh bien, si vous continuez à déconner avec Booth Stallings et les autres, il y a cinq chances contre une pour que vous ne voyiez jamais un sou. Mais si vous faites ce que je vous dis, vous êtes bonnard pour la moitié. C'est à vous de voir. La moitié ou rien.

– Qui touche l'autre moitié ? dit Espiritu.

– Qu'est-ce que vous croyez ? Moi.

Espiritu, sans cesser d'examiner Ottermeck avec curiosité, sourit et dit doucement :

– Vous faites réellement dans la voracité, n'est-ce pas ?

– Qu'y a-t-il d'autre ? dit Ottermeck.

* * *

A 16 h 15 Georgia Blue au volant de sa Honda Accord de location s'enfonça de quatre kilomètres dans les monts Guadalupe et jusqu'au country-club virtuellement abandonné dont le parcours de golf de dix-huit trous avait autrefois été cultivé par des douzaines de familles de fermiers. Il n'y avait qu'une seule voiture dans le parking du club, une conduite intérieure Ford américaine avec des plaques CD.

Le club, qui avait paru une si bonne idée au régime Marcos et une si mauvaise aux fermiers qu'il expulsait, était fait de poutres et de verre. Les poutres étaient en acajou ; le verre était sale. Mais il n'était pas sale au point d'empêcher Georgia Blue de voir l'intérieur du bar et de découvrir qu'il était vide à l'exception du barman et de deux clients mâles qui buvaient de la bière à une table. Les clients étaient Weaver P. Jordan et le toujours élégant Jack Cray.

Aucun des deux hommes ne se leva quand elle entra, tira un siège et s'assit.

Weaver Jordan négligea de dire bonjour.

– Je ne vous ai pas dit, pour Boy Howdy, non ? fit-il.

– Nous ne nous sommes pas parlé.

– C'est vrai, dit-il. Vous avez juste laissé un message. Ou était-ce une convocation ?

Elle négligea Jordan et se tourna vers Jack Cray.

– Je voudrais une vodka on the rocks.

Cray se leva, alla au comptoir et revint avec la boisson. Après qu'elle eut avalé une grande gorgée, Weaver Jordan se pencha vers elle.

– Que j'vous dise, pour Boy.

– Bon, fit-elle.

– Eh bien, le truc, pour ce qui est de Boy... c'est qu'il est mort. Abattu. Deux balles. Là-haut dans sa chambre du Cebu Plaza. La 319. Complètement à poil. Sauf ses chaussettes. Il a gardé ses chaussettes.

– Je suis navrée d'apprendre ça, dit Georgia Blue.

– Qu'il gardait ses chaussettes ?

– Lâche-la un peu, Weaver dit Cray.

Weaver Jordan n'en tint aucun compte.

– Devinez qui l'a trouvé là-haut mort dans sa chambre avec rien que ses chaussettes ?

– Aucune idée, dit-elle.

– Artie Wu de merde.

– Eh bien, dit-elle. Vous avez parlé à Artie ?

– Ouais, on lui a parlé. Le plus grand des petits malins, Artie.

Jack Cray but un peu de bière et dit :

– Pourquoi ne pas en venir au fait, Georgia ?

– Le fait est inchangé, dit Georgia Blue. Il faut mener Espiritu à Hong-Kong, lui verser une indemnité de mise à la retraite et s'assurer qu'il ne revient pas. (Elle regarda d'abord Jordan, puis Cray.) Cela a-t-il toujours l'approbation de tout le monde ? J'insiste sur tout le monde.

– Ouais, tout le monde chez nous s'est finalement aligné, dit Jordan. Sauf pour une chose. Les cinq millions. Personne ne veut qu'Alejandro Espiritu achète des Uzi et des AK 47 et des lance-grenades M 79 avec ces cinq millions.

– Quels cinq millions ? demanda Georgia Blue.

Il y eut un long silence. Finalement Jordan eut un large rictus. Jack Cray sourit seulement.

– Alors il n'est plus nécessaire d'en parler, non ? dit-il.

– Plus du tout, dit-elle. On peut passer à la suite ?

Les deux hommes acquiescèrent.

– D'abord, Autremec Ottermeck. Je crois qu'il est en train de jouer son coup à lui en solo.

– Ça ressemble à Autremec, dit Jordan.

Elle approuva de la tête.

– Mais, dit-elle, nous pouvons le laisser à Durant.

– D'accord, fit Jordan. On le laisse à Durant. A qui est-ce qu'on laisse Durant et Artie ?

– Je veux vous lire quelque chose, dit-elle et elle plongea la main dans son sac à bandoulière et en sortit une feuille de papier. Écoutez ça : « Avance sur frais d'un montant de cinquante mille dollars retirée pour gratifications diverses et frais imprévus. » Signé par A. C. Wu et Quincy Durant.

Les lèvres de Jack Cray formèrent une ligne désapprobatrice.

– A qui étaient les cinquante mille ?

– J'avais près de deux cent mille de fonds opérationnels dans un attaché-case déposé dans le coffre de l'hôtel. Ils ont persuadé le directeur de leur donner la mallette, ils ont embarqué cinquante mille et m'ont laissé leur reconnaissance de dette. (Elle remit le reçu dans son sac.)

– Ils s'apprêtent à baiser tout le monde, hein ? dit Jordan. Vous, Autremec. Même Stallings. (Il sourit.) Ça me plaît.

– Ça ne m'étonne pas de vous, dit-elle.

– A quoi vont servir les cinquante mille ? demanda Cray.

– Je ne suis pas sûre, mais je pense que la plus grande partie sera dépensée d'ici demain quand Booth Stallings amènera Espiritu de là-haut.

Elle s'adossa pour apprécier leur étonnement. Mais il n'y eut pas d'étonnement. Jack Cray plongea la main dans sa poche, sortit une feuille de papier à lettres toute pliée, la déplia et la lissa devant Georgia Blue. Elle jeta un coup d'œil au croquis et ramena son regard sur Cray.

– Alors vous saviez déjà que Stallings va amener Espiritu ?

Cray hocha la tête.

– Artie était dans la chambre de Boy quand on est arrivés, dit Weaver Jordan. Il pouvait y être depuis cinq minutes ou depuis un quart d'heure. Je fouille la piaule et qu'est-ce que je trouve ? Le portefeuille de Boy. Et devinez ce qu'il y a dedans ? (Il tapota le croquis devant Georgia Blue.) Ça. Maintenant ce qui m'inquiète, c'est comment ça se fait qu'Artie ne l'a pas trouvé le premier ?

Georgia Blue étudia le plan un instant.

– Il l'a trouvé, dit-elle et elle regarda Jack Cray. Vous avez un crayon ?

Il lui tendit un stylo-bille en argent. Elle s'en servit pour modifier le plan sommaire. Cela fait, elle rendit le stylo à Cray et fit pivoter le croquis pour que les deux hommes puissent l'examiner.

– Maintenant vous avez le même plan qu'Artie.

Weaver Jordan l'étudia avec intérêt.

– Alors quand Espiritu descendra des hauteurs jusqu'au point B ici, dit-il en frappant du doigt un point sur le plan, Wu et Durant seront juste dans le champ, c'est ça ?

– Oui, dit-elle.

– Et Autremec ?

– Lui aussi.

Weaver Jordan hocha la tête avec satisfaction. Jack Cray tira le croquis à lui pour mieux l'étudier. Sans cesser de le regarder, il demanda :

– Et pour Booth Stallings ?
Georgia Blue hésita.
– Qu'est-ce que vous en pensez ?
Weaver Jordan sourit de son petit sourire étroit.
– C'est à toi de parler, mignonne.
Cette fois l'hésitation de Georgia Blue dura à peine une seconde.
– On se le garde, dit-elle.

34

L'entrepôt presque vide se trouvait dans les docks de Cebu près du Quai Deux. Peint en lettres énormes sur ses murs extérieurs se lisait le nom du grand magasin géré par des Chinois sur Colon Street. A l'intérieur, Wu et Durant regardèrent le vieil homme aux cheveux blancs et soyeux et au visage couleur de rouille inspecter ses deux douzaines de mercenaires, guère attentif à ce qu'il voyait. Il était 22 h 17.

Les mercenaires, dont aucun n'avait plus de vingt-deux ou vingt-trois ans, étaient alignés sur deux rangs indécis de douze chacun. Ils étaient pour la plupart armés de M 16 mais quelques-uns portaient des fusils de chasse. Certains avaient des bidons réglementaires et les autres des bouteilles en plastique suspendues à leur cou par des ficelles. Des cartouches de chasse et des clips de munitions étaient fourrés dans les poches de pantalons tantôt marron foncé tantôt noirs. Tous portaient des T-shirts d'un vert très foncé, cadeau du vieux marchand chinois qui avait envoyé quelqu'un les acheter dans un magasin concurrent.

Vaughn Crouch faisant l'inspection avait tout à fait l'air d'un mercenaire compétent, quoique chargé d'ans, avec sa veste de brousse à manches courtes et sa casquette-prime bleu foncé. Il portait aussi une ceinture de toile où pendaient deux bidons et un automatique Colt .45 (ou plutôt un semi-automatique, comme il insistait pour l'appeler).

Avant l'inspection, Crouch s'était adressé aux mercenaires pendant cinq minutes dans un mélange d'anglais et de cebuano. A la fin il avait demandé s'il y avait des questions. Il n'y en avait qu'une, venue d'un homme très maigre qui demanda si l'on aurait quelque chose à manger. Crouch répondit qu'on en aurait plein.

L'inspection terminée, Crouch dit aux mercenaires de monter dans les deux grands fourgons Toyota garés à côté. Tandis qu'ils gagnaient les fourgons il rejoignit Wu et Durant, interrompant son mouvement pour ramasser un petit sac à provisions en plastique. Crouch tendit le sac à provisions à Durant.

– Deux Smith & Wesson à cinq coups pour le tir rapproché, dit-il. Ainsi que dix cartouches supplémentaires. Si vous vous apercevez que vous avez besoin de plus, les gars, je vous suggère de sortir un mouchoir blanc et de l'agiter.

– Ça paraît raisonnable, dit Durant.

Artie Wu désigna les mercenaires de la tête.

– Qu'est-ce que vous en pensez ?

– Moyen, fit Crouch en haussant les épaules. Le temps que je les aie fait marcher toute la nuit, ils seront en chair à pâté. (Il tourna la tête pour jeter aux jeunes hommes un regard maussade.) Je pense que je les ferai dormir par roulement demain quand nous aurons atteint le point B. (Il se retourna pour considérer avec soin Wu, puis Durant.) Et vous, messieurs, vous comptez toujours faire une apparition en fin de journée demain ?

– Nous y serons, dit Artie Wu.
– Ouais, j'imagine, dit Crouch qui se détourna pour partir mais se retourna de nouveau. Qu'est-ce quc vous pensez des Honda ? demanda-t-il à Durant.
– Bonnes voitures, fit Durant en souriant. Mais qu'est devenu Swarthmore ?
– Si mon espèce de petite-fille veut aller à l'université, elle n'a qu'à emprunter du fric au gouvernement comme tout le monde.

* * *

Après qu'ils furent rentrés au Magellan Hotel, Wu appela la chambre d'Autremec Ottermeck d'un téléphone intérieur du hall. Comme ça ne répondait pas, lui et Durant gagnèrent la réception de l'autre côté du hall et Wu demanda au réceptionniste s'il avait vu Ottermeck.

Les sourcils du réceptionniste tressautèrent deux fois vers le haut pour former le salut local, indiquant cette fois un étonnement mêlé d'inquiétude.
– M. Ottermeck est parti.
– Quand ? dit Durant.
– Il y a une heure. Il nous a dit de mettre sa note sur le compte de M. Wu. (Le réceptionniste leva les yeux sur Wu, s'attendant au pire.) Ai-je commis une erreur, monsieur ?
– Non, c'est parfait, dit Wu qui donna au comptoir une tape réconfortante. C'est juste que nous ne nous attendions pas à ce qu'il parte si tôt. (Wu s'obligea à un sourire du genre tout va bien et demanda :) Et Miss Blue ? Est-elle déjà partie ?
– Non, monsieur. Elle est rentrée voici quelques minutes et est montée dans sa chambre. (Le réceptionniste sourit.) Elle a l'air de se sentir beaucoup mieux.

– C'est merveilleux, dit Artie Wu qui commença de se détourner mais parut se rappeler quelque chose. Je me demande si je ne pourrais pas avoir la note de M. Ottermeck ?
– Certainement, monsieur, dit le réceptionniste.

* * *

Ils étaient remontés dans la chambre de Durant et le seul élément intéressant de la note d'hôtel d'Autremec Ottermeck était l'ultime dépense, c'est-à-dire un coup de téléphone longue distance passé à 21 h 14 à un numéro précédé de l'indicatif de zone 202, aux États-Unis. Wu regarda Durant.
– Deux zéro deux, c'est Washington, n'est-ce pas ?
Durant hocha la tête, décrocha le téléphone et demanda une communication internationale au (202) 634.51.00. Pendant qu'on attendait la liaison, Durant dosa deux verres de scotch à l'eau du robinet. Artie Wu but une gorgée du sien et demanda :
– Quelle heure est-il à Washington ?
Durant consulta sa montre.
– Il est à peu près 11 h 30 du soir ici, donc là-bas ça fait à peu près 10 h 30 du matin hier.
Ils attendirent en silence jusqu'à ce que le téléphone sonne quinze minutes plus tard et que l'opératrice de Manille dise à Durant qu'il allait avoir sa communication. Durant tint le combiné à distance de son oreille de manière que Wu puisse l'entendre qui sonnait. Il y eut trois sonneries et une voix d'homme répondit :
– Bonjour, Service Secret.
– Désolé, c'est une erreur, dit Durant qui raccrocha.
Artie Wu regagna son fauteuil, souriant largement.

– Autremec et le Service Secret, fit-il.

– Je me demande ce que ce semeur de merde leur a dit qu'il était, fit Durant qui ne souriait pas.

– Tu ne l'as jamais entendu faire « Ottermeck de Reuter » ? Très onctueux. Ou il était peut-être le premier secrétaire de l'ambassade appelant sur l'ordre de l'ambassadeur. Pour ça il aurait pris l'accent de Yale, le genre gargarisme. (Le sourire de Wu s'effaça et il poussa un soupir.) Tu sais à propos de qui il a appelé Washington, bien sûr ?

Durant hocha la tête.

– Allons parler à Georgia.

Wu se leva.

– Voir comment elle se sent, dit-il.

* * *

Selon les théories d'Autremec Ottermeck, si l'on voulait être introuvable, il fallait toujours se rendre à l'endroit qui serait le dernier endroit où l'on songerait à vous chercher. C'est pourquoi, après être parti du Magellan, il s'était installé à l'YMCA de Cebu, 61 Jones Avenue. Grâce à sa carte de membre de l'YMCA, Ottermeck avait bénéficié d'une réduction de cinq pour cent sur le tarif de quarante pesos de sa chambre individuelle avec ventilateur électrique.

Ottermeck avait soigneusement tenu à jour sa carte de l'YMCA depuis qu'en 1965 il s'était inscrit pour la première fois à cette auberge de la jeunesse chrétienne sur Jones Avenue. De temps en temps il s'était caché ou bien avait fait des économies dans les établissements de l'YMCA, de New York à Hong-Kong. Celui de Kowloon, situé juste en bas de la rue du Peninsula Hotel, était de loin son préféré. On y avait droit à la même vue qu'au Peninsula pour un dixième du prix. Au début des années soixante-dix, Ottermeck avait habité deux mois à l'YMCA de Kowloon tout en opérant du magnifique hall du Peninsula voisin. Après avoir délesté de soixante mille dollars un industriel de Taiwan, Ottermeck avait quitté l'YMCA et s'était installé dans une suite du Peninsula. Mais d'abord il s'était assuré qu'elle offrait exactement la même vue sur le port que sa chambre de l'YMCA.

A présent il était assis sur une chaise de bois dans sa petite chambre à une seule fenêtre, chemise ôtée, les bras croisés sur son torse, les pieds fermement plantés sur le sol, une boîte de bière fraîche à portée. Le ventilateur électrique de l'YMCA lui envoyait un courant d'air qui sentait le renfermé. Il songeait à son coup de téléphone à Washington. Il l'avait donné parce qu'il s'agissait là d'un bout mal ficelé et parce que sa nature méticuleuse exigeait que les bouts mal ficelés fussent attachés ou bien tranchés d'un coup de ciseaux.

Le coup de téléphone au Service Secret n'avait donné ni l'un ni l'autre. A la place, il s'était révélé être une forte traction sur un fil qui pouvait défaire la trame tout entière et – si Ottermeck s'en servait adéquatement – devenir le plus joli coup financier qu'il y eût jamais, sans retour ni consigne, et avec un risque de châtiment si mince qu'il était presque inexistant. A part ce fumier de Durant. Ottermeck décida qu'il lui faudrait réfléchir encore un peu à Durant.

* * *

Quand Wu et Durant entrèrent dans sa chambre, Georgia Blue agita le reçu des cinquante mille dollars sous le nez de Wu.

– Et c'est quoi, ça, nom de Dieu, Artie ? clama-t-elle.

– Précisément ce que ça dit. Tu étais endormie. Nous avions besoin de l'argent. Nous nous sommes donc servis et avons laissé une note. Si tu as besoin d'une comptabilité détaillée, tu pourras l'avoir quand ce sera fini.

– J'ai le droit de savoir sur quoi vous avez balancé cinquante mille dollars ; et ne me sors pas ton discours à la noix sur ce qu'on n'a pas besoin de savoir.

Artie Wu jeta un regard circulaire.

– Je crois me rappeler une bouteille de scotch, quelque part, dit-il.

– Sur quoi avez-vous balancé ça, Artie ?

– Où est la bouteille ? dit Durant.

– Là-dedans, dit-elle en désignant le placard. L'étagère du haut. (Elle revint à Wu.) Eh bien ?

– Tout en est arrivé à ce stade délicat, Georgia, où il vaut mieux compartimenter les choses. Tu ne sais pas à quoi ont servi les cinquante mille dollars. Nous ne savons pas ce qu'Autremec fait. Ni ce que tu fais, d'ailleurs. Nous devons supposer que chacun d'entre nous travaille selon la perspective générale sur laquelle nous nous sommes mis d'accord à Manille. Avec des improvisations et variantes individuelles, bien sûr.

– Parle-lui de la variante d'Autremec, dit Durant qui revenait avec une bouteille de scotch dans une main et trois petits verres dans l'autre ; il versa du whisky dans les verres et les offrit à Georgia Blue et Artie Wu.

– Qu'est-ce qui se passe avec Autremec ? demanda-t-elle après une gorgée de whisky.

– Il a donné un coup de téléphone et a quitté l'hôtel pour de bon, dit Wu. Sans laisser d'adresse, pour parler comme un encaisseur.

– Qui a-t-il appelé ?

– Un numéro de Washington. (Wu regarda Durant.) Est-ce que tu te rappellerais lequel, Quincy ?

Durant regarda le plafond et débita (202) 634.51.00 comme si c'était écrit là-haut.

Wu gardait les yeux fixés sur Georgia Blue. Elle ne portait qu'un fin peignoir de soie blanche, pas tout à fait transparent, mais si diaphane qu'Artie Wu eut presque l'impression de voir la rougeur envahir son corps et monter lui rosir les joues.

– Bande de fumiers, dit-elle. Vous avez appelé, hein ?

– Tu reconnais ce numéro, Georgia ? demanda Durant.

– C'est celui du Service. Le bureau de Connecticut Avenue.

– On se demande pourquoi Autremec appellerait le Service Secret, dit Durant.

– Pour découvrir si je travaille encore pour eux. C'est comme ça que fonctionne le nid à rats qui lui sert de cerveau.

– Et est-ce le cas, Georgia ? demanda Wu avec douceur. Travailles-tu encore pour eux ?

– Bien entendu, Artie.

– Je pensais bien que non, fit Wu avec un sourire.

– Mais tu n'étais pas certain, n'est-ce pas ?

Toujours souriant, Wu haussa les épaules.

– Vous avez contrôlé mes appels d'aujourd'hui ? demanda-t-elle.

– Juste ceux d'Autremec, dit Wu.

– Si vous aviez contrôlé les miens, vous auriez découvert que j'ai appelé Harry Crites.

– L'homme à l'argent, dit Durant.

– L'homme à l'argent. (Elle hocha la tête). Je lui ai demandé de transférer le tout à Hong-Kong. À la Hong-Kong & Shanghai Bank.

– Quelle agence ? demanda Wu. Leur nouveau centre qu'ils ont construit sur Des Vœux Road ?

– C'est ça. J'ai demandé à Crites d'en faire un compte joint, Artie. Au nom de Booth Stallings et moi. Cinq millions de dollars. Il faudra que nous soyons tous les deux pour le vider.

– Alors j'espère très vivement qu'il ne t'arrivera rien, dit Wu.

– Ni à Stallings, dit-elle et elle se tourna vers Durant. Mais tu y veilleras, hein, Quincy ?

– Comptes-y, dit Durant.

* * *

Artie Wu et Georgia Blue parlaient de nouveau d'Autremec Ottermeck quand Durant les laissa et gagna sa propre chambre. Il ouvrit la porte, alluma une lampe et découvrit Carmen Espiritu assise dans le fauteuil près du conditionneur d'air de la fenêtre. Elle portait une robe légère brun clair. Ses deux mains étaient sur ses cuisses. Elles serraient là un pistolet semi-automatique qui était braqué sur Durant. Il trouva que ça semblait être un petit Browning.

– Comment ça va, Carmen ? dit Durant qui alla au placard, l'ouvrit, regarda dedans puis passa à la salle de bains qu'il inspecta aussi ; après quoi il rejoignit Carmen Espiritu, lui prit le pistolet, remarquant que c'était un Browning de calibre .38, et le fourra dans sa poche arrière gauche sous le pan raccourci de sa chemise de sport.

– Comment saviez-vous que je ne tirerais pas ? demanda-t-elle comme si la réponse ne l'intéressait pas vraiment.

– Parce que si vous vouliez faire ça, vous l'auriez fait quand je me suis tourné pour allumer. Quel est votre problème ?

– Ottermeck.
– Mais encore ? demanda Durant en allant s'appuyer au mur.
– Il dit que vous, la femme et Wu allez dérober l'argent de mon mari. Les cinq millions.
– Ottermeck vous a dit ça ?
Elle acquiesça.
– Quoi d'autre ?
– Il a dit que si je lui arrangeais une entrevue avec mon mari, il proposerait un plan qui laisserait Alejandro garder au moins la moitié des cinq millions.
– Et Ottermeck aurait l'autre moitié ?
– Oui.
– Alors vous avez organisé le rendez-vous et ils vous ont virée.
– Je... je ne comprends pas entièrement ce que vous...
– Allons, Carmen, coupa Durant. Vous contactez Ottermeck, ou bien il vous contacte. Il vous avertit que les gens avec qui il travaille sont des escrocs et jure que si vous travaillez avec lui, vous deux vous partagerez les cinq millions. Mais pour que son plan marche, il faut qu'il parle à la cible : votre mari. Alejandro Espiritu. En personne. Alors vous arrangez le rendez-vous et ils vous jettent parce que vous n'êtes plus nécessaire. Ottermeck en a après les cinq millions en entier, bien sûr ; pas juste la moitié. (Durant marqua une pause.) Et je dirais que votre mari aussi. (Il sourit en coin.) Joli trio.
– Est-ce qu'Ottermeck vous a dit cela ? dit-elle d'une voix maintenant froide et coléreuse.
Durant secoua la tête.
– C'est juste une variante d'un vieux tour appelé le « banquier d'Omaha ».
– Une escroquerie ?

– Mais oui. C'est ce que fait Ottermeck. C'est son métier.

Elle contempla le sol.

– Il est très habile, n'est-ce pas ?

– Pas mauvais. (Durant sortit un paquet de cigarettes de la poche de sa chemise et en offrit à Carmen Espiritu. Il lui alluma sa cigarette.) Est-ce que Booth Stallings va bien ? dit-il.

– Oui, fit-elle après avoir soufflé la fumée.

– Pourquoi votre mari a-t-il insisté pour qu'il vienne ?

– Parce qu'il se rappelle que Stallings est idiot.

Erreur numéro un, songea Durant qui sourit légèrement.

– Quoi d'autre ? demanda-t-il.

Carmen Espiritu détourna les yeux.

– Mon mari pensait que s'il insistait pour que l'intermédiaire soit un vieux camarade de combat américain, cela montrerait sa sincérité. La sincérité de mon mari.

– Et la vraie raison ?

Elle regarda Durant droit dans les yeux.

– Si les choses allaient de travers, mon mari aurait un otage américain.

– Ça semble à peu près exact, dit Durant. Peut-être pouvez-vous me dire autre chose. D'où viennent les cinq millions ?

– Je n'en ai aucune idée.

Durant prit un air de léger étonnement.

– Le pauvre vieil Ernie Pineda ne vous l'a pas dit là-haut à Baguio avant que vous lui coupiez les couilles et la gorge ?

– Je ne comprends rien.

– Bien sûr que si, Carmen. Ernie travaillait pour vous – en tout cas pour la NPA – aussi bien que pour le palais. Il savait tout sur tout le monde.

Alors, les cinq millions, de qui Ernie a-t-il dit que c'était ?

Elle secoua la tête, presque comme si Durant lui faisait pitié.

– C'est vous qui ne comprenez rien, n'est-ce pas ?

– J'essaie. Ça m'aiderait si vous me disiez ce qui s'est passé entre vous et Boy Howdy. Je veux dire, qu'est-ce que Boy a fait pour que vous le tuiez ?

Carmen Espiritu éteignit sa cigarette et se leva.

– Vous devriez demander à la femme Blue.

– Vous pensez qu'elle saura ?

Carmen Espiritu haussa les épaules.

– Êtes-vous son amant ? demanda-t-elle.

Durant sourit et secoua la tête. Elle marcha lentement jusqu'à lui, qui demeurait appuyé au mur.

– Seulement bons amis ? dit-elle.

– Même pas.

Elle posa les mains sur les épaules de Durant et pressa son corps contre le sien.

– Je n'ai pas pris d'amant depuis des mois, dit-elle en manifestant sa frustration par de petites poussées rythmées du pelvis.

Durant l'embrassa alors. Il l'embrassa par curiosité et parce qu'il n'avait somme toute pas le choix. Ce fut un long baiser avec beaucoup de mordillements de lèvres et d'entrechoquements de dents et un travail considérable de la langue. Durant pensa qu'elle avait l'air d'aimer ça. Il savait que lui, oui.

– Je vais éteindre, dit-il ensuite.

– J'aime que ce soit allumé, dit Carmen Espiritu d'une voix essouflée tandis qu'elle l'entraînait doucement vers le plus proche des lits jumeaux.

– Fais-moi une faveur, dit Durant qui gagna la porte.

Sa main gauche éteignit et la pièce fut plongée dans l'obscurité. Sa main droite tira le revolver

Smith & Wesson à cinq coups, celui fourni par Vaughn Crouch, de sa poche arrière droite. De la main gauche il ouvrit la porte.

Deux Philippins se tenaient là, un grand et un petit. Le grand, qui avait assommé Georgia Blue, tenait une clé de la chambre dans la main droite. La main droite de son petit équipier était en train de plonger vers quelque chose fourré sous le pan de sa chemise dans la ceinture de son pantalon. Durant sabra la main en mouvement avec son revolver. Le petit homme aspira de l'air et porta sa main à sa bouche, l'embrassant et la caressant tendrement.

– Elle allait partir, dit Durant. Pas vrai, Carmen ?

Durant se mit de côté, parallèlement à la porte ouverte, gardant les yeux et le revolver braqués sur les deux hommes. Carmen Espiritu fit halte devant lui. Il ne la regarda pas lorsqu'elle dit :

– Vous ne comprenez toujours rien, n'est-ce pas ?

– Comme quoi ? dit Durant, surveillant toujours les deux Philippins.

– Comme le fait que je suis gagnante, quoi qu'il arrive.

* * *

Après le départ de Carmen Espiritu et de ses deux chaperons, Durant ferma la porte, tira le verrou et fixa la chaîne de sûreté. Il alla ensuite au téléphone, le décrocha et appela la chambre d'Artie Wu.

– Je viens d'avoir des nouvelles d'Autremec, en quelque sorte, dit Durant quand Wu décrocha.

– Indirectement, si je comprends bien.

– Directement, ce ne serait guère dans ses habitudes.

– Alors, est-il encore sur la bonne voie ou non ? demanda Wu.

– Ce qu'on peut dire, Artie, c'est qu'Autremec est exactement sur la bonne voie, ou bien qu'il a complètement déraillé.

35

A l'aube, Booth Stallings se leva nu de sa couchette dans la plus petite pièce de la vaste hutte nipa et mit ses vêtements fraîchement lavés et repassés. La veille au soir, Minnie Espiritu lui avait confisqué (pas tout à fait de force) chemise, pantalon, chaussettes, et caleçon.

– Ils puent, avait-elle dit, alors enlevez-les et donnez. (Après que Stallings eut ôté sa chemise, son pantalon et ses chaussettes, elle ajouta :) Le caleçon aussi.

Comme il hésitait, elle eut un sourire moqueur.

– Les vieux types ne me donnent pas la gaule. Ça se dit encore en Amérique, avoir la gaule ?

– Je ne crois pas, avait dit Stallings en lui tendant son caleçon.

Et Minnie Espiritu, après l'avoir examiné avec une curiosité franche, avait dit :

– Pas mal, somme toute.

* * *

Stallings entra dans la pièce principale de la hutte nipa et y trouva Alejandro Espiritu assis à la table de planches grossières, buvant une tasse de thé. Il leva les yeux sur Stallings et sourit.

– Que dirais-tu d'une petite balade avant le petit déjeuner ?

– Qu’est-ce que je suis censé dire ?

– « Bonne idée », serait bien. De même qu’ « allons-y ».

– Bonne idée, dit Stallings. Allons-y.

– Tu pourrais emporter ça, dit Espiritu en désignant un sac à provisions en plastique qu’on avait posé sur un siège proche.

– Qu’est-ce qu’il y a dedans ?

– Des comestibles, fit Espiritu avec un sourire. Et je crois bien que c’est la première fois de ma vie que j’utilise ce mot.

Stallings ramassa le sac à provisions et suivit Espiritu hors de la hutte. Ils descendirent l’échelle de bambou. Espiritu portait une chemise bleue aux pans flottants, un pantalon de coton brun clair et une paire de chaussures de sport Nike qui paraissait neuve.

– J’aime l’aube, pas toi ? dit Espiritu tandis qu’ils s’avançaient au pas de promenade sur le sol de terre tassée du hameau.

– Guère.

– J’aime faire des réunions à l’aube quand tous les autres sont ensommeillés et que je suis bien réveillé.

– Je vois que tu aimes toujours bavarder le matin.

– Tu ferais mieux de voir qu’il y a des gardes, dit Espiritu.

– J’aurais du mal à ne pas les voir.

– Ils ont de nouveaux ordres, dit Espiritu. De Carmen.

– Ah ?

– Ils ont reçu l’ordre de ne pas me laisser quitter le hameau.

– Tu as fait un sacré mariage, Al.

– Un mariage de convenance, qui maintenant ne convient plus.

Ils venaient de dépasser la dernière hutte du hameau quand Espiritu fit halte et se tourna pour faire face à Stallings.

– Par-dessus mon épaule droite, dit-il. Tu le vois ?

– Le garde ?

– Il s'appelle Orestes. Un petit gars très consciencieux qui reste bel et bien éveillé pendant son tour de garde. Il est de service depuis minuit et il sera relevé dans environ dix minutes. Allons lui parler.

Stallings hocha pensivement la tête en balançant le sac à provisions d'avant en arrière, lui faisant décrire un petit arc de cercle.

– Alors c'est maintenant qu'on y va, hein ? je veux dire, on s'en va vraiment ?

– Oui. On s'en va vraiment.

Orestes, le garde, accueillit Espiritu d'un chaleureux bonjour. C'était un jeune bien bâti, pas plus de dix-neuf ans. Son équipement consistait en une bouteille d'eau et un fusil M 16. Son regard avait l'air ensommeillé.

– La nuit a été longue, Orestes ? demanda Espiritu.

Le garçon sourit et hocha la tête.

– Je viens de remarquer ce bouquet de jeunes bambous, là-bas près du sentier. (Espiritu montra du doigt. Orestes se retourna pour regarder.) Tu crois que quelqu'un pourrait arriver discrètement par le sentier et s'en servir comme cachette ?

– Je ne sais pas.

– Allons jeter un coup d'œil.

Tous trois descendirent le sentier sur une dizaine de mètres, Espiritu en tête, et atteignirent les bambous. C'était un bouquet petit et loin d'être adulte. Espiritu l'examina un instant.

– Voyons de quoi il a l'air de l'autre côté, dit-il.

Stallings et Orestes le suivirent autour des bambous, qui les dissimulèrent tous trois par rapport au hameau. Espiritu recula de quelques pas, comme pour mieux regarder. Orestes contempla le haut des bambous et bâilla. Il n'avait pas fini de bâiller quand Espiritu lui atterrit sur le dos, plaqua sa main gauche sur la bouche encore ouverte, et sabra par deux fois la gorge d'Orestes avec sa main droite qui tenait un couteau de cuisine à légumes.

Espiritu resta à cheval sur le garde qui s'effondrait, et continua de plaquer sa main sur la bouche du garçon mourant. Après s'être assuré qu'il était mort, Espiritu essuya la lame du couteau sur la chemise du garçon et se redressa lentement, le souffle court, brusque et entrecoupé. La main au couteau, la droite, était ferme comme un roc. La main gauche tremblait. Un peu d'écume s'était formée au coin gauche de sa bouche et il l'enleva d'un coup de langue distrait.

– Seigneur Dieu, Al ! dit Stallings en se baissant pour ramasser le M 16 du garde.

– Qu'est-ce que j'aurais dû faire ? Juste le piquer un peu ?

Comme Stallings ne répondait pas, Espiritu tendit sa main gauche tremblante vers le M 16.

– Je vais prendre ça, dit-il.

– Mon cul, dit Booth Stallings.

* * *

A 6 h 45 ce matin-là, Autremec Ottermeck était assis dans sa Toyota grise de location, attendant que se montre le propriétaire du petit garage de réparation d'automobiles. Le propriétaire arriva à 6 h 59 dans une Jeep à quatre roues motrices vieillissante dont l'habitacle fermé semblait le produit d'un bricolage.

Ottermeck sortit de la Toyota et rejoignit le propriétaire du garage. Ils firent ensemble le tour de la Jeep. Ottermeck donna des coups de pied dans deux pneus, hocha la tête, mit la main à sa poche et tendit un rouleau de billets. Le garagiste les compta rapidement. Après les avoir recomptés, plus lentement cette fois, il donna à Ottermeck la clé de la Jeep. Ottermeck dit quelque chose au garagiste et indiqua sa conduite intérieure Toyota en stationnement. Le garagiste eut un hochement de tête indifférent. Ottermeck monta dans la Jeep, fit démarrer le moteur, sortit en marche arrière de l'allée du garage et s'éloigna.

A 7 h 18 Ottermeck était de nouveau debout au comptoir du stand de jus de fruits Orange Brutus de Jones Avenue, prenant un petit déjeuner de café, de jus de fruit, ainsi que de deux gâteaux roulés qui venaient d'être cuits. Il fut rejoint à 7 h 20 par Carmen Espiritu. Elle but une seule tasse de café pendant qu'Ottermeck finissait son second roulé. Ils n'échangèrent que quelques mots. Tous deux portaient des chaussures de sport et un blue-jean. Celui d'Ottermeck semblait presque neuf ; celui de Carmen Espiritu était vieux et passé. Outre son jean il portait une large chemise de brousse brun clair à six poches et à manches courtes. Elle portait un corsage de coton bleu foncé à manches longues. Le corsage était boutonné jusqu'au cou.

A 7 h 30 Ottermeck regarda sa montre et dit quelque chose à Carmen Espiritu. Elle se baissa pour ramasser à ses pieds le sac de fibre tressée. Il semblait lourd, mais Ottermeck ne proposa pas de le porter. Ils marchèrent jusqu'à la Jeep louée et y montèrent. Ottermeck démarra et on s'éloigna en direction des monts Guadalupe.

* * *

A 8 h 00, Artie Wu, au volant du fourgon Nissan bleu qu'il venait de louer, sortit de chez Avis et s'arrêta devant l'entrée du Magellan Hotel où Quincy Durant et Georgia Blue attendaient. Le fourgon était du genre opaque, sans vitres sur les flancs.

Georgia Blue monta dans le fourgon et s'assit auprès d'Artie Wu. Durant fit coulisser une porte latérale, hissa à bord une boîte en carton de la taille d'une caisse de bière et monta à la suite, refermant le panneau coulissant.

Le fourgon s'ébranla, quittant l'allée du Magellan Hotel, et tourna vers l'ouest, en direction des monts Guadalupe.

* * *

Le colonel retraité était allongé sur son ventre de soixante-trois ans, à vingt et un kilomètres à l'ouest de Cebu City. Il était allongé sur une petite élévation de terrain parsemée de cocotiers, de bouquets de bambous, de fougères luxuriantes, d'au moins quatre espèces d'orchidées et d'une douzaine de beaux arbres de la famille des diptérocarpées qui avaient pour quelque raison échappé à la hache du bûcheron. Vaughn Crouch était allongé là, observant en contrebas le petit cours d'eau surmonté d'un pont grossier en bambou. Le pont était le point B du plan sommaire qu'Artie Wu lui avait donné.

La crête de l'autre côté du ruisseau était plus haute que celle où se tenait Crouch, d'au moins quinze mètres, peut-être même vingt, estima-t-il. Cette crête opposée présentait aussi une excellente couverture végétale, ce qui faisait du pont et du cours d'eau qu'il enjambait, de l'avis de Crouch, un site d'embuscade de première qualité. Il sourit, pensant à Booth Stallings. Eh bien, lieutenant, vous avez assurément appris quelque chose de la guérilla en brousse pendant tous ces mois que vous et ce vieil Al avez passés dans ces collines. Parce que, foutre, quelle gâterie vous nous avez choisie.

Le grand mercenaire philippin de vingt-trois ans que Crouch avait promu, presque au premier coup d'œil, au grade officieux de sergent-chef, s'abattit à côté de lui, la respiration épaissie d'avoir monté et descendu les deux pentes.

– Sont tous en place ? demanda Crouch.

Le sergent-chef hocha la tête, économisant son souffle.

– Deux heures de garde, deux heures de repos ?

De nouveau le mercenaire hocha et réussit à dire oui.

– Pareil de ce côté-ci, compris ?

– Oui-oui.

– Ça vous plaît ? demanda Crouch en indiquant le pont et le ruisseau d'un signe de tête content. Vous pensez que ça marchera ?

– Foutre ouais, dit le sergent-chef.

Crouch eut un hochement approbateur, s'assit sur son séant et se traîna à reculons jusqu'à ce qu'il puisse s'adosser au tronc d'un cocotier. Il tira sur sa casquette bleue, l'abaissant sur ses yeux, posa la main droite sur le semi-automatique de calibre .45 dans son étui, laissa tomber son menton sur sa poitrine et dit au sergent-chef de le réveiller dans deux heures.

* * *

Après cent vingt-neuf minutes d'une marche régulière et dure, c'est Booth Stallings qui demanda une halte. Quelques minutes seulement après avoir tué le garde, Espiritu avait abandonné le sentier fréquenté qui passait près du bouquet de jeunes bambous et avait pris ce que Stallings considérait comme un sentier de chèvres et qui descendait la plupart du temps vers l'est.

Espiritu s'arrêta et se retourna.

– Tu es mou, Booth.

– Pas mou. Vieux.

– Ce n'est plus loin.

– Ce qui veut dire combien ?

– Encore deux kilomètres. Peut-être trois.

Stallings se servit de son mouchoir déjà trempé pour éponger la sueur de son visage.

– C'est bon, dit-il. Allons.

Il leur fallut encore vingt-trois minutes pour atteindre le point d'arrêt, qui était juste en contrebas d'une crête rocheuse désolée. Le sentier de chèvres qu'ils avaient suivi s'élargissait soudain pour devenir un chemin raide et creusé d'ornières qui longeait le flanc de la crête.

– On s'arrête ici, dit Espiritu.

Stallings regarda alentour et n'aima pas ce qu'il voyait.

– Tu n'aurais pas pu choisir un coin ombragé ?

– J'ai choisi mieux que de l'ombre, fit Espiritu avec un sourire dont Stallings pensa qu'il lui enlevait dix ans d'âge. J'ai choisi l'air conditionné. (Espiritu fit un geste.) Regarde donc.

Stallings regarda, ne vit rien d'intéressant et secoua la tête.

– Tu n'es pas seulement mou, Booth, tu as aussi perdu ton coup d'œil et ta mémoire est dans un sale état. Tu es déjà venu ici, tu sais ?

Stallings regarda de nouveau alentour mais nul souvenir ne marqua son expression.

– Je donne ma langue au chat.

– Boîtes de crabe, dit Espiritu.

Stallings se ressouvint alors, non pas d'un coup mais par bribes indistinctes et incohérentes. C'était comme essayer de se rappeler un rêve sans relief. Il leva les yeux, parcourant soigneusement la pente du regard, et il le vit : le trou noir, de forme irrégulière, de la taille d'un pneu de voiture.

– C'était plus grand à l'époque, dit-il. Seigneur, c'était dix fois plus grand.

– Nous avons bouché l'entrée, dit Espiritu. Viens.

Le petit homme escalada la pente comme s'il montait une volée de marches. Stallings suivit lentement, attentif aux schistes argileux et autres roches instables. Il regarda Espiritu se baisser et disparaître dans le trou noir. Stallings s'assura que la sûreté du M 16 était ôtée, mit l'arme sur répétition automatique, et suivit Espiritu à l'intérieur de la caverne.

C'était presque comme il se le rappelait, cette caverne creusée à l'explosif dans de denses roches métamorphiques par des ingénieurs japonais du génie, et utilisée comme dépôt de nourriture. Le plafond était un dôme irrégulier. Le sol remontait dans le fond. Ses dimensions approximatives étaient de quatre mètres cinquante de largeur sur trois mètres de hauteur sur dix de profondeur. Le trou d'entrée fournissait un crépuscule permanent.

Comme il pénétrait dans la caverne, Stallings vit Espiritu accroupi près d'un grand carton. Il en tira deux bouteilles en plastique.

– De l'eau, dit Espiritu qui replongea la main dans le carton et en sortit un revolver ; il sourit à Stallings. Maintenant, nous avons tous les deux quelque chose pour tirer, dit-il en fourrant le revolver dans la ceinture de son pantalon et en le recouvrant de sa chemise.

Stallings remarqua qu'il faisait plus frais d'au moins dix degrés dans la caverne. Il tendit le sac plastique plein de provisions à Espiritu.

– Tu peux faire à déjeuner, dit-il et il s'assit, adossé à la paroi de la caverne. (Le M 16 sur ses genoux était pointé dans la direction générale d'Espiritu.)

Espiritu tira du sac à provisions des paquets de nourriture emballés dans du papier journal. Certains étaient souillés de gras.

– Combien en avons-nous tué ici, là-dedans, Booth ? demanda-t-il en déballant un tas de riz froid. Six ? Sept ?

– Sept.

– Avec une seule grenade. Magnifique. (Il regarda Stallings.) Et puis tu as mangé leurs boîtes de crabe. (Espiritu gloussa.) Il y en avait des caisses et des caisses, tu te rappelles ? Et tu en as mangé sept ou huit boîtes.

– Marque « Pavot », dit Stallings.

– Quoi ?

– Il y avait un pavot orange sur les boîtes.

– Je me trompais. Ta mémoire est parfaite.

– Sélective, dit Stallings. Je me rappelle mieux ce qui n'a pas d'importance. Mon numéro de casier quand j'étais en seconde au lycée, par exemple. Deux-douze. La combinaison du cadenas. Dix à droite, vingt-cinq à gauche, dix à droite.

– Remarquable, murmura Espiritu en déballant le dernier des paquets ; il désigna la nourriture d'un petit geste : voilà. Le déjeuner idéal. Du riz, du poisson, des fruits. (Il sourit.) Tu n'as pas oublié comment on mange avec les doigts, si ?

– Non, dit Stallings qui se pencha et prit une poignée de riz froid. Après avoir mangé tout ce crabe en boîte, j'ai été malade. Tu te rappelles ?

– Certainement.

– Eh bien, je n'ai plus jamais remangé de crabe. Jamais. Ce que je suis en train de dire, c'est qu'une mémoire à trous comme la mienne ne m'empêche pas de faire des erreurs. (Il adressa à Espiritu un sourire froid.) Mais bon sang, c'est sûr qu'elle m'empêche de les faire deux fois.

* * *

Trentes minutes plus tard ils entendirent un sifflement discret à l'extérieur de la caverne.

– Ils sont là, dit Espiritu.

– Qui ?

Au lieu de répondre, Espiritu reproduisit le sifflement. Stallings entendit un bruit de pas qui glissaient et dérapaient sur l'argile et les cailloux. Il changea de position pour pouvoir couvrir à la fois Espiritu et l'entrée de la caverne avec le M 16.

– Qui est là-dehors, nom de Dieu, Al ?

– Des amis.

Le premier ami à franchir l'entrée de la caverne fut Autremec Ottermeck, cramoisi, suant et exaspéré. Juste derrière lui venait Carmen Espiritu avec son sac de fibre tressée. Elle avait l'air détendu, frais et excessivement impassible.

Ottermeck regarda alentour, jaugeant la caverne. Comme toujours, il remarqua l'évidence :

– Doux Jésus, il fait frais là-dedans.

Booth Stallings pointa le M 16 sur Ottermeck.

– Qu'est-ce que tu en dis, Autremec ?

– Pas des masses. (Ottermeck adressa un signe de tête à Espiritu.) Comment ça va, Al ?

– Très bien, merci, M. Ottermeck, fit Espiritu avec un sourire en coin et il se tourna vers sa femme. Pas de difficultés ?

– Pas encore.

– Tu sembles t'attendre à en rencontrer.

– Il faut que tu fasses le choix.

Espiritu hocha lentement la tête, regardant d'abord Ottermeck, puis Stallings.

– M. Stallings a une arme automatique dont le cran de sûreté est ôté et qu'il braque plus ou moins dans ma direction. M. Ottermeck n'a pas cela. Le choix paraît s'imposer.

La main droite de Carmen Espiritu s'enfonça dans le réticule de fibre tressée. Espiritu se détourna, comme pour s'épargner un spectacle déplaisant.

– Désolée, dit Carmen Espiritu à Ottermeck.

Le visage d'Autremec Ottermeck prit un air figé et lointain tandis qu'il hochait la tête comme pour approuver une réflexion intérieure, et reculait de deux pas précautionneux.

Booth Stallings gardait les yeux fixés sur Espiritu. Il le regarda se détourner puis refaire vivement face, pointant sur sa jeune épouse le revolver issu du carton.

Stallings ouvrit la bouche pour pousser un cri, mais Carmen Espiritu avait déjà vu l'arme. Si la rage ne l'avait pas poussée à maudire son mari, elle aurait peut-être eu le temps de sortir sa propre arme de son sac. Mais celle-ci s'accrocha dans quelque chose et Alejandro Espiritu fit feu deux fois sur elle – d'abord dans la poitrine, puis plus bas, dans le milieu du corps. Les deux impacts la firent reculer contre la paroi de la caverne, qui lui fournit assez d'appui pour rester debout pendant un instant, l'air beaucoup plus étonné qu'elle ne paraissait blessée. Puis elle bascula en avant et tomba sur le visage.

Après être tombée, Carmen Espiritu tressaillit deux ou trois fois et puis demeura immobile. Ottermeck pressait ses deux mains sur ses oreilles comme si elles lui faisaient mal. Espiritu avait plaqué sa main gauche sur son oreille gauche, mais la droite tenait toujours le revolver. Comme Booth Stallings avait ouvert la bouche pour crier à l'instant où Espiritu tirait, ses oreilles ne le gênaient pas. Son M 16 et son regard restaient braqués sur Espiritu.

Quelques secondes s'écoulèrent avant que quiconque parlât ou ôtât les mains de ses oreilles. Le premier à parler fut Espiritu dont la voix parut avoir plus que d'habitude l'accent détimbré du Kansas, comme s'il n'entendait pas bien ce qu'il disait.

C'est de cette voix sans inflexion qu'il énonça une sorte d'oraison funèbre de son épouse morte :

– Carmen avait beaucoup d'excellentes qualités et un défaut aveuglant, déclara-t-il. Elle pensait que tous les gens sont de sacrés imbéciles. Sauf elle.

Un autre silence suivit. Ottermeck se racla la gorge mais ne dit rien et conserva une expression froide, lointaine et circonspecte. Quand Booth Stallings parla, ce fut sur un ton qu'il aurait pu utiliser pour s'adresser à un homme dur d'oreille.

– Je vais prendre ça, maintenant, Al, dit-il.

Alejandro Espiritu baissa les yeux sur le revolver qu'il serrait dans sa main droite, comme s'il était vaguement étonné qu'il soit encore là. Il sourit et le pointa sur Booth Stallings.

– Non, Booth, dit-il comme s'il parlait à un enfant. Je ne crois pas.

Il y eut un silence tandis que Stallings et Espiritu se regardaient. Sans accorder un coup d'œil à Autremec Ottermeck, Espiritu lui donna des instructions :

– Prenez son fusil, s'il vous plaît, M. Ottermeck.

Ottermeck, le visage formant une vivante image de la neutralité, secoua la tête.

– Ce n'est pas ma ligne de jeu.

– Eh bien, fit Espiritu. Il semble que nous ayons un... comment appelle-t-on ça ?... un blocage à l'espagnole.

– A la mexicaine, dit Ottermeck.

– Oui, à la mexicaine, dit Espiritu qui fourra de nouveau son revolver dans son pantalon ; il releva vivement les yeux sur Stallings : dis-moi, Booth. Suis-je l'erreur que tu comptes ne pas faire deux fois ?

– Tu l'es, Al, dit Booth Stallings.

36

Ils sortirent de la caverne, Ottermeck en premier, Espiritu ensuite, et puis Booth Stallings qui gardait son M 16 pointé sur le Philippin. Ils laissèrent Carmen Espiritu morte où elle était, étendue à côté du carton vide.

Après avoir marché près d'un kilomètre sur une piste pentue et creusée d'ornières qui n'était pas tout à fait une route, ils atteignirent la Jeep louée par Ottermeck.

– Vous auriez pu amener la voiture plus près, M. Ottermeck, dit Espiritu.

– Si j'avais fait ça, je n'aurais pas pu faire demi-tour, dit Ottermeck qui se glissa au volant et regarda avec curiosité comment Booth Stallings allait monter dans le siège arrière exigu de la Jeep sans exposer son dos à Espiritu.

Stallings y parvint en défonçant à reculons la mince portière bricolée de la Jeep pour s'asseoir à l'arrière. Espiritu, avec un demi-sourire, monta à côté d'Ottermeck.

La piste creusée d'ornières était encore si étroite qu'Ottermeck dut s'y prendre à quatre fois, reculant et avançant, avant de réussir à faire demi-tour. La Jeep descendit la piste lentement, sans jamais dépasser 25 kilomètres à l'heure, suivant le flanc droit du terrain. A gauche, c'était un précipice d'au moins cent mètres.

– Alors, demanda Stallings en se penchant en avant. Pourquoi l'as-tu tuée, Al ?

– Pour rester en vie, dit-il en se retournant pour regarder Stallings. C'est elle qui avait eu toute l'idée : me faire payer cinq millions de dollars par quelqu'un pour partir en exil. Le plan de Carmen était que j'irais à Hong-Kong, je m'emparerais des cinq millions, je m'en servirais pour acheter des armes et qu'ensuite je reviendrais clandestinement au pays.

– Ça paraît bien, dit Ottermeck.

– Elle serait allée à Hong-Kong avec moi, naturellement.

– Mauvaise idée, fit Ottermeck avec un grognement.

Espiritu approuva d'un sourire.

– Je soupçonnais que si elle faisait comme ça, je laisserais soudain une veuve très riche. Mais je lui ai dit de marcher et de prendre le premier contact.

– Avec qui ? demanda Stallings.

– Ernesto Pineda. C'était un type tortueux de là-haut à Baguio qui travaillait parfois pour nous... et parfois pour son cousin au troisième degré qui allait allonger l'argent.

– Ce cousin plein de millions, dit Ottermeck. Est-ce que par hasard vous vous rappelez son nom ?

– Nul autre que Ferdinand Marcos, répondit Stallings qui décida que le monde était bien plus trompeur et dangereux qu'il avait jamais pensé ; c'était le genre de monde de Wu et Durant ; et celui d'Autremec, bien sûr.

Espiritu, toujours retourné sur le siège avant, regarda Stallings avec ce qui semblait être de l'approbation.

– Alors, fit-il, tu n'as jamais vraiment cru à cette blague comme quoi il s'agissait d'un consortium de firmes américaines ?

Stallings se contenta de hausser les épaules. Espiritu eut un hochement de tête compatissant.

– Les Américains semblent toujours passer de la naïveté totale à la paranoïa furieuse et vice versa. Mais comment quiconque aurait-il pu croire qu'un groupe d'hommes d'affaires américains au crâne solide allaient dépenser un peso, sans parler de cinq millions de dollars, pour se débarrasser de moi ? Je suis leur menace communiste chérie, Booth, ça ne leur coûte pas un centime. Je suis ce qui va justifier le putsch qui balancera Aquino et ramènera les choses à la normale, qu'on puisse conclure des affaires juteuses et faire des bénéfices.

– Si j'étais eux, je vous paierais pour rester, dit Ottermeck.

– Précisément.

– Et Marcos ? demanda Stallings.

– Comme d'habitude, il est plus subtil. Peut-être trop subtil. Il est seulement convenu de me payer pour que je m'exile. Mais il croit savoir ce que je ferai vraiment une fois que j'aurai mis la main sur l'argent. Il croit que j'achèterai des armes, que je reviendrai ici subrepticement et que je déclencherai un énorme désordre. C'est, je suppose, notre accord tacite. Le reste est de l'idiotie.

– Et Marcos va se retrouver en train de financer la NPA.

– Il préfère se dire qu'il finance un putsch rapide.

– Qu'est-ce que tu en ferais réellement, Al, de l'argent ?

– Je ne suis pas encore tout à fait sûr, fit Espiritu avec un sourire.

Ottermeck avait soif de détails.

– Alors, dit-il, c'est Carmen qui a arrangé l'affaire avec le cousin, comment s'appelle-t-il, Pineda ?

– Oui, dit Espiritu.

– Et ensuite ?

– Après le transfert des cinq millions au Luxembourg – je crois que c'était au Luxembourg – Marcos ne pouvait plus les contrôler. Carmen, avec beaucoup de bon sens, a donc exécuté le cousin qui, après tout, était notre seul lien réel avec Marcos. Elle raisonnait bien, Carmen.

– Le type de Washington, Harry Crites, dit Stallings, celui qui m'a recruté, sait-il de qui vient réellement l'argent ?

– Non.

– Alors qui… fit Stallings mais Ottermeck l'interrompit avec une autre question :

– On va par où, maintenant ?

Espiritu se retourna pour regarder. On avait atteint un embranchement de la piste.

– A droite, dit Espiritu, et j'aimerais faire un arrêt pipi, si vous n'y voyez pas d'inconvénient.

– Après la prochaine courbe, d'accord ?

– Parfait, dit Espiritu.

Quand la Jeep eut franchi la courbe, Ottermeck l'arrêta sur le bord de la piste qui s'était élargie et devenait presque une route. Espiritu descendit et marcha jusqu'à un épais rideau de végétation tropicale où il s'immobilisa le dos tourné à la Jeep. Stallings mit pied à terre, passa la bandoulière du M 16 à son épaule droite, et le rejoignit. Ottermeck, lui aussi hors de la Jeep, s'appuya contre l'aile avant droite et attendit.

Tandis qu'ils urinaient côte à côte, Espiritu demanda :

– Tu te rappelles ma définition du terrorisme, Booth ?

– Certes. « Politique d'intimidation extrême ».

– Tu as dit que ça avait besoin d'être retravaillé.

– C'est toujours ce que je pense.

Espiritu remonta sa fermeture à glissière.

– Que dirais-tu de : « Politique sans scrupules moraux » ?

Stallings y réfléchit en remontant sa propre fermeture. Il secoua la tête.

– Ça ne colle pas non plus tout à fait.

– Je n'en ai vraiment aucun, tu sais, fit Espiritu. Aucun scrupule moral.

Stallings pivota et découvrit qu'Espiritu braquait son revolver sur lui.

– Eh bien, merde, Al, dit Stallings.

– Cela va simplifier les choses.

Stallings regarda Autremec Ottermeck toujours appuyé contre l'aile avant droite de la Jeep.

– J'imagine que tu as aussi envie que les choses soient simples, Autremec.

La seule réponse d'Ottermeck fut son air lointain, renfermé.

– Tu veux te retourner, Booth ? demanda Espiritu.

Stallings y réfléchit et fut étonné de sa propre décision.

– Oui, bon Dieu. Je crois que oui.

Stallings pivota lentement, découvrant qu'entre tous les endroits du monde, Cebu était vraiment le dernier endroit qu'il aurait choisi pour mourir. Il s'était presque entièrement retourné quand il entendit les deux coups de feu. Ils se succédèrent si vite qu'ils parurent se confondre. Il se tendit, attendant la douleur, alors même que son esprit lui disait qu'il n'y en aurait pas – puisqu'il avait entendu les départs. Finalement il se retourna et vit Alejandro Espiritu étalé par terre la figure dans la poussière, avec une partie du côté droit de la tête en moins. La seconde balle avait fait un trou en plein centre du dos de sa chemise bleue.

Autremec Ottermeck, le revolver qu'il avait payé cinq cents dollars au Quai Trois se balançant dans sa main droite, contemplait le cadavre d'Espiritu à moins de deux mètres de distance.

– J'ai pas l'impression non plus d'en avoir tout un tas, des scrupules moraux, dit-il en levant les yeux sur Stallings.

– Vous en avez suffisamment, dit Stallings.

Ils entendirent le bruit inimitable d'un moteur diesel de Jeepney longtemps avant que le véhicule franchisse la courbe de la route et fasse halte en soufflant comme une locomotive. Cinq hommes armés sautèrent à terre. Stallings reconnut cinq des jeunes gardes qui étaient naguère postés autour du périmètre du hameau d'Espiritu.

Minnie Espiritu fut la dernière à sortir de la Jeepney. Elle descendit lentement par l'arrière, vêtue de son pantalon de toile rouge vif et d'un sweater de coton noir. Sa main droite tenait un pistolet-mitrailleur, un Ingram constata Stallings qui se demanda où elle se l'était procuré. Elle adressa un signe de tête à Stallings, un regard acide à Ottermeck, et marcha jusqu'à l'endroit où son frère gisait mort.

Elle le considéra un long instant avant de relever les yeux sur Stallings et Ottermeck.

– Lequel de vous deux l'a tué ? (Comme ni l'un ni l'autre ne répondait, elle reprit :) Celui qui a fait ça m'a évité du tracas. (De nouveau elle regarda le corps.) Nous avons trouvé Carmen dans son espèce de caverne idiote. Il l'a tuée ?

– Oui, dit Stallings.

– C'est bien de lui. (Elle poussa un gros soupir.) Le petit gars, Orestes, aussi ?

– Lui aussi.

Elle secoua la tête avec une sorte d'incrédulité.

– Le petit gars était mon fils. Vous imaginez ? Alejandro tuant son propre neveu ? (De nouveau elle regarda les deux hommes.) Ouais, je crois que vous pouvez l'imaginer.

De nouveau elle soupira, encore plus lourdement que la première fois.

– Il est devenu mauvais par étapes, vous savez, dit-elle. Pas tout d'un coup. (Elle dévisagea Ottermeck.) Vous croyez qu'il pouvait avoir une tumeur au cerveau ou quelque chose ?

– Je ne saurais dire, fit Ottermeck.

Minnie Espiritu indiqua le M 16 que Stallings portait toujours à la bretelle sur son épaule droite.

– C'est l'arme d'Orestes ?

Il acquiesça.

– Je vais la prendre, à moins que vous vouliez venir donner un coup de main à la révolution.

– Non, merci, dit Stallings qui ôta la bretelle et lui tendit le fusil d'assaut.

Elle le donna à un des jeunes gardes et dit quelque chose en cebuano ; les cinq jeunes gardes firent demi-tour et se dirigèrent vers la Jeepney.

Minnie Espiritu eut un long regard pour son frère mort, se tourna vers Ottermeck et Stallings pour leur faire au revoir de la tête, et partit à la suite des jeunes gardes. Elle se retourna quand Stallings la héla :

– Que faut-il faire d'Al, Minnie ?

Elle jeta à son frère un ultime coup d'œil.

– Les cochons sauvages l'auront mangé d'ici midi, dit-elle et elle se détourna et marcha lentement jusqu'à la Jeepney.

Après qu'elle fut montée par l'arrière, la Jeepney s'en alla en brinquebalant sur la route sommaire et défoncée. Autremec Ottermeck, prenant toujours les choses au pied de la lettre, dit :

– Il n'y a pas de cochons sauvages par ici.

– Et alors ?

– Alors est-ce que c'est ça qu'ils disent quand ils ne veulent pas dire, « On s'en branle » ?

– Comment le saurais-je ? dit Booth Stallings.

37

Il était 10 h 29 ce matin-là et il faisait déjà une chaleur accablante lorsque Artie Wu se trouva à court de route. Il avait conduit le fourgon Avis de location aussi près que possible du point B du croquis de Booth Stallings, mais ce point demeurait encore à près de quatre kilomètres de distance. La route de montagne que Wu avait prise à la sortie de Cebu City s'était désintégrée et transformée depuis deux kilomètres en une piste défoncée. Il arrêta le fourgon quand la piste s'étrécit soudain en une trace juste assez large pour deux chèvres de petite taille ou un humain plutôt imposant.

Il se tourna vers Georgia Blue assise à côté de lui et qui étudiait le plan sommaire.

– On y est ? demanda Artie Wu.

– On y est, acquiesça-t-elle.

Sans se retourner Wu s'adressa à Durant assis sur le plancher à l'arrière dépourvu de sièges du fourgon.

– Qu'en penses-tu, Quincy ?

– Je pense qu'on devrait manger.

– Je pense que tu as raison, dit Wu.

* * *

Après qu'on eut fini les déjeuners emballés fournis par le Magellan Hotel, Artie Wu plongea la main dans le carton que Durant avait chargé le matin dans le fourgon et en tira une liasse de sept centimètres d'épaisseur de billets philippins de cinquante pesos entourés d'un bracelet élastique. Il prit aussi un appareil photographique Minolta 35 mm.

– Tiens, dit Wu en tendant l'appareil à Georgia Blue qui l'examina brièvement avant de le placer dans son sac à bandoulière.

Wu divisa au jugé la liasse de billets de cinquante pesos en deux moitiés et passa une moitié à Durant qui plia l'argent et le fourra dans une poche arrière où il fit une bosse visible. Wu, sans plier sa moitié, la glissa dans la poche droite de son pantalon.

– Bon, dit Artie Wu, on va y aller en douceur et tâcher de ne faire de mal à personne.

– Ces types sont des pros, Artie, dit Georgia Blue.

– Alors nous tâcherons de ne tuer personne. (Il regarda Durant.) Tu fais le flanc-garde à droite ou à gauche ?

– A droite, je pense, dit Durant qui s'écarta de trois mètres du chemin et se mit à examiner ce qui semblait être une barrière impénétrable de forêt tropicale humide verte et noire.

Georgia Blue prit deux secondes pour vérifier une dernière fois le contenu de son sac d'épaule. Quand elle releva les yeux, Durant avait disparu.

– Je vois qu'il fait toujours son numéro, dit-elle à Artie Wu, qui sourit.

– Pourquoi cacher le talent caché ? (De la tête il indiqua le chemin qui s'enfonçait dans la forêt tropicale.) En flèche ou en arrière-garde ?

– Tu me laisses choisir ?

Wu hocha la tête.

– Alors je prends l'arrière-garde.

Wu sortit et vérifia le revolver à cinq coups fourni par Vaughn Crouch, le renfonça dans sa poche arrière droite, remonta un peu son pantalon sur son vaste ventre et partit sur la piste au pas de promenade, comme s'il entamait sa balade hygiénique quotidienne.

Georgia Blue glissa la main droite dans son sac d'épaule et attendit que Wu fût à sept mètres de distance. Alors elle s'ébranla à sa suite, marchant d'un pas athlétique si régulier et aisé que ses talons semblaient à peine toucher le sol.

* * *

Ils marchèrent ainsi pendant vingt et une minutes, Artie Wu en tête, Georgia Blue environ sept mètres derrière lui, tous deux se déplaçant sans précipitation mais régulièrement au rythme de cent cinq pas à la minute, tous deux tendant l'oreille en vain pour entendre Durant sur leur flanc droit, et n'entendant que les interjections des geckos et les criailleries d'oiseaux irrités.

Wu se demandait pour la troisième ou la quatrième fois comment un ombrage si profond et d'allure si fraîche pouvait engendrer une si insupportable chaleur quand il entendit une voix d'homme crier un ordre.

– Ne bouge pas, Wu !

Wu s'arrêta mais bougea : il leva les mains et se retourna lentement. A quatre mètres de distance, Weaver P. Jordan se tenait dans ce qu'Artie Wu considérait comme la position d'accroupissement télévisée : pieds écartés, genoux pliés, l'arme tenue à deux mains – en l'occurrence un revolver au canon de trois ou quatre pouces (sept à dix centimètres).

– Bonjour, dit Wu à l'instant où Georgia Blue se glissait hors de la forêt tropicale humide et frappait Jordan par derrière d'une manchette du gauche qui lui paralysa le bras gauche.

Malgré la douleur, Jordan tenta de fendre l'air de son bras droit pour que le revolver entre en action. Il parut que c'était exactement ce à quoi s'attendait Georgia Blue. Elle lui saisit le poignet droit et le rabattit puis le lui releva dans le dos, avec une torsion qui déboîta le coude. Jordan tomba à genoux, lâchant le revolver. Georgia Blue écarta l'arme d'un coup de pied puis abattit son talon sur la main gauche de l'homme qui s'appuyait dessus. Jordan s'effondra, beuglant.

A l'instant où le beuglement s'éteignait, Wu entendit un bruit métallique à quelque distance sur sa droite, comme si l'on armait la culasse mobile de quelque arme automatique. Les mains toujours levées, Wu pivota par la gauche juste à temps pour voir Durant se servir d'un bâton pour faire tomber un pistolet-mitrailleur des mains d'un homme vêtu de ce qui semblait être un treillis de jungle de chez le bon faiseur. L'homme qui portait ce treillis léopard était l'élégant Jack Cray.

Quoique désarmé, Jack Cray garda le moral. Il s'accroupit légèrement, avançant les deux mains et les faisant tournoyer lentement dans quelque position d'arts martiaux qui rendit Durant apparemment perplexe, car il laissa tomber son bâton et recula. Avec un bizarre cri inarticulé, Jack Cray bondit vers Durant, tentant un coup des phalanges à la gorge. Durant s'écarta sans difficulté et flanqua une puissante gifle à main ouverte sur l'oreille droite de Jack Cray.

– Sale con ! dit Cray en abandonnant sa posture de praticien des arts martiaux pour porter la main à son oreille endommagée.

– Je vais m'occuper de M. Cray, Quincy, dit Artie Wu avec un sourire plein de sollicitude. Va prendre soin de M. Jordan.

– Qu'est-ce qu'il a qui ne va pas ? demanda Durant.

– Georgia lui a déboîté le coude, dit Wu. J'espère du moins que c'est tout ce qu'elle lui a fait.

* * *

Weaver P. Jordan leva les yeux sur Durant et dit :

– Est-ce que ça va faire mal ?

– Pendant une seconde.

– Alors allez-y.

Tandis que Wu, Georgia Blue et Cray regardaient, Durant posa les deux mains sur le bras droit de Jordan, une sur le biceps, l'autre sur l'avant-bras.

– Ne regardez pas, si vous voulez, dit-il à Jordan.

Jordan détourna la tête à l'instant où Durant exerçait une traction si rapide que son public ne fut même pas sûr d'avoir entendu le petit toc quand le coude se remit en place. Jordan beugla de nouveau.

Quand il eut fini de beugler, il regarda Jack Cray avec rage.

– Fais-lui confiance, tu disais. Elle est pratiquement des nôtres, tu disais !

– Manifestement je me trompais, dit Cray qui se tourna vers Wu. Alors, à quoi aboutissons-nous avec tout ça ?

– A un état de défiance mutuelle, dit Wu avec un sourire radieux.

Weaver Jordan se mit debout. C'est Georgia Blue qu'il regardait à présent avec rage.

– Tu nous as joliment entubés, Georgia.

– Avec les connards, c'est toujours facile, dit-elle.

– Tout n'est pas perdu, messieurs, dit Wu en se tournant vers Durant. N'est-ce pas ton avis, Quincy ?

– La gloire nous ouvre grand les bras.

Jack Cray haussa un élégant sourcil.

– Sous quelle forme cette gloire se présente-t-elle ?

– Sous forme humaine, dit Durant. Alejandro Espiritu.

Le sourcil haussé retomba en position comme Cray étrécissait les yeux, donnant à son image un air presque rusé. Son expression fit penser à Durant que la seule chose pire qu'être à moitié idiot est d'être à moitié malin.

– Vous voulez nous vendre Espiritu ? dit Cray.

– Le vendre ? fit Artie Wu d'un air presque blessé. Seigneur Dieu, non. C'est un cadeau – de nous tous à vous tous.

– Un cadeau ? dit Jordan. C'est gratuit, vous voulez dire ?

– Si ce n'est pas gratuit, Weaver, dit Durant, ce n'est pas un cadeau.

Jordan s'inquiéta du commentaire explicatif de Durant comme s'il s'agissait d'un concept particulièrement abstrus.

– J'imagine que je ne fréquente pas suffisamment de mecs à la coule comme vous, dit-il.

– Pourquoi au juste, demanda Jack Cray, nous donnez-vous Espiritu, si c'est bien ce que vous allez faire ?

– Sans déconner ? dit Wu.

Cray hocha la tête.

– Parce que nous aimerions dépenser notre argent sans que la cavalerie vienne regarder par-dessus notre épaule.

Jack Cray eut un hochement de tête approbateur.
– Enfin dit-il, une réponse à demi sensée.
Ce qui est, songea Durant, tout ce que mérite une question à demi maligne.

38

Trente et une minutes plus tard, ils atteignirent tous les cinq le pont sommaire en bambou enjambant le cours d'eau qui dévalait entre les deux pentes raides. C'était le point B du croquis de Booth Stallings, et Jack Cray, regardant les alentours, n'apprécia pas ce qu'il voyait.
– Qui a choisi cet endroit ? demanda Cray.
– Pourquoi ? dit Durant.
– C'est un piège parfait.
Durant regarda alentour et vers le haut, hochant la tête avec un air d'acquiescement étonné.
– C'est ma foi vrai.
– Alors qui l'a choisi ?
– Espiritu, probablement.
Jack Cray balaya une crête du regard, tourna la tête et fit de même avec l'autre crête.
– Il y a des forces ennemies là-haut, n'est-ce pas ?
– Pourquoi dites-vous ça ? demanda Artie Wu.
– Parce qu'on sent leur présence, à ces salopards, voilà pourquoi, dit Weaver P. Jordan. Parce que quand un type vous a dans sa ligne de mire, ça se sent vachement.
Jack Cray se rapprocha d'Artie Wu, aussi près qu'il était possible sans le toucher.
– Qui est là-haut, nom de Dieu ?
Wu poussa un soupir.
– Des mercenaires.

– Des mercenaires ! Les mercenaires de qui ?

– Ce pourraient être les nôtres. Éventuellement ceux d'Espiritu. Peut-être même les vôtres. Tout dépend.

Le choc se montra d'abord dans les yeux de Cray, qui s'ouvrirent grands, puis il descendit jusqu'à sa bouche, lui donnant l'air béant, la mâchoire molle. Quand il posa sa question, ce fut d'une voix basse et monocorde que le choc avait privé de toute expression, même de l'inflexion montante normale.

– Ce n'était que du bidon, cette histoire de nous donner Espiritu, n'est-ce pas ?

A son tour Wu regarda longuement la crête d'en face avant de répondre.

– Il y a un petit problème de ce côté, admit-il. Voyez-vous, pour écarter d'Espiritu les mercenaires et éviter qu'ils ne lui mettent la main dessus bien que sa tête soit mise à prix, nous avons dû leur promettre une paire d'otages rentables.

Weaver Jordan devint d'une rougeur apoplectique. Sa voix fut un cri.

– Nous ? Vous leur avez promis moi et lui ?

– On vous avait sous la main, dit Georgia Blue.

Durant dévisagea Cray aux yeux vitreux et Jordan cramoisi.

– Combien est-ce que Langley cracherait pour vous deux ? demanda-t-il. Approximativement.

– Pas un sou, répondit Cray comme s'il récitait. L'agence ne négociera pas avec des terroristes.

– Personne ne le saurait, dit Wu.

– Vous le sauriez, dit Weaver Jordan.

– Oui, fit Wu en hochant la tête avec tristesse. Je suppose que nous le saurions, n'est-ce pas ? (Il y eut un silence et puis Wu sourit, comme s'il était soudain frappé par une idée si intelligente et magnifique qu'elle relevait presque d'un pur accès d'inspiration.) Bien sûr, vous pourriez... (Wu s'interrompit.) Ah, peu importe...

– Nous pourrions quoi ? demanda Cray.

– Vous pourriez vous arranger tout seuls avec eux. (Wu se tourna vers Durant.) Qu'en penses-tu, Quincy ?

Durant parut peser la question.

– Bien sûr. Pourquoi pas ?

– Georgia ? demanda Wu.

– Ça vaudrait mieux pour vous que de faire les otages dans la montagne pendant six mois ou un an, dit-elle à Cray et Jordan. A moins que vous adoriez tous les deux le riz et les têtes de poisson.

La résignation envahit le visage de Cray, effaçant les dernières traces de choc. Le cynisme, sous la forme d'un léger sourire, fit suite à la résignation.

– N'est-ce pas le moment où je demande : je suppose qu'ils n'acceptent pas la carte American Express ?

– L'argent fait certes problème, dit Wu avec une mine rembrunie qui manifestait un profond souci.

– Mais ce problème n'est pas insurmontable, hein ? dit Cray.

Du regard, Wu interrogea Durant, qui fit non de la tête.

– Eh bien, ma foi, je suppose que Quincy et moi pourrions vous prêter l'argent et que vous pourriez nous donner une reconnaissance de dette ou quelque chose.

– Le mieux serait un billet à ordre, dit Durant.

– Bande de salauds ! dit Weaver Jordan.

De nouveau Jack Cray regarda une crête, puis l'autre, et il se retourna vers Wu.

– Rédigez-le, dit-il.

– Georgia, fit Wu en souriant à Georgia Blue.

Elle plongea la main dans son sac et en sortit une enveloppe. Elle tira de l'enveloppe une feuille de papier filigrané pliée en trois qu'elle déplia et tendit à Jack Cray. Il l'examina.

– Proprement dactylographié, à ce que je vois, fit-il.

– Qu'est-ce que ça dit ? demanda Weaver Jordan.

– C'est intitulé « Billet à ordre » et ensuite ça dit : « En contrepartie de valeurs par nous reçues, nous promettons de payer à Arthur Case Wu et Quincy Durant sur présentation de ce billet la somme de quarante-huit mille pesos philippins ou deux mille quatre cents dollars US augmentée d'un intérêt simple au taux de six pour cent par annuité. » Et puis il y a des emplacements pour mettre la date et nos noms et signer.

– Quelqu'un a un crayon ? demanda Weaver Jordan. Je vais signer cette saloperie.

Georgia Blue lui tendit silencieusement un stylobille. Se servant du dos de Durant comme écritoire, Jordan apposa sa signature prétentieusement enjolivée et tendit le billet à ordre à Cray qui regarda Wu avec fureur.

– Nous signons sous la contrainte, bien entendu.

– Nous laisserons les avocats en discuter, dit Wu en souriant poliment. Si jamais le problème se pose.

Cray signa, tendit le billet à Wu et dit :

– Bon. Finissons-en.

Durant se retourna vers la rive opposée, sortit un mouchoir blanc de sa poche et l'agita au-dessus de sa tête.

– Qu'est-ce que vous foutez ? dit Weaver Jordan.

– Qu'est-ce que vous croyez ? fit Durant. On se rend.

* * *

Sur la crête, Vaughn Crouch sourit en contemplant Durant là-bas qui agitait son mouchoir, et il se tourna vers son sergent-chef à titre temporaire.

– Eh bien, fiston, tu sais ce que tu as à faire.

– Affirmatif, dit le sergent.

* * *

Aboyant des ordres, le sergent-chef avait fait aligner ses vingt-trois mercenaires armés sur deux files régulières près du pont de bambou. Douze hommes se tenaient presque au garde-à-vous au premier rang ; onze derrière. Weaver Jordan et Jack Cray étaient changés en trésoriers-payeurs. Tenant l'épaisse liasse de billets philippins de cinquante pesos, Cray comptait deux mille pesos à la fois. Il passait chaque paiement à Jordan qui à son tour le tendait, avec son bras droit redevenu valide, au mercenaire suivant de la rangée. Le sergent-chef approuvait chaque paiement d'un grognement et d'un signe de tête.

Quand Cray et Jordan furent au milieu du premier rang, Georgia Blue sortit le Minolta de son sac à bandoulière et se mit à prendre des clichés des versements. Jack Cray s'arrêta, se retourna et voulut dire quelque chose, mais il se ravisa quand le sergent-chef lui posa sur l'épaule une main vaste mais bienveillante. Georgia Blue photographia Cray la bouche ouverte et la main du sergent-chef sur l'épaule.

Après que le dernier mercenaire fut payé, Cray et Jordan rejoignirent Wu et Durant, accompagnés par le sergent-chef.

– Et maintenant ? dit Cray.

– Eh bien, nous en arrivons à la partie glorieuse, dit Wu. Vous et M. Jordan allez escorter ces braves maquisards de la NPA jusqu'à Cebu City où ils se rendront humblement aux autorités adéquates. Quant à la manière dont la CIA les a persuadés de quitter les collines, nous laissons ça à votre imagination. Mais quoi que vous inventiez, ils jureront que c'est vrai. N'est-ce pas, sergent ?

– Absolument, dit le sergent-chef.

Il y eut un silence qui se prolongea jusqu'à ce que Jordan regarde Jack Cray et lui dise :

– Tu sais, ça se pourrait que ça marche.

Après un instant, Cray hocha la tête et regarda Durant.

– Quoi d'autre ?

– Un dernier point, dit Durant. Si jamais on vous le demande, vous ne savez rien de personne nommé Wu, Stallings, Ottermeck, Blue ou Durant. Rien de pertinent, en tout cas.

Cray retourna la menace dans sa tête.

– Si nous ne savons rien de vous, dit-il lentement, alors vous ne pouvez rien savoir de nous n'est-ce pas ? Et vous n'aurez pas l'usage du billet à ordre ni des photos.

« Quel bon petit », semblait dire le coup d'œil radieux qu'Artie Wu adressa à Jack Cray.

– Et donc, fit-il à haute voix, nous atteindrons tous sans encombre une parfaite position de pat.

– Ou en d'autres termes, de chantage mutuel, dit Durant.

– Je préfère coexistence pacifique, dit Weaver Jordan.

Wu s'illumina de nouveau.

– Nous appellerons donc ça coexistence pacifique, dit-il.

* * *

Ils sortirent de la forêt tropicale humide à 15 h 31, tous deux boitant un peu, Autremec Ottermeck en tête, Booth Stallings environ quatre mètres derrière. Ils virent d'abord le pont de bambou et puis, un peu à sa droite, assis à l'ombre d'un bouquet florissant de palmes nipa, Wu, Durant et Georgia Blue.

Durant fut le premier debout et trotta vers Ottermeck qui s'arrêta et l'attendit.

– Bon sang, où est-ce qu'il est ? demanda instamment Durant.

– Juste derrière moi la dernière fois que j'ai regardé, dit Ottermeck qui se retourna et vit Booth Stallings progressant lentement vers lui. Ouais. Le voilà.

Durant attendit patiemment que Stallings les eût rejoints.

– Je veux dire Espiritu.

– Oh, fit Ottermeck. Lui. Eh bien, il n'a pas pu venir.

– Espiritu est mort, dit Stallings.

– Qu'est-ce qui s'est passé ?

Apparemment, Ottermeck et Stallings ne voulaient ni l'un ni l'autre parler le premier. Finalement Stallings se décida.

– Nous aimerions nous asseoir à l'ombre, boire de l'eau et peut-être une gorgée de whisky, si quelqu'un en a, et puis je vous raconterai ce qui s'est passé. Et si ma version ne plaît pas à Ottermeck, il pourra donner la sienne.

* * *

Assis côte à côte sous l'ombrage des palmes nipa florissantes trois grands mômes aux yeux écarquillés nommés Wu, Durant et Blue, écoutèrent bouche bée le récit qu'on leur fit à l'heure des belles histoires dans ce jardin d'enfants qu'était la jungle. Du moins est-ce ainsi qu'Autremec Ottermeck en garda plus tard le souvenir.

Stallings, le conteur, commença par la mort d'Orestes, le neveu d'Alejandro Espiritu ; continua avec la mort de Carmen Espiritu dans la caverne ; atteignit son apogée avec la mort d'Espiritu lui-même (« Autremec lui a tiré deux balles dans le dos avant que ce vieil Al ne me descende. Après, Autremec s'est senti un peu mal à l'aise, mais bon sang, pas moi. ») ; et termina avec l'arrivée de Minnie Espiritu et de ses cinq jeunes gardes.

Quand Stallings eut fini son histoire, il demanda :

– Quelqu'un a-t-il pensé à apporter une bouteille ?

Georgia Blue plongea dans son sac apparemment inépuisable et en tira un demi-litre de scotch Black & White qu'elle tendit à Stallings. Il dévissa le bouchon, prit une longue gorgée et le passa à Ottermeck qui but et le proposa à Artie Wu qui secoua la tête. Durant fit de même. Ottermeck rendit la bouteille à Georgia Blue et se retira dans son quant-à-soi étanche et lointain pour attendre et voir à qui l'on reprocherait quoi.

Wu regarda Ottermeck et inclina la tête avec sympathie.

– Est-ce à peu près ce qui s'est passé, Autremec ?

– C'est ça.

– Alors qu'est-ce qui est allé de travers, à ton avis ?

– Dans l'ensemble ?

Wu hocha la tête. Ottermeck réfléchit avant de répondre.

– Tu as dressé un plan d'action vraiment futé, Artie. Un de tes meilleurs. Peut-être un peu risqué par-ci par-là, et peut-être un peu trop cintré sur les bords, mais enfin merde, il s'agissait d'un gros paquet et aucun de nous, sauf toi et Durant, n'avons travaillé ensemble depuis un bout de temps. Alors ça allait. Et tout le monde a eu un boulot à faire et, autant que je sache, tout le monde a fait son boulot – à part une personne.

– Qui ? demanda Durant.

La sueur continuait de ruisseler sur le visage d'Ottermeck mais le sourire qu'il adressa à Durant était porteur d'une désapprobation glaciale.

– Espiritu. Les gars, vous avez en quelque sorte oublié de lui donner un scénario complet. Surtout pour la dernière séquence. Si vous l'aviez fait, eh bien, peut-être que les choses auraient mieux tourné.

– Peut-être, dit Artie Wu. Peut-être pas. (Il se pencha vers Ottermeck avec un air de franche curiosité.) Et si tu ne l'avais pas abattu, Autremec ?

Ottermeck soupira.

– Eh bien, Booth serait mort et moi... eh bien, j'aurais probablement pu être plus riche de cinq millions. (Il fit une pause.) De deux millions et demi, en tout cas.

Durant le considéra avec fureur.

– Tu allais jouer le coup en solo, c'est ça ?

– Tu crois ? fit Ottermeck en lui rendant son regard.

Artie Wu sourit.

– Considérons que l'idée t'a traversé l'esprit. Fugitivement, bien entendu.

Ottermeck se contenta de hausser les épaules. Booth Stallings le considéra avec un sourire en coin mais affectueux.

– Tu as été obligé de faire un sacré choix, Autremec.

Ottermeck hocha la tête.

– Eh bien, je l'ai fait, dit-il. Et maintenant il faudra bien que je vive avec.

39

Quand Booth Stallings descendit prendre son petit déjeuner à 6 h 30 le lendemain matin après trois heures et demie de sommeil, le seul autre client du restaurant Zugbu du Magellan Hotel était le colonel retraité, Vaughn Crouch. Stallings se servit du riz, des fruits et des œufs brouillés au buffet du petit déjeuner et s'assit à la table de Crouch.

– A quelle heure êtes-vous rentré ? demanda Crouch en embrochant le dernier morceau de jambon de son assiette.

– Un peu avant trois heures du matin.

– Je suis rentré hier après-midi, vers seize heures trente.

– Vous n'avez pas eu autant à marcher.

– Le reste de votre équipe est encore en train de dormir ?

Stallings hocha la tête et goûta aux œufs, qui avaient la même saveur que les œufs de son enfance.

– Alors j'imagine qu'ils n'ont pas encore vu ceci, dit Crouch en tendant à Stallings le journal du matin de Cebu City. Mes petits gars ont fait la une, annonça-t-il avec fierté. Ils ont passé un sacré moment.

Booth Stallings lut d'abord la manchette qui, sur trois colonnes, annonçait en italiques grasses Bodoni de 48 points : ***UNE « REDDITION » CONTESTÉE.*** Il lut ensuite l'article, ou du moins ses trois premiers alinéas :

> « CEBU CITY – La reddition hier de vingt-quatre rebelles à Catmon Town, au nord de la ville, a aussitôt été qualifiée d'« opération sophistiquée de guerre psychologique montée par la CIA et le commandement régional unifié

de l'armée pour démoraliser les forces révolutionnaires. »

Cette déclaration contestant la reddition annoncée a été faite par le commandement opérationnel provincial de la Nouvelle Armée du Peuple (POC-NPA) de Cebu et signée « commandante Min », le nom de guerre de Melle Minerva Espiritu, sœur du légendaire leader de la NPA Alejandro Espiritu.

Les vingt-quatre rebelles supposés qui se seraient « ralliés » hier étaient accompagnés de deux témoins oculaires décrits comme des « Européens de sexe masculin ». La police de Catmon Town a refusé de divulguer l'identité des deux Européens de sexe masculin et a ultérieurement nié leur existence. »

Stallings abandonna l'article, rendit le journal à Crouch et revint à son petit déjeuner. Après une autre fourchettée d'œufs, il demanda :

– Où étiez-vous ?

Le colonel retraité sourit.

– Après avoir discrètement suivi les petits gars et ces deux merdeux de Langley pendant la descente, j'ai pour ainsi dire disparu. (Il désigna le journal.) Vous êtes sûr de ne pas vouloir finir l'article ? dit-il. Ça devient meilleur.

– Quelle importance ? fit Stallings qui repoussa son assiette.

Crouch chaussa ses lunettes à triple foyer pour étudier plus soigneusement Stallings.

– Il s'est passé quelque chose, non ? Là-haut ?

Stallings hocha la tête.

– Al s'est fait tuer. Je crois qu'on pourrait appeler ça quelque chose... quelque chose que vous feriez mieux de ne raconter à personne.

– Bon Dieu, le vieil Al ! dit Crouch qui s'adossa, ôta ses lunettes et contempla un néant flou pendant presque une minute. Ma foi, je pense qu'il avait presque fait son temps, vous ne croyez pas ?

– Je ne crois pas qu'Al le pensait, dit Booth Stallings.

* * *

Quelques minutes avant 9 heures ce matin-là, Autremec Ottermeck sortit par la grande porte du Magellan Hotel et se dirigea vers le fourgon à air conditionné de l'hôtel qui devait les emmener, lui, Wu, Durant, Stallings et Georgia Blue, à l'aéroport de Cebu et à l'avion de 11 h pour Manille.

Son œil fut attiré par quelque chose de bleu, jaune et noir. C'était le panneau du Rotary Club de Metro Cebu, avec ses quatre questions dont la quatrième continuait de demander : « Cela PROFITERA-T-IL à tous ceux que cela concerne ? »

– A tous sauf un, répliqua Ottermeck, étonné d'avoir parlé à haute voix et encore plus étonné de trouver Artie Wu debout juste derrière lui.

Wu regarda ce qu'Ottermeck avait regardé, lut le panneau du Rotary Club et sourit.

– A Manille, Autremec, nous en parlerons, dit Wu.

– De quoi ? dit Ottermeck.

– De la réponse correcte à la question quatre.

* * *

On désigna à Booth Stallings une place près du hublot sur le côté babord de l'appareil des Philippines Airlines. Quincy Durant s'assit à côté de lui. Georgia Blue et Artie Wu étaient de l'autre côté de l'allée. Autremec Ottermeck était assis tout seul, deux rangs plus avant dans la travée latérale.

Après que l'avion eut pris de l'altitude, Stallings contempla l'île de Cebu, longue, verte, efflanquée, tropicale, jusqu'à ce qu'il ne puisse plus la voir. Comme il se radossait dans son siège, Durant abaissa son journal et dit :

– Vous l'avez trouvé ?

– Quoi donc ?

– Ce que vous cherchiez ?

– Je cherchais un sous-lieutenant de dix-neuf ans qui a débarqué avec une patrouille d'info et reco, armé d'une carabine, de six grenades, et des poésies complètes de Rupert Brooke.

– Et ?

– Je l'ai trouvé.

– Comment était-il ?

Stallings tourna la tête pour dévisager Durant.

– Plus vieux. C'est tout. Juste plus vieux.

– Et plus sage ?

– Pas tellement. Vous n'auriez pas remarqué de différence.

* * *

A 12 h 06 ce jour-là, Quincy Durant s'avança dans le hall principal de l'aéroport international de Manille. Devant lui marchaient Artie Wu et Autremec Ottermeck. Juste derrière lui venaient Booth Stallings et Georgia Blue. A 12 h 07, il fut arrêté par cet enquêteur de la Criminelle de Manille qui avait deux yeux bruns parmi les plus malins que Durant eût jamais vus.

– Puis-je vous demander pourquoi ? dit Durant tandis qu'un autre policier en civil bouclait les menottes.

– Non, dit le lieutenant Hermenegildo Cruz.

– Puis-je appeler un avocat ?

– Non.

– Et va-t-on me lire mes droits, quels qu'ils soient ?

– Quels droits ? fit le lieutenant Cruz en souriant comme si l'échange de répliques lui plaisait.

Entre-temps Artie Wu avait fait demi-tour et se dirigeait à grands pas vers Durant quand un troisième inspecteur fit mouvement et lui barra le chemin. Wu fit halte et contempla le policier d'un mètre soixante-dix d'un air si menaçant qu'un quatrième inspecteur se précipita pour former un barrage de deux hommes.

Le lieutenant Cruz conduisit Durant jusqu'à Wu immobile, bloqué par les deux inspecteurs.

– Vous vouliez dire quelque chose ? demanda Cruz.

– Vous ne pouvez pas faire ça, déclara Wu avec toute l'emphase qu'il put. C'est un citoyen américain.

– Zut alors, je ne m'en doutais pas, fit le lieutenant Cruz qui s'éloigna, entraînant Durant.

* * *

Deux des policiers en civil installèrent Durant toujours menotté sur le siège avant d'une Nissan Maxima noire et attendirent que le lieutenant Cruz se fût glissé au volant. Les inspecteurs se fondirent alors dans la petite foule des badauds de l'aéroport qui s'était formée pour voir si quelque chose d'affreux allait arriver à Durant.

En marche arrière, le lieutenant Cruz fit sortir la Maxima d'un emplacement de parking dont la pancarte peinte au pochoir affirmait qu'il était réservé au directeur adjoint de l'aéroport. Personne ne parla avant qu'on soit à bonne distance de l'aéroport et qu'on tourne dans EDSA. C'est alors que Cruz dit :

– Je pense que je vais vous accuser du meurtre de votre amie, Emily Cariaga.

– Je remarque que ce n'est pas le chemin du quartier général de la police, dit Durant.

– Je pourrais établir contre vous un dossier d'accusation très solide... l'occasion, le mobile, tout ça.

– Un crime passionnel, c'est ça ?

– Quoi d'autre ?

– Maintenant vous pouvez m'enlever les menottes.

– Plus tard, dit Cruz qui continua de conduire en silence à part le bruit de son avertisseur (il klaxonnait toutes les quatre secondes, besoin ou pas). Je sais qui l'a tuée, dit-il après avoir franchi quatre intersections sans parler.

– Moi aussi.

Le lieutenant Cruz jeta un bref coup d'œil à Durant et ramena son regard sur la circulation qui méritait, décida-t-il, un nouveau coup d'avertisseur.

– Vous le savez depuis combien de temps ? demanda-t-il.

– Des jours.

– Et vous n'êtes pas venu me trouver.

– J'étais occupé.

– A Cebu.

– Oui.

– Un voyage d'agrément, c'est ça ?

– Uniquement les affaires.

Il y eut un autre silence, qui dura de nouveau quatre pâtés de maisons, puis le lieutenant Cruz reprit la parole.

– Je sais qui l'a tuée mais je ne peux pas le prouver.

– Je peux probablement, dit Durant, mais il faudra faire ça à ma façon.

– Cela poserait quelques problèmes plutôt délicats.

– Pas aussi délicats que celui que vous avez déjà.

– J'y réfléchirai, dit Cruz.

– Vous avez jusqu'à demain matin 8 h.

– Qu'est-ce qui se passe, à ce moment-là ?

– Je prends l'avion pour Hong-Kong.

Le lieutenant Cruz ne dit rien. A la place, il quitta EDSA, tournant dans Ayala Avenue qui menait au cœur du quartier financier de Manille. C'est sur Ayala Avenue que les employés et les petits-bourgeois partisans de Mme Aquino avaient naguère préféré défiler.

Le lieutenant Cruz dépassa le Ritz Tower sur la droite et le grand magasin Rustan's sur la gauche. Quand on eut laissé derrière soi Fonda Street et le Rizal Theatre, et puis franchi Makati Avenue, Durant dit :

– Mon hôtel est là-derrière, le Peninsula.

– Je sais, dit le lieutenant Cruz mais il ne ralentit pas avant d'avoir atteint l'Associated Bank Building où il se rangea et s'arrêta.

Un homme d'une trentaine d'années, portant une chemise hawaïenne, ouvrit silencieusement la portière de Cruz. La chemise recouvrait mais ne dissimulait pas la bosse que faisait une arme sur la hanche droite de l'homme. Après que le lieutenant Cruz fut descendu de voiture, l'homme se glissa au volant.

Durant était à présent sur le trottoir et il regardait l'immeuble quand le lieutenant Cruz le rejoignit.

– Une banque, dit Durant.

– Une banque, approuva Cruz qui fit signe de la tête qu'on allait à l'intérieur où l'on monta en ascenseur jusqu'au cinquième étage.

On parcourut un long couloir, on franchit une porte sans inscription et on se trouva dans un bureau de réceptionniste qui ne contenait nulle réceptionniste. Cruz traversa la petite pièce jusqu'à une porte blindée sombre où il frappa.

– Entrez, dit une voix derrière la porte.

– C'est-à-dire vous, dit le lieutenant Cruz.

– Je m'envole toujours pour Hong-Kong à 8 h demain.

– Je vous parlerai bien avant, dit le lieutenant Cruz qui ôta les menottes des poignets de Durant.

De la tête, Durant indiqua la porte blindée.

– Ce que vous faites dépend-il de la personne qui est là-dedans ?

Après un instant, le lieutenant Cruz répondit d'un léger hochement.

Durant se détourna, ouvrit la porte et pénétra dans un vaste bureau dont le mobilier consistait en deux sièges de métal gris. L'un avait des accoudoirs, l'autre non. Sur le siège sans accoudoirs était assise une femme d'environ trente-cinq ans vêtue d'une robe bleu foncé qui semblait être en soie.

Avant que Durant puisse dire quoi que ce soit, la femme dit :

– Nous nous sommes rencontrés une fois chez Emily.

– Je me rappelle.

Elle désigna le siège pourvu d'accoudoirs.

– Je vous en prie.

Durant s'assit, décidant qu'elle était facile à se rappeler à cause de ses yeux et de sa bouche. Les yeux étaient bien trop grands et beaucoup trop tristes. La bouche était trop charnue, trop large et trop mélancolique. A ce qu'affirmait autrefois Emily Cariaga, les hommes se rendaient ridicules juste pour voir s'ils pourraient faire sourire cette large bouche.

Durant se rappelait aussi qu'avant de faire un riche mariage, la femme assise là avait reçu une éducation coûteuse en Suisse et à Dublin. Elle avait aussi deux enfants, elle jouait bien du piano, écrivait des quatrains splénétiques et dépensait vraiment des masses de fric en vêtements. Et maintenant, songea-t-il, elle va te dire qui elle est réellement et pourquoi vous vous rencontrez dans une pièce où il y a deux sièges et pas de témoins.

– Tout d'abord, veuillez accepter mes excuses pour ce qui a dû se passer avec grossièreté à l'aéroport, dit-elle de sa voix grave de contralto où le léger accent philippin était aromatisé d'un soupçon de gaélique.

Durant acquiesça de la tête mais ne dit rien.

– Nous avons reçu des rapports de Cebu sur vos contacts avec Alejandro Espiritu.

– Nous ?

– Le gouvernement.

– Le gouvernement Aquino ?

Les grands yeux s'agrandirent encore.

– Vous ne croyez pas que...

– Je ne crois rien, dit Durant.

– Le gouvernement est très désireux de... de neutraliser Alejandro Espiritu. A notre connaissance, il lui a été offert vingt millions de dollars américains pour s'exiler à Singapour.

Elle fit une pause comme si elle attendait de Durant une confirmation ou une dénégation. Comme il ne formulait ni l'une ni l'autre, elle reprit :

– Vous rendez les choses très difficiles, M. Durant.

– J'écoute.

– Le gouvernement n'aurait aucune objection si Espiritu s'exilait en un lieu de son choix, pourvu, bien sûr, qu'on ne lui fournisse pas des fonds pour acheter des armes.

– Comme pour Aguinaldo.

Elle sourit presque.

– Oui, comme Aguinaldo.

– Ce que vous paraissez chercher, c'est un autre consul britannique escroc, comme celui qui a dérobé son argent à Aguinaldo.

– Vous connaissez bien l'histoire des Philippines, M. Durant.

– Pas vraiment.

– Il ne devrait pas nécessairement être britannique, dit-elle. Et il pourrait garder les vingt millions de dollars.

– Et si je dis non merci ?

– Oh là là. J'espère bien que vous n'êtes pas en train de refuser.

– J'étudie l'alternative.

– Si vous refusez, nous devrons tout simplement vous accuser du meurtre de la pauvre Emily.

– Je n'y crois pas.

– Je n'ai pas dit vous condamner. J'ai dit vous accuser. Une inculpation pourrait être terriblement... euh, dérangeante.

Durant lui adressa un sourire de sympathie.

– Vous n'êtes pas encore très habile à ce jeu-là, hein ?

– Pas vraiment, dit-elle en détournant les yeux.

– Il faut de l'entraînement.

Elle ramena sur lui un regard froid.

– Comme pour tout ce qui en vaut la peine.

– Eh bien, pour commencer, ce n'est pas vingt millions, c'est cinq millions, et l'exil est à Hong-Kong, pas à Singapour.

Une grande gifle ne l'aurait pas étonnée davantage.

– Cinq millions ?

Durant hocha la tête, songeant que si la prochaine question était ce qu'il pensait qu'elle allait être, cette dame aurait peut-être de l'avenir dans sa nouvelle carrière.

– De qui l'argent vient-il ? dit-elle.

C'est la bonne question, pensa Durant.

– Que disent vos services de renseignement ?

– Qu'il est fourni pas un consortium de firmes américaines et japonaises.

Durant poussa un soupir.

– Vous feriez mieux de changer un peu de personnel. C'est l'argent de Marcos.

– Oh là là, murmura-t-elle.

– Et il doit être entièrement dépensé en matériel militaire.

– Bien sûr. (Elle hocha la tête.)

– Ce qui pourrait faire grossir la menace rouge et amener plus vite le putsch. Quelles sont les prévisions du gouvernement pour le putsch ?

Elle mordit sa lèvre inférieure charnue, comme si elle essayait de décider si elle devait mentir ou non.

– D'ici un an, dit-elle. Peut-être neuf mois. De toute façon ils feront une tentative.

– Bon, fit Durant en se levant. Je peux garantir qu'Espiritu ne mettra jamais la main sur les cinq millions.

– Garantir ?

– Garantir, répéta-t-il en hochant la tête. Mais il faudra me donner le lieutenant Cruz.

– Vous le donner ?

– Me l'affecter. En mission auprès de moi.

– Combien de temps ?

– Environ deux jours. A partir de maintenant.

Elle prit vivement la décision.

– Très bien, dit-elle. Quoi d'autre ?

– Comment voulez-vous Espiritu ? Mort, ou vif ?

C'était un nouveau choc, mais elle encaissa plus facilement cette fois, bien que Durant crût voir des larmes se gonfler dans les énormes yeux.

– Je ne peux... ou plutôt, je ne vais pas vous dire de...

– Vous avez réellement besoin d'entraînement, fit-il. C'est une question théorique. Est-ce que vous préféreriez qu'Espiritu soit acheté, déshonoré, et se cache en exil, ou bien mort de mort naturelle à Cebu ?

Elle eut besoin d'une minute entière pour se décider, contemplant le sol nu comme si la réponse pouvait se trouver là. Quand elle releva la tête, Durant songea que ses yeux étaient passés de la tristesse larmoyante à la froideur implacable.

– Mort, dit-elle d'une voix grave et ferme.

– D'accord, dit Durant.

40

Après qu'Autremec Ottermeck eut frappé à la porte de la suite d'Artie Wu au cinquième étage du Peninsula Hotel de Manille, on lui dit d'entrer. Il entra et trouva Durant debout appuyé au mur. Wu était assis sur un canapé, rasé de frais et vêtu de son costume à finance en soie blanche. Ottermeck aurait préféré les trouver en chaussettes, les pieds sur la table, en train de boire de la bière.

– Assieds-toi, Autremec, dit Wu. Une bière ?

Ottermeck secoua la tête en s'asseyant sur une chaise, croisa les bras sur son torse en guise de protection et planta fermement ses pieds sur le tapis.

– Tout est prêt ? demanda Durant.

Ottermeck le regarda.

– J'ai appelé le vieux colonel là-bas à Cebu et il a fait avertir Minnie. Elle est d'accord pour nous retrouver à Hong-Kong mais elle veut une preuve que tout est réglo. Sinon, il n'y a rien de fait. Ça va ?

Wu dit que ça allait très bien et Ottermeck poursuivit :

– Bienvenue-Bienvenue a reçu la confirmation par télex pour nos chambres du Peninsula de Hong-Kong, et ils enverront deux voitures nous chercher à l'aéroport. (Il fit une pause et s'adressa de nouveau à Durant.) Comment ça se passe avec ce flic de la Criminelle, le lieutenant Cruz ?

– Manille a contacté Hong-Kong en sous-main et l'a fait rattacher à la Criminelle locale, dit Durant. Il aura leur entière coopération.

– Pas de problème avec la compagnie d'aviation, je pense ? dit Wu à Ottermeck.

– Aucun.

Wu adressa à Ottermeck un long regard qui semblait véritablement affectueux.

– J'étais en train d'essayer d'expliquer à Quincy comment était ce panneau du Rotary Club à Cebu, Autremec. Quelle était la formule ? « Cela profitera-t-il à tous ? »

– « Cela profitera-t-il à tous ceux que cela concerne ? », dit Ottermeck.

Wu hocha la tête, l'air content de la rectification.

– Et on dirait vraiment que cela pourrait profiter, n'est-ce pas ? fit-il. Sauf à l'un de nous. (Il regarda fixement Ottermeck.) Ou éventuellement deux d'entre nous.

– Viens-en au fait, Artie, dit Ottermeck. Tu pourras me vanner un autre jour.

Wu poussa un soupir.

– Je crois que je vais prendre une bière, Quincy.

– Moi aussi, dit Ottermeck.

Durant alla au mini bar réfrigéré, sortit trois boîtes de San Miguel et les distribua. Wu ouvrit la sienne, but plusieurs gorgées et dit :

– Qui étais-tu, Autremec, quand tu as appelé de Cebu le Service secret ?

– Reuter, dit Ottermeck qui but un peu de bière.

– Qui posait des questions sur quoi ?

– Octobre, l'an dernier.

– Une date précise ? fit Durant.

– Le 18 octobre. (Ottermeck haussa les épaules.) Par-là.

Wu et Durant se regardèrent. Durant secoua la tête. La date n'évoquait rien.

– Le 18 octobre où ça ? dit Wu.

– New York.

– On croirait qu'on arrache des dents, dit Durant.

– Autremec raconte les choses à sa façon, dit Wu. Où ça à New York, Autremec ?

– Aux Nations Unies.

– Ah ! dit Wu.

– Merde alors, ça veut dire quoi, « Ah ! » ? dit Durant.

Wu négligea la question et sourit de nouveau à Ottermeck.

– C'est très bien, Autremec. Que s'est-il passé l'an dernier le 18 octobre à l'ONU ?

– Un ministre des Affaires étrangères par intérim a fait un discours. A une séance commémorative pour le quarantième anniversaire.

– Ah, bon ! fit Durant en souriant ironiquement à Wu.

Wu le négligea encore et questionna doucement Ottermeck :

– Quel ministre des Affaires étrangères par intérim, Autremec ?

Ottermeck but une autre gorgée de bière.

– Le ministre des Affaires étrangères par intérim des Philippines.

Durant fut le premier à comprendre la coupure.

– Doux Jésus ! fit-il.

Artie Wu, avec à peine un temps de retard, hocha la tête.

– Imelda Marcos, exact ? dit-il à Ottermeck.

Ottermeck haussa de nouveau les épaules et but encore.

– Qu'est-ce qu'il y avait dans son discours, Autremec ? dit Wu.

– Comment diable je pourrais savoir ça ? Nous vivons une terrible époque... Il faut tous nous unir... Écraser l'injustice... Les choses qu'ils disent toujours à l'ONU.

– Artie, ce n'était pas le discours, dit Durant.

– Non. Bien sûr que non, fit Wu en regardant fixement Ottermeck. C'était Georgia, n'est-ce pas ?

Ottermeck regarda d'abord Durant, puis Wu. Son regard était égayé et calculateur.

– Les gars, dit-il, c'est une bonne chose que vous ne jouiez pas à ça pour de l'argent.

Artie Wu sourit comme s'il était entièrement d'accord.

– Le Service secret avait chargé Georgia de protéger les arrières d'Imelda Marcos, exact ?

– Voilà.

– Comment leur as-tu extirpé l'information ? demanda Durant.

– Je leur ai dit que Georgia avait fait une demande d'emploi ici chez Reuter et que je vérifiais ses références et son CV. Et est-il vrai, je demande, que Miss Blue a été un moment affectée à Mme Marcos qui figure sur la liste des références ? Et ils me disent oui et me donnent les dates et les lieux. Alors ensuite je leur demande si Georgia a démissionné du Service ou s'est fait virer ou quoi, et ils me disent qu'elle a démissionné. En bonne et due forme. N'empêche qu'elle raconte à tout le monde, en tout cas à Booth, qu'elle s'est fait fiche dehors.

– Tu as obtenu tout ça par téléphone ? demanda Durant avec un scepticisme non dissimulé.

– De leur service du personnel. C'est à ça qu'il sert. Vérifications de solvabilité. Références professionnelles. Et s'il faut que je le dise moi-même, Quincy, au téléphone je suis le meilleur de toute la putain d'histoire du monde.

– C'est la pure vérité, Autremec, fit Wu. Mais dis-moi. Qu'est-ce au juste qui t'a fait décrocher le téléphone ?

– Artie, personne, je dis bien : personne, ne balance cinq millions dans un coup tordu à moins d'avoir un marqueur dessus. Un marqueur à qui faire confiance. Bon, j'ai éliminé d'abord moi, bien sûr, ensuite Booth et vous deux en dernier. Restait Georgia. Alors je me suis rappelé Booth disant que Georgia lui avait raconté que le ministère l'affectait surtout aux épouses des gros bonnets en visite. J'ai un petit soupçon, donc je joue le coup, je décroche le téléphone, je pose deux ou trois questions et boum, le gros lot.

– Joli, dit Artie Wu. Très joli. Presque brillant.

– Et c'est alors que tu as failli jouer en solo, hein ? dit Durant.

Ottermeck leva les yeux avec son air lointain, inexpugnable.

– Comme j'ai dit, Quincy, ça m'a traversé l'esprit. (Il sourit de son sourire dur et gai.) Exactement comme ça aurait traversé le tien.

Wu se leva, rejoignit Ottermeck assis et posa sur son épaule gauche une main amicale, presque compatissante. Ottermeck regarda la main d'un air soupçonneux.

– C'est une délicate attention de t'être confié à nous, Autremec, déclara Wu.

Ottermeck se leva et se tourna vers Durant toujours adossé au mur.

– Maintenant qu'Espiritu est mort, vous savez ce qu'elle va essayer de faire, hein, les gars ?

– Nous savons, dit Durant.

– Ouais, fit Ottermeck en hochant. Je pensais que vous sauriez probablement.

Quand Ottermerck fut parti, Wu pivota pour faire face à la porte de communication de la suite, ouverte sur la chambre. Il éleva légèrement la voix.

– Maintenant vous pouvez sortir, lieutenant.

Le lieutenant Cruz s'avança dans le salon de la suite.

– Vous avez tout saisi ? demanda Durant.

L'enquêteur de la Criminelle acquiesça.

– Fascinant, dit-il. Il est très intelligent, n'est-ce pas ?

– Parfois trop, dit Durant.

Le lieutenant Cruz sourit avec une satisfaction manifeste.

– Oui, eh bien, on se retrouve à Hong-Kong, maintenant.

* * *

Le Peninsula Hotel de Hong-Kong avait envoyé deux conduites intérieures Rolls Royce à l'aéroport. L'un des deux chauffeurs en livrée portait une pancarte clairement écrite qui demandait « M. Wu et ses compagnons. » Artie Wu fit fonction d'organisateur touristique, assignant la Rolls de tête à Durant, Ottermeck et Booth Stallings. Lui et Georgia Blue s'installèrent dans l'autre. Tandis que les deux voitures roulaient en procession vers Kowloon, Wu appuya sur le bouton qui faisait remonter la vitre de séparation.

– Déjà venue à Hong-Kong, Georgia ?

– Deux fois, dit-elle. La première fois je conduisais la femme du secrétaire d'État ; celle du vice-président la deuxième fois.

– Séjour d'agrément ? dit Wu en souriant.

– On a passé son temps à glousser entre filles.

– Je vois ça d'ici. (Il y eut un silence qui dura jusqu'au carrefour suivant, puis Wu demanda :) Et Harry Crites là-bas à Washington ? Tu crois qu'il va faire du tapage ?

– Quand la mort d'Espiritu sera annoncée ?

Wu acquiesça.

– Qu'est-ce que Harry peut dire ? Espiritu est venu à Hong-Kong, a ramassé ses cinq millions, puis il a changé d'avis, il est rentré et il a eu une autre attaque et est mort. La NPA ne niera pas qu'il est mort. Ils nieront les cinq millions et tout ça, mais je ne crois pas que Harry va leur faire un procès.

– Alors nous avons virtuellement gagné la partie, tu ne crois pas ?

Elle réfléchit à la question.

– Je crois. Ça vaut certainement mieux que d'essayer d'arnaquer Espiritu vivant. (Elle sourit brièvement à Wu.) Tu étais vraiment sérieux quand tu parlais de lui faire le coup de la tourterelle, n'est-ce pas ?

Wu sourit presque nostalgiquement, comme à une occasion perdue.

– Dans une élégante variation. C'eût été beau. (Il soupira.) Et pas de retour de bâton. Pas le moindre.

– Il n'y en aura pas non plus de cette façon-ci, dit-elle.

– Espérons-le, dit Artie Wu.

* * *

Booth Stallings jugea que des monarques n'auraient pas été reçus plus chaleureusement que le furent Wu, Durant et Autremec Ottermeck au Peninsula de Hong-Kong. L'hôtel adorait visiblement son trio de clients prodigues, et s'extasia même un peu devant Georgia Blue. En vertu de son appartenance à l'entourage de M. Wu, Stallings lui-même fut traité avec la déférence normalement réservée aux ministres de la Culture ou des Sports, ou aux rock stars déclinantes.

Après avoir été conduit à sa chambre, Stallings prit une douche, fit un somme, lut, commanda qu'on lui monte un dîner et attendit que le téléphone sonne. Il sonna à 20 h. Quand Stallings eut dit « Allô », il entendit la voix de Durant.

– Allons faire une petite marche.

– Pourquoi ça ?

– Parce que je veux, dit Durant.

* * *

Ils remontèrent à pied Salisbury Road, l'espace d'un pâté de maisons, jusqu'à l'YMCA de Kowloon qui avait jadis été la résidence d'Autremec Ottermeck.

– Buvons une tasse de thé, dit Durant.

– Du thé ?

– Du thé.

– Eh bien, je suppose qu'on est en Chine, en quelque sorte.

Le restaurant de l'YMCA offrait des tables en Formica, des chaises en plastique qui branlaient et une odeur de nourriture bon marché cuisinée en grande quantité. Durant examina la salle presque vide avant de choisir une table occupée par un Philippin en costume de lin brun clair bien coupé dont les manches de la veste étaient pourvues de boutons qui se boutonnaient réellement. Le Philippin, l'air neutre, salua Durant de la tête comme celui-ci s'asseyait. Stallings prit un siège en face du Philippin.

Durant fit les présentations avec simplicité.

– Lieutenant Cruz, Booth Stallings.

Stallings dévisagea Cruz et dit :

– A l'aéroport de Manille, exact ?

Cruz hocha la tête.

– Vous étiez lieutenant de quoi quand vous avez ramassé Durant ?

– De la Criminelle. Je le suis toujours.

– Vous avez parlé aux flics de Hong-Kong ? demanda Durant.

– Je les ai appelés de Manille et je les ai rencontrés ensuite après être arrivé ici. Ils m'ont donné ça.

Il ramassa par terre un attaché-case en cuir, l'ouvrit sur ses genoux, en retira l'enveloppe et la tendit à Durant. L'enveloppe, de taille ordinaire, était vide et portait le nom de la Hong-Kong & Shanghai Bank. Durant la rangea soigneusement dans la poche intérieure de sa veste.

Du menton, le lieutenant Cruz désigna Stallings.

– Est-ce qu'il sait ?

– Pas encore.

– Est-ce que je sais quoi ? fit Stallings.

Ils négligèrent la question pendant que le lieutenant Cruz haussait un sourcil à l'adresse de Durant qui haussa les épaules. Le policier se pencha vers Stallings et parla d'une voix basse et rapide.

– Écoutez bien. La police de Hong-Kong arrêtera Miss Blue quand elle sortira de la banque demain.

– Pour quel motif ?

– Le meurtre de Mme Emily Cariaga. Une amie à lui. (Cruz désigna Durant de la tête.)

– Jusqu'ici, c'est déconnant, dit Stallings.

– Nous avons la preuve, dit le lieutenant Cruz, que Miss Blue, directement ou indirectement, est à la solde de Ferdinand Marcos ou de sa femme Imelda. Peut-être des deux.

Stallings pouffa ; Durant eut l'impression d'entendre broyer du verre.

– Leur tueuse à gages, hein ? dit Stallings.

– Je dis seulement que la défunte Mme Cariaga, apparemment grâce à ses vastes relations mondaines ou politiques, a appris que Miss Blue était à la solde des Marcos. L'information l'a effrayée. A tel point qu'elle a décidé de quitter le pays.

– Qui peut dire qu'elle a été effrayée ? demanda Stallings.

– Moi, dit Durant. Elle a appelé et m'a dit qu'elle l'était et m'a demandé de venir la conduire à l'aéroport.

– Elle vous a parlé de Georgia et des Marcos ?

– Non.

– Et pourquoi non ?

– Parce que le temps que j'arrive chez elle, elle était morte.

– Alors vous pensez que quelqu'un a averti Georgia que cette dame Cariaga savait tout sur elle et les Marcos, et c'est pourquoi Georgia l'a tuée ?

Le lieutenant Cruz hocha la tête.

– Ça me semble faible, dit Stallings. Qui a averti Georgia ? Un des Marcos ?

– Éventuellement.

– Depuis quand une éventualité permet-elle de boucler une affaire de meurtre ?

– Jamais, dit Cruz. Mais un témoin oculaire, si.

– Et il se trouve justement que vous en avez un, hé ?

Le lieutenant Cruz poussa un soupir exaspéré.

– Miss Blue, dit-il, a loué les services d'un gros-bras qui travaillait pour un étranger très indésirable nommé Boy Howdy.

– Un de vos amis, non ? dit Stallings à Durant.

– Pas exactement, fit Durant.

– Elle a engagé ce gros-bras, poursuivit, tenace, le lieutenant Cruz, en apparence pour terrifier Mme Cariaga. Mais en réalité pour lui attribuer le meurtre. Elle et Howdy se sont peut-être mis d'accord là-dessus. La pauvre brute est très, très grande et très, très stupide.

– Alors Georgia et Howdy l'ont entaulé ? dit Stallings.

Le lieutenant Cruz acquiesça.

– Comme je viens de dire, l'homme n'est pas très malin. Il s'est trompé d'heure et il est arrivé en avance chez Mme Cariaga, où il a trouvé le gardien de jour mort, le cou brisé ; chose que Georgia Blue est tout à fait capable de faire, à ce que je comprends.

– En est-elle vraiment capable ?

Cruz négligea la question. Mais Durant dit :

– Oui. Elle l'est.

– Après avoir trouvé le corps, continua Cruz, le grand abruti s'est caché dans les buissons, ne sachant pas bien quoi faire maintenant. Il a vu Georgia Blue sortir de la maison d'Emily Cariaga. Elle est partie en voiture, il est entré dans la maison et a découvert Mme Cariaga morte. Poignardée. Il a été pris de panique et a essayé de partir, et il est tombé sur

Durant. Ils se sont battus. Durant a perdu, à ce qu'il dit. Quand il a eu suffisamment récupéré, il a eu le bon sens d'appeler la police.

– Et il vous a parlé du grand abruti, dit Stallings.

Le lieutenant Cruz jeta à Durant un regard désapprobateur.

– Pas tout de suite, malheureusement.

Stallings sourit légèrement à Durant.

– Vous auriez caché un indice aux flics, c'est ça ?

– Pendant quelque temps.

Stallings revint au lieutenant Cruz et demanda :

– Trouvez-vous que son équipier et lui sont un peu tortueux ?

– Extrêmement.

Stallings hocha pensivement la tête.

– Mais, dit-il, vous avez parlé à la brute, le témoin oculaire en question ?

– Longuement, dit le lieutenant Cruz. Il avoue de son plein gré ce que je vous ai raconté.

– Alors qui a abattu Boy Howdy à Cebu ? demanda Stallings d'une voix dure et rapide comme s'il tentait de désarçonner Cruz.

– Carmen Espiritu, bien sûr, dit le lieutenant Cruz. Sans doute parce que Howdy travaillait pour quiconque le payait. Pour les Espiritu, pour Georgia Blue, même pour le palais. Apparemment, Georgia Blue payait mieux que tout le monde, et c'est à elle qu'il a réservé son peu de loyauté. Nous pouvons seulement supposer que les Espiritu ont découvert son double jeu et l'ont tué. Nous aimerions interroger Carmen Espiritu, mais il paraît qu'elle est morte. L'information est exacte, n'est-ce pas, M. Stallings ?

Booth Stallings, assis à la table de Formica sur la chaise de plastique branlante, ne songea pas à la question du lieutenant Cruz, mais à la nuit où il était allé au lit avec Georgia Blue. Il tâcha, sans brusquerie, de découvrir en lui des sentiments de répulsion ou d'outrage moral, mais n'en trouva aucun. Ce qu'il trouva, ce fut beaucoup de regrets et une certaine tristesse. Mais ce que tu regrettes, décida-t-il, c'est que tu ne bondiras plus au lit avec elle. Et ce qui t'attriste, c'est que ces types vont te demander de lui faire quelque chose, une chose pleine d'élévation morale, comme de la livrer à la justice, et tu vas dire oui, alors que ce dont tu as vraiment envie c'est de t'enfuir avec elle en Nouvelle-Calédonie.

Il regarda le lieutenant Cruz et dit :

– Vous demandiez si Carmen est morte ?

Cruz hocha la tête.

– Ouais, dit Stallings. Elle est morte.

Le lieutenant Cruz ne fit pas de commentaires, comme s'il attendait que Stallings poursuive. A la place, Stallings posa une question.

– Pourquoi n'arrêtez-vous pas Georgia Blue tout de suite, vous et les flics de Hong-Kong ?

– Parce que, dit le lieutenant Cruz, elle et vous n'êtes pas encore sortis de la banque.

– Vous voulez la coincer avec l'argent sur elle, c'est ça ?

– Je prie Dieu pour qu'elle ne l'ait pas sur elle.

– Là, je crois que j'ai raté une marche.

– Pour des raisons de sécurité nationale, dit le lieutenant Cruz en détournant les yeux, nous préférons ne pas l'arrêter avant qu'elle ne sorte de la banque.

Stallings acquiesça d'un air morose, comme après la chute bien connue d'une mauvaise histoire drôle usagée.

– Dans mon dictionnaire, sécurité nationale est synonyme de politique.

– Vous avez un excellent dictionnaire, M. Stallings, dit le lieutenant Cruz qui se leva. Bonsoir messieurs.

Il se détourna et sortit du restaurant de l'YMCA. Durant et Stallings restèrent quelques instants assis en silence.

– Ce n'est pas une question de principe, dit finalement Durant. C'est l'argent.

– En fin de compte, nous n'avons pas bu ce thé, dit seulement Booth Stallings.

– Quelqu'un d'autre vous en paiera une tasse, fit Durant en se levant.

Stallings se leva aussi et suivit Durant hors de l'YMCA et dans la nuit. Le regard de Durant parcourut le trottoir et la rue, explorant les coins sombres. Autremec Ottermeck sembla se matérialiser dans l'ombre.

– Il est tout à toi, dit Durant.

– Allons-y, Booth. (Ottermeck indiqua le coin de la rue.)

Les deux hommes s'ébranlèrent, mais Ottermeck se retourna comme Durant le hélait.

– Oui ?

– Paie-lui une tasse de thé, tu veux ?

* * *

Leur marche les emmena à six rues de distance au nord du Peninsula Hotel et à deux rues vers l'est. Les rues devenaient plus étroites, les touristes plus rares, les boutiques plus miteuses. On arriva devant un petit restaurant avec une enseigne chinoise.

– Regardez bien, dit Ottermeck, parce que vous reviendrez ici demain.

– Je ne retrouverai jamais le chemin, dit Stallings.

Ottermeck lui tendit un petit morceau de papier avec le nom et l'adresse du restaurant écrits en anglais et en chinois.

– Donnez ça à n'importe quel chauffeur de taxi.

Ils entrèrent. Une jeune Chinoise semblait connaître Ottermeck car elle lui sourit et lui posa une question en chinois. Après qu'Ottermeck eut répondu en anglais elle les conduisit vers le fond du restaurant presque désert. On longea une rangée de stalles dont les dossiers montaient jusqu'au plafond, transformant chaque box en un petit compartiment presque privé.

La jeune femme posa à Ottermeck une autre question en chinois et il répondit de nouveau en anglais :

– Du thé pour trois, s'il vous plaît.

Après que la femme se fut éloignée, Ottermeck indiqua du geste à Stallings le coin du fond de la dernière stalle. Comme il s'y glissait, Stallings vit, de l'autre côté de la table, en diagonale, une femme presque blottie dans le coin près du mur.

Elle lui adressa un sourire triste.

– Alors, Booth, comment va ? dit Minerva Espiritu.

– On fait aller, Minnie, dit Booth Stallings.

Autremec Ottermeck s'assit à côté de Minnie Espiritu.

– Pas de problèmes ? lui demanda-t-il.

– Pas encore.

Après s'être assuré du regard que personne ne les épiait, Ottermeck se pencha vers Stallings et parla d'une voix basse et douce de conspirateur-né.

– Bon, Booth. Maintenant, voilà ce qui va vraiment se passer.

41

Le lendemain matin, peu avant dix heures, deux d'entre eux gagnèrent l'île de Hong-Kong en ferry et les trois autres en voiture. Les deux qui prirent le Star Ferry étaient Georgia Blue et Booth Stallings. Elle avait une austère robe gris foncé et un sac à bandoulière en cuir noir. Stallings portait le costume brun clair qu'Autremec Ottermeck avait choisi à la chemiserie Lew Ritter de Los Angeles. Il avait aussi un mince attaché-case en cuir marron qui semblait neuf.

Georgia Blue remarqua l'attaché-case.

– On frime ? dit-elle.

Stallings haussa les épaules.

– Je ne veux pas entrer, demander cinq millions de dollars, et puis ne pas savoir où les mettre à part dans ma poche.

– Ce ne sera pas en liquide, Booth.

– Quand même, fit-il en souriant en coin.

Ils s'assirent à l'avant en première classe pendant la traversée de Kowloon jusqu'à l'île. Ils ne se parlèrent qu'une fois, lorsque Georgia Blue posa une question.

– Qu'est-ce que vous allez faire de votre part, Booth ?

– Me subventionner moi-même, dit-il.

* * *

La voiture qui véhicula les trois autres était une conduite intérieure Jaguar de location. Artie Wu conduisait, bien sûr, et beaucoup trop vite comme toujours. Durant, assis à côté de lui, ne cessait de fermer les yeux tandis qu'on évitait de justesse les accrochages et les catastrophes. Autremec Ottermeck était assis à l'arrière, silencieux et détendu, et regardait par la vitre.

– Crois-tu..., dit Artie Wu en se retournant vers Ottermeck.

– Pour l'amour du ciel, Artie ! aboya Durant.

Wu se retourna derechef, juste à temps pour éviter un bus, puis il acheva sa question :

– ... que Booth est capable de s'en tirer ?

– Je l'ai obligé à s'entraîner jusqu'à deux heures du matin.

– Il était comment ? demanda Durant.

– Je ne crois pas qu'il y mettait tout son cœur.

– Ce n'est pas ce que je demande.

– Il s'en tirait convenablement.

– Pourquoi crois-tu qu'il n'y mettait pas tout son cœur, Autremec ? dit Wu en gardant les yeux sur la route.

– Je pense qu'il aimerait mieux baiser encore Georgia.

– Au lieu de ramasser un million ? demanda Wu d'un ton plus intéressé qu'étonné.

– A soixante ans, ça peut être vachement tentant, hein, Quincy ?

– Avec elle, dit Durant en souriant légèrement, c'est vachement tentant à trente ans.

* * *

Booth Stallings, que les anachronismes ravissaient, sourit au tramway à impériale, vieux de quatre-vingt-huit ans, qui descendait Des Vœux Road dans un vacarme de ferraille et de sonneries, passant devant le nouveau et stupéfiant siège central – soixante étages gris et argent – de la Hong-Kong & Shanghai Banking Corporation.

Lui et Georgia Blue avaient marché sur quelques centaines de mètres depuis le terminal du Star Ferry jusqu'à Des Vœux Road et attendaient maintenant que le feu passe au rouge. Stallings, la tête levée, contemplait l'imposante tour de la banque, qui semblait surtout constituée de verre et de poutres de métal nu.

– On ne sait pas si c'est censé tirer des chèques ou lancer une sonde spatiale, dit-il, mais j'aime vraiment beaucoup ce Trolley de Toonerville à deux étages qui passe devant.

– Toonerville [1] ? Où est-ce ? demanda Georgia Blue.

– Le feu est rouge, fit Stallings au lieu de répondre.

Ils traversèrent la rue et montèrent en escalator jusqu'à une entrée qui conduisait dans un hall intérieur de dix-sept étages de haut. Un garde de la banque les orienta vers le bureau de M. Henry Pow, un caissier adjoint.

Le comptoir de Pow se trouvait dans un espace ouvert, à peine en retrait par rapport à l'ensemble du hall. La banque aimait apparemment faire ses affaires en pleine vue de ses clients. La discrétion était assurée par l'espacement de trois mètres entre deux comptoirs. Pow, un Chinois proche de la quarantaine, arborait un air affable et un complet bleu foncé. Il leva les yeux sur Stallings et Georgia Blue avec un plaisir apparemment authentique.

– Miss Blue et M. Stallings, je ne me trompe pas ? dit-il en se levant.

Stallings répondit que c'était ça et Pow leur indiqua du geste des sièges près de son bureau. Stallings

1. Le trolley de Toonerville est un célèbre accessoire d'une bande dessinée de Fontaine Fox que Georgia Blue est trop jeune pour connaître (N.d.T.)

fit en sorte de prendre le fauteuil le plus proche de Pow et s'assit, son attaché-case neuf sur les genoux.

– Nous vous attendions, dit Pow avec un nouveau sourire étincelant orné d'une dent en or au fond à gauche.

– Pas de difficultés, M. Pow ? demanda Georgia Blue.

– Non, non, aucune difficulté, dit-il et il gloussa. A moins que vous ayez oublié d'apporter des pièces d'identité.

– Des passeports, ça ira ? demanda Booth Stallings.

– Parfaitement.

Georgia Blue tendit le sien la première. Pow l'examina avec soin et prit quelques notes. Stallings ouvrit son attaché-case, sortit son passeport et le donna à Pow qui l'étudia encore plus attentivement que celui de Georgia Blue, regardant alternativement Stallings et la photo du passeport, au moins trois fois.

Pow eut encore un sourire et encore un petit gloussement.

– Vous êtes ce que vous êtes, dit-il.

– Comme Popeye, dit Stallings.

– Oui. Certes. Maintenant si vous voulez bien signer ces formulaires d'acquit aux endroits marqués en rouge. Les trois exemplaires, s'il vous plaît.

Il tendit les formulaires et un stylo-bille à Stallings qui signa et passa le stylo et les formulaires à Georgia Blue. Après avoir signé, elle les rendit à Pow, y compris le stylo. Il compara les signatures à celles des passeports.

Satisfait, Pow restitua les passeports, déverrouilla le tiroir central de son bureau et en sortit cinq chèques de couleur chamois. Il les examina un par un avant de les donner à Georgia Blue. Comme elle les examinait à son tour, Pow dit :

– Vous remarquerez que ce sont des chèques certifiés d'un million de dollars américains chacun et qu'ils sont payables au porteur.

Georgia Blue hocha la tête et passa les chèques à Stallings pour qu'il les inspecte. Il regarda chaque chèque, puis Pow.

– Vous avez une enveloppe ?

– Certainement, dit Pow tandis que Stallings lui tendait les cinq chèques.

L'enveloppe que Pow prit dans le tiroir de son bureau était une enveloppe numéro dix blanche portant le logo de la banque. C'était aussi la réplique exacte de celle que le lieutenant Cruz avait donnée à Quincy Durant la veille au soir dans le restaurant de l'YMCA.

Stallings, presque hypnotisé, regarda Pow recompter lentement les chèques, les glisser dans l'enveloppe, passer la langue sur la colle du rabat, fermer soigneusement l'enveloppe et, après juste un instant d'indécision, la lui tendre. L'expert en terrorisme souleva le couvercle de l'attaché-case, comme Autremec Ottermeck le lui avait enseigné, juste assez pour glisser sa main et l'enveloppe à l'intérieur. C'est alors que Stallings exécuta la suite de l'exercice. D'abord froncer les sourcils, pensa-t-il. Il fronça donc les sourcils, comme frappé d'une idée soudaine, et regarda Georgia Blue.

– Il vaudrait peut-être mieux que ce soit vous qui les transportiez, dit-il.

– Si vous voulez, fit-elle avec un soulagement presque invisible.

Il ressortit la main de l'attaché-case. La main tenait une enveloppe blanche numéro dix fermée portant le logo de la banque. Il donna l'enveloppe à Georgia Blue et la regarda l'enfoncer dans son sac de cuir noir.

– Merci beaucoup, M. Pow, dit-elle en se levant et en tendant la main au caissier adjoint.

Pow se leva aussi, le sourire en batterie, tandis qu'il échangeait une poignée de main avec elle et Stallings.

– Merci de votre clientèle, dit-il. Et quand vous aurez à faire d'autres opérations bancaires, sachez s'il vous plaît que nous sommes à votre disposition.

– On fera ça, dit Booth Stallings.

* * *

Stallings s'avança le premier sur l'escalator descendant, Georgia Blue à deux pas seulement derrière lui et plus haut, sa main droite à présent plongée profondément dans son sac à bandoulière, ses yeux ayant repris leur fonction Service secret et filant à toute vitesse de visage en visage, classant chacun d'eux en une fraction de seconde.

Elle les repéra seulement quand Stallings et elle eurent traversé Des Vœux Road et s'avancèrent à travers le jardin que bordaient le Prince Building à gauche et le palais de justice à droite. Elle marchait à la droite de Stallings et un pas en arrière. Il ne voyait pas les hommes, mais il sut qu'elle les avait vus quand, de la main gauche, elle lui prit le bras droit juste au-dessus du coude, comme si elle avait besoin d'un léger soutien. Alors les doigts de fer s'enfoncèrent dans le nerf du coude. La douleur fut immédiate et atroce. Stallings aspira de l'air avec un bruit sifflant.

– Tu les vois ? demanda-t-elle furieusement.

– Qui ?

– Deux à onze heures et trois à une.

Stallings regarda. Il vit deux Chinois dans la trentaine, banalement vêtus et un peu penchés en avant, la main droite derrière la hanche droite. A droite à une heure il situa trois autres hommes, deux Chinois et un Européen. Les Chinois étaient jeunes, pas encore trente ans, mais l'Européen avait au moins quarante-cinq ans. Il portait un costume gris. Il avait aussi un visage rouge et deux yeux bleus bien glacés qui transperçaient Georgia Blue. Stallings se dit qu'il aurait aussi bien pu avoir le mot flic tatoué sur le front.

– Tu les vois ? insista-t-elle encore.

– Oui.

– Tu sens mon sac tout contre ton bide ?

– Le contraire serait difficile.

– Continue simplement à marcher, Booth, et fais non de la tête au type rougeaud.

Des doigts, elle fouilla de nouveau dans le nerf du coude et de nouveau Stallings haleta de douleur. C'était maintenant lui au lieu de Georgia Blue que regardait fixement l'Européen au visage rouge. Comme on se rapprochait, Stallings fit non de la tête. Après un moment que Stallings évalua avec certitude à huit ou dix jours, l'homme au visage rouge rabattit le menton, acquiesçant avec une brusquerie irritée.

Quand on l'eut dépassé, Stallings demanda :

– Qu'est-ce que vous foutez, Georgia ?

– Je me dépêche d'attraper le bateau, dit-elle en le poussant dans la foule qui se dirigeait vers le Star Ferry.

C'est à cet instant précis que Booth Stallings, qui toute sa vie avait pris le terrorisme comme objet d'étude, parvint à une compréhension profonde et entière de son sujet. Il établit même une définition qui, sans être particulièrement originale, était immensément satisfaisante. Le terrorisme, décida-t-il, c'est ce qui terrorise. Le titre de son imminente nécrologie parut s'écrire de soi-même : assassinat d'un expert en terreur par une terroriste.

Normalement, cette ironie laborieuse l'aurait fait rigoler ou du moins sourire. Mais il ne fit ni l'un ni l'autre à cause du nouveau flux d'effroi et de terreur qui le parcourut comme il se rendait compte avec une certitude absolue qu'il ne rentrerait jamais à Kowloon. En tout cas pas vivant. Et mort, ça ne compte guère.

* * *

Artie Wu et Autremec Ottermeck étaient debout sur la pointe des pieds sur un banc métallique vert dans le jardin bordé par le Prince Building et le palais de justice, et ils regardèrent Stallings et Georgia Blue se perdre dans la foule qui se dirigeait vers le Ferry.

– Eh bien, dit Wu d'un ton presque approbateur, elle a réussi.

– Je te l'avais dit.

– Nous t'avons écouté, Autremec. Quincy et moi.

– Mais pas les flics de Hong-Kong.

– Ils essaient seulement d'éviter une tuerie, dit Wu en descendant du banc public, perplexe et soucieux. (Ottermeck descendit aussi.) Mais pourquoi le ferry ? demanda Wu. Elle doit savoir que c'est une souricière flottante.

– Eh bien, maintenant, c'est son problème à lui, non ? dit Autremec Ottermeck. A ce fumier de Durant.

* * *

Quand le Star Ferry s'éloigna du rivage, Georgia Blue et Booth Stallings étaient debout à l'extérieur des premières classes, le dos contre la rambarde. Georgia Blue était à la gauche de Stallings, la main enfoncée dans son sac, le sac toujours contre le flanc de l'homme.

– Artie m'a balancée ? demanda-t-elle, tandis que ses yeux filaient d'un passager à un autre.

– Durant.

Elle ne parut pas étonnée et jeta un bref coup d'œil à sa montre.

– Voici ce que tu vas faire, Booth. Tu comptes jusqu'à soixante, très lentement et juste assez fort pour que je t'entende. Quant tu arrives à soixante, tu me passes ce bel attaché-case neuf.

Elle le regarda un instant et se remit aux aguets, souriant de la surprise qui avait envahi le visage de Stallings.

– C'était quasiment la pire substitution que j'aie jamais vue, dit-elle.

– Je pensais avoir été plutôt bon.

– Tu es un amateur, dit-elle, transformant le nom en adjectif injurieux. Maintenant, commence à compter.

Quand le comptage lent et discret de Stallings arriva à 16, une voix d'homme cria :

– Attention, Georgia !

Stallings sentit qu'elle l'empoignait, le poussait, puis le ramenait en arrière contre quelque chose de dur – l'arme de Georgia Blue, il le savait. Elle l'avait sortie de son sac et lui en enfonçait le canon au creux des reins.

Il découvrit alors Durant, à moins de cinq mètres, tenant à deux mains le revolver à cinq coups naguère fourni par le colonel retraité. Il le braquait fermement, droit sur la poitrine de Stallings. Les passagers du ferry l'avaient vu aussi et beuglaient, hurlaient, s'enfuyaient en désordre.

– Lâche la mallette, Booth, dit Durant.

– Si tu fais ça, tu es mort, promit Georgia Blue à Stallings, d'une voix tranquille ; il la crut.

– Je vais te flinguer à travers lui, Georgia, dit Durant.

Stallings crut aussi Durant. Il laissa tomber l'attaché-case sur le pont et l'envoya vers lui d'un coup de pied. Durant ne baissa pas les yeux. Stallings prit une profonde inspiration et se retourna lentement pour faire face à Georgia Blue. Elle lui pointait son arme sur le nombril. Ses yeux vert dollar fermes, sans ciller, étaient braqués sur Durant pardessus l'épaule de Stallings.

– On se retrouve encore aux portes de la mort, hein, Georgia ? fit Stallings

– Ça se pourrait, Booth, dit-elle sans quitter Durant du regard.

– Tu ferais mieux de sauter.

– Tu feras écran ?

Stallings hocha la tête.

Elle recula vivement vers la rambarde. D'un seul mouvement aisé et coulant elle la franchit, en appui sur la main gauche, la main droite pointant toujours le Walther sur Stallings. Ses pieds se contractaient sur l'extrême bord du pont. Elle plia légèrement les genoux et se propulsa en arrière, s'écartant du ferry.

En quatre enjambées, Durant fut contre la rambarde. Stallings le rejoignit. Ils virent en contrebas Georgia Blue battant l'eau, debout. Un hors-bord se dirigeait vers elle. Elle lui fit signe. Le Chinois au visage dur qui le barrait réduisit la vitesse.

C'est alors que Quincy Durant leva le revolver, visa avec soin et tira cinq coups sur le hors-bord. Il ne toucha que l'eau, mais le hors-bord vira et s'éloigna à toute vitesse, abandonnant Georgia Blue dans son sillage. Stallings et Durant la regardèrent qui montait et descendait comme un bouchon dans l'eau.

– Comment fait-on stopper ce truc ? demanda Stallings.

– Le ferry ?

– Bon Dieu, oui, le ferry !

– On ne le fait pas stopper, dit Durant.

A ce moment le ferry changea légèrement de cap. Quelques instants plus tard, ils ne virent plus que de l'eau sale et nulle trace de Georgia Blue.

42

A 13 h 45, ce même jour, Artie Wu pénétra dans sa suite, accompagné d'Autremec Ottermeck, et découvrit Durant adossé au mur et Booth Stallings qui arpentait le salon, un verre de ce qui semblait être du whisky pur dans la main droite, l'attaché-case dans la gauche. Wu se tourna vers Durant et dit :

– Qu'est-ce qu'il a qui ne va pas ?

– Il pense que nous aurions dû faire stopper le ferry.

– Pour secourir Georgia ?

Durant acquiesça.

– Tu ne lui as pas dit ?

– Comment pouvais-je ? fit Durant.

– Bien sûr. Tu ne savais pas avec certitude.

– Asseyez-vous, quoi, merde, Booth, dit Autremec Ottermeck. Les flics l'ont repêchée.

Stallings cessa d'arpenter la pièce et se retourna vivement vers Ottermeck.

– Elle ne s'est pas noyée ?

– Les poissons ne se noient pas, grogna Ottermeck.
– Où est-elle ? dit Stallings.
– En prison, dit Ottermeck. Où diable pourrait-elle être, à votre avis ?
Artie Wu rejoignit Stallings et lui posa sur l'épaule une main compatissante.
– Asseyez-vous, Booth. S'il vous plaît.
Stallings s'assit dans un fauteuil de relaxation, l'attaché-case sur les genoux, le breuvage foncé toujours dans sa main droite. Il leva les yeux sur Wu qui le contemplait avec un air extrêmement gentil.
– Prenons une bière, Autremec, dit Wu.
– Ah ouais, dit Ottermeck qui gagna le réfrigérateur de la pièce.
– Nous tous, Booth, nous avons beaucoup d'affection pour Georgia, dit Wu. Certains d'entre nous, à un moment ou un autre, ont même eu davantage que de l'affection pour elle. Par conséquent, nous ne lui ferions pas une chose qu'elle ne mérite pas.
– Sauf si on était obligés, dit Ottermeck en tendant des bières à Wu et à Durant.
– C'est Autremec qui a pensé qu'elle franchirait le barrage de flics, dit Wu qui prit une gorgée de bière. Je ne le pensais pas. C'est Quincy qui a soupçonné qu'elle utiliserait le ferry et sauterait à l'eau. Cela non plus, je ne le pensais pas. Mais quand vous vous êtes tous les deux dirigés vers le ferry, je me suis adressé à la police de Hong-Kong. L'homme au visage rouge, l'avez-vous repéré ?
Stallings hocha la tête.
– Et j'ai suggéré qu'il envoie une vedette de la police aux trousses du ferry. Ce qu'il a fait. La raison pour laquelle nous sommes tellement en retard, c'est qu'Autremec et moi avons dû trouver un défenseur pour Georgia. Un avocat, c'est-à-dire.

– Avant toute chose, il a voulu parler argent, dit Ottermeck.
– Y aura-t-il extradition vers Manille ? dit Stallings.
– Il tâchera de la retarder.
– Et une mise en liberté sous caution ? dit Stallings.
– Je ne crois pas, dit Wu.
Ottermeck sourit en coin.
– Georgia en liberté sous caution, autant lui dire adieu.
Durant quitta le mur et rejoignit Stallings.
– C'est fini, Booth, dit-il. Terminé.
Stallings hocha la tête.
– Sauf pour une chose, dit Durant. Êtes-vous certain de lui avoir donné la bonne enveloppe ?
Stallings réfléchit.
– Seigneur, je ne sais pas. Je commençais à être nerveux, à l'intérieur de la banque. Mais je crois. Nom de Dieu, j'espère bien !
Ottermeck regarda Wu.
– Est-ce qu'elle avait encore son sac quand ils l'ont sortie de la flotte, Artie ?
Lentement, Wu fit non de la tête.
– Seigneur, murmura Ottermeck.
Durant s'éclaircit la gorge.
– Vous permettez qu'on jette un coup d'œil, Booth ?
– Je vous laisse faire ça, dit Stallings qui tendit l'attaché-case à Durant.
Durant gagna le canapé, s'assit et mit l'attaché-case sur la table basse. Il le contempla fixement tandis qu'Ottermeck et Wu se rapprochaient.
Durant leva les yeux vers eux, haussa les épaules, ouvrit les fermoirs de laiton et leva le couvercle. A part le passeport de Stallings, la mallette ne conte-

nait rien qu'une enveloppe de la Hong-Kong & Shanghai Bank. Durant jeta le passeport à Stallings.

De nouveau, Durant regarda fixement l'enveloppe, puis il la saisit soudain et déchira le rabat. Dans l'enveloppe se trouvaient cinq chèques de couleur chamois.

– Je crois que je vais pleurer, dit Autremec Ottermeck.

* * *

A 16 h 15 ce même jour encore, Booth Stallings descendit d'un taxi et entra de nouveau dans le petit restaurant chinois situé à deux rues à l'est et six rues au nord du Peninsula Hotel de Hong-Kong.

La même jeune Chinoise lui sourit en le reconnaissant et le conduisit au fond jusqu'à la même dernière stalle. Assise là, contemplant un verre de bière, se trouvait Minnie Espiritu.

Elle leva la tête comme Stallings se glissait dans le box.

– Je ne croyais pas que vous viendriez, dit-elle.

– Je n'étais pas sûr que vous seriez là, dit Stallings.

– Bière ? demanda-t-elle.

– Thé.

– Un thé, dit Minnie Espiritu à la jeune Chinoise qui se détourna et s'éloigna.

– Alors ? fit Minnie Espiritu.

– Vous voulez réentendre la règle du jeu ?

– Juste l'attrape.

– Il n'y a pas d'attrape. Je vous donne un million de dollars que vous pouvez dépenser comme ça vous chante.

– A condition ? dit-elle.

– A condition que vous fassiez l'enterrement d'Al. Le plus grand enterrement jamais vu à Cebu.

Minnie Espiritu s'adossa dans la stalle et examina Stallings d'un œil froid.

– Ils ne savent pas qu'Alejandro est mort, n'est-ce pas ? Manille, je veux dire.

– Non, dit Stallings. Ils ne savent pas.

– Mais ils croient que vous autres, vous allez le tuer.

– C'est exact.

– Pour les cinq millions. Ça ne leur coûte rien, comme ça.

– C'est exact aussi.

– Je pourrais faire tout éclater. Y compris vous et Manille. N'est-ce pas ?

– Le scandale durerait une journée, Minnie. Peut-être deux. Et vous y perdriez un million.

Plusieurs secondes passèrent avant qu'elle hoche la tête.

– Voyons ce million.

Stallings plongea la main dans une poche intérieure, sortit un chèque de couleur chamois et le lui tendit à l'instant où la Chinoise revenait avec le thé. Minnie Espiritu plaqua le chèque contre sa poitrine jusqu'à ce que la Chinoise fût repartie. Alors elle contempla le chèque, ses lèvres remuant silencieusement tandis qu'elle en comptait avec soin les six zéros.

– Payable au porteur et certifié, à ce que je vois, dit-elle et elle compta silencieusement les zéros une seconde fois.

– Aucun moyen non plus d'en empêcher l'encaissement, dit Stallings qui goûta son thé.

– Un... million... de dollars...

– Un million, approuva-t-il.

– Je pourrais le faire passer par notre compte du Panama, dit-elle plus pour elle-même qu'à Stallings qui buvait une autre gorgée de thé.

Quand il releva les yeux il vit deux larmes rouler sur les joues de Minnie Espiritu.

– J'ai passé cinq ans aux USA à supplier qu'on me donne de l'argent, dit-elle, et pendant tout ce temps je n'ai même pas réuni le tiers de ça. (Elle sourit d'un sourire de vainqueur.) C'est bon, Booth, il aura sa saleté d'enterrement.

Stallings leva haut sa tasse de thé.

– Je vous souhaite une bonne insurrection, Minnie.

* * *

Quand il revint au Peninsula Hotel à 17 h 21, Stallings appela chez Artie Wu. Comme ça ne répondait pas, il demanda aux renseignements de l'hôtel les numéros des chambres de Durant et d'Ottermeck.

– Je regrette, dit l'opératrice après quelques instants. M. Durant et M. Ottermeck sont partis.

– Et M. Wu ? M. Arthur Wu ?

Il y eut encore cinq secondes de vérification.

– Je regrette, mais lui aussi est parti.

Booth Stallings la remercia, raccrocha le téléphone intérieur, erra un peu dans le hall et s'assit à une table où il commanda un scotch à l'eau plate. En attendant son verre, il sortit l'autre chèque de couleur chamois et, comme Minnie Espiritu, il compta silencieusement les six zéros, en se demandant comment il dépenserait l'argent.

43

A 12 h 45 le 16 mai 1986, un vendredi, Booth Stallings était assis sur son banc favori de Dupont

Circle, le visage levé vers le soleil printanier, attendant son invité à déjeuner et se rappelant, sans aucune raison valable, qu'à la même date en dix-sept cent soixante quelque chose, Boswell avait rencontré pour la première fois le docteur Johnson.

Deux minutes plus tard, Harry Crites s'assit à côté de lui sur le banc, décocha un sourire et dit :

– Qu'est-ce qu'il y a à déjeuner ?

– Hot dogs au chili du drugstore, dit Stallings en lui présentant un sac en papier blanc graisseux.

– J'aime les hot dogs au chili, dit Crites qui en prit un, le déballa et, se penchant en avant pour ne pas s'éclabousser, mordit dedans.

Stallings déballa lentement son propre hot dog au chili.

– Désolé pour ton employée, Harry. Mais il n'y avait rien que je pusse faire.

Crites hocha la tête, mâcha et sourit légèrement, attentif à ne pas découvrir ses dents.

– Tu veux dire Georgia ? fit-il après avoir avalé.

– Georgia, dit Stallings, curieux d'entendre quel genre d'auto-absolution Crites allait énoncer.

Harry Crites termina son hot dog en deux énormes bouchées, mâcha encore un peu, avala, s'essuya soigneusement la bouche et les mains avec une serviette en papier, se leva et contempla Stallings.

– Je ne l'ai pas engagée, Booth, dit-il. *Elle* m'a engagé.

Stallings lui rendit son regard, sans ciller, décidé à ne pas laisser son expression révéler quelque chose – ni surprise, ni déception, ni tristesse. Surtout pas de tristesse.

– Elle t'a engagé pour me faire virer et me recruter, dit-il sans faire de la phrase une question.

– Tu étais l'unique source, tu te rappelles ? dit Crites. Ça ne m'a pris qu'une demi-douzaine de coups de fil, un dîner au Madison et un petit voyage à Los Angeles. (Il sourit d'un sourire d'esprit fort.) J'imagine que tu aimerais savoir combien je lui ai coûté.

Stallings se contenta de hocher la tête, en se méprisant pour cette curiosité qu'il était incapable de réprimer.

– Cinquante mille plus les frais. (De nouveau Crites eut son sourire d'esprit fort.) Mais merde, Booth, tout a bien marché, au total. J'ai vu à la télé il y a quelques semaines le grand enterrement qu'ils ont fait à Espiritu à Cebu. Alors d'une certaine façon tu as dû le faire sortir du maquis, finalement. (Il secoua la tête avec ce qui semblait être un mélange de regret et d'admiration.) Cette Georgia ! dit-il. C'est quelque chose, pas vrai ? (Comme Stallings ne répondait pas, il ajouta :) Tu as appris ce qui s'est passé, non ?

Stallings, toujours assis, le considéra fixement et, après un instant, secoua la tête.

– Elle a trouvé le moyen de négocier. Tout ce qu'elle savait sur la manière dont Marcos balance de l'argent à la ronde, en échange d'une réduction des chefs d'inculpation. Bon sang, elle devrait être libre dans un an ou deux. Peut-être même moins. (Il s'interrompit juste le temps d'adresser à Stallings un sourire cruel.) Tu crois que tu pourras attendre, Booth ?

– Pourquoi pas ? dit Stallings qui ajouta : De qui tiens-tu qu'elle a négocié comme ça, Harry ?

Harry Crites parut presque sur le point de répondre, au lieu de quoi il haussa les épaules, se détourna et s'éloigna. Stallings le regarda partir. Puis il s'appuya de nouveau contre le dossier du banc, ferma les yeux et leva le visage vers le soleil, se demandant ce que Georgia Blue était en train de faire et de penser à cet instant même. Comme cela se révélait futile et enfantin, il se demanda si Harry Crites pouvait lui avoir menti.

C'est alors que la chose lui vint – le frappa, en fait – avec une clarté saisissante. Et il sut ce qui lui manquait, ce dont il avait besoin, et même ce qu'il voulait faire et être à présent qu'il était complètement adulte. Ou presque adulte.

Stallings ramassa le sac en papier blanc vide, le roula en boule, se leva vivement, se hâta jusqu'à la corbeille et l'y jeta. Après avoir traversé la rue jusqu'à la rangée de téléphones publics, près du Peoples Drugstore, il inséra une pièce de vingt-cinq cents, le seul genre de monnaie qu'il se souciait d'avoir sur soi, et forma le numéro du bureau de son gendre, l'avocat d'assises.

Tandis que ça sonnait, Stallings eut la certitude que son gendre connaîtrait un nouveau numéro de téléphone où joindre Autremec Ottermeck. Et il était tout aussi certain qu'à présent Autremec devait avoir quelque chose en train. Quelque chose dans quoi Stallings pourrait s'acheter une participation. Quelque chose d'intéressant et de différent, là-bas aux îles peut-être — ou bien, somme toute, à peu près n'importe où.

Rivages/noir

Joan Aiken
Mort un dimanche de pluie (n° 11)

Robert Edmond Alter
Attractions : Meurtres (n° 72)

Jean-Baptiste Baronian
Le Tueur fou (n° 202)

William Bayer
Labyrinthe de miroirs (n° 281)

Marc Behm
La Reine de la nuit (n° 135)
Trouille (n° 163)
À côté de la plaque (n° 188)
Et ne cherche pas à savoir (n° 235)
Crabe (n° 275)

Tonino Benacquista
Les Morsures de l'aube (n° 143)
La Machine à broyer les petites filles (n° 169)

Bruce Benderson
Toxico (n° 306)

Pieke Biermann
Potsdamer Platz (n° 131)
Violetta (n° 160)
Battements de cœur (n° 248)

Michael Blodgett
Captain Blood (n° 185)

Daniel Brajkovic
Chiens féroces (n° 307)

Wolfgang Brenner
Welcome Ossi ! (n° 308)

Paul Buck
Les Tueurs de la lune de miel (n° 175)

Edward Bunker
Aucune bête aussi féroce (n° 127)
La Bête contre les murs (n° 174)
La Bête au ventre (n° 225)

James Lee Burke
Prisonniers du ciel (n° 132)
Black Cherry Blues (n° 159)
Une saison pour la peur (n° 238)
Le Bagnard (n° 272)
Une tache sur l'éternité (n° 293)
Dans la brume électrique avec les morts confédérés (n° 314)

W.R. Burnett
Romelle (n° 36)
King Cole (n° 56)
Fin de parcours (n° 60)

Jean-Jacques Busino
Un café, une cigarette (n° 172)
Dieu a tort (n° 236)
Le Bal des capons (n° 278)
La Dette du diable (n° 311)

Daniel Chavarría
Adiós muchachos (n° 269)
Un thé en Amazonie (n° 302)

George Chesbro
Une affaire de sorciers (n° 95)
L'Ombre d'un homme brisé (n° 147)
Bone (n° 164)
La Cité où les pierres murmurent (n° 184)
Les Cantiques de l'Archange (n° 251)
Les Bêtes du Walhalla (n° 252)
L'Odeur froide de la pierre sacrée (n° 291)

Andrew Coburn
Toutes peines confondues (n° 129)

Michael Collins
L'Égorgeur (n° 148)
Rosa la Rouge (n° 267)

Robin Cook
Cauchemar dans la rue (n° 64)
J'étais Dora Suarez (n° 116)
Vices privés, vertus publiques (n° 166)
La Rue obscène (n° 200)
Quand se lève le brouillard rouge (n° 231)
Le Mort à vif (n° 241)
Bombe surprise (n° 260)

Peter Corris
La Plage vide (n° 46)
Des morts dans l'âme (n° 57)
Chair blanche (n° 65)
Le Garçon merveilleux (n° 80)
Héroïne Annie (n° 102)
Escorte pour une mort douce (n° 111)
Le Fils perdu (n° 128)
Le Camp des vainqueurs (n° 176)

Hélène Couturier
Fils de femme (n° 233)

James Crumley
Putes (n° 92)

Mildred Davis
Dark Place (n° 10)

Jean-Paul Demure
Milac (n° 240)
Fin de chasse (n° 289)

Pascal Dessaint
La vie n'est pas une punition (n° 224)
Bouche d'ombre (n° 255)
À trop courber l'échine (n° 280)
Du bruit sous le silence (n° 312)

Thomas Disch/John Sladek
Black Alice (n° 154)

Wessel Ebersohn
La Nuit divisée (n° 153)
Coin perdu pour mourir (n° 193)
Le Cercle fermé (n° 249)

Stanley Ellin
La Corrida des pendus (n° 14)

James Ellroy
Lune sanglante (n° 27)
À cause de la nuit (n° 31)
La Colline aux suicidés (n° 40)
Brown's Requiem (n° 54)
Clandestin (n° 97)
Le Dahlia noir (n° 100)
Un tueur sur la route (n° 109)

Joseph Hansen

Par qui la mort arrive (n° 4)
Le petit chien riait (n° 44)
Un pied dans la tombe (n° 49)
Obédience (n° 70)
Le Noyé d'Arena Blanca (n° 76)
Pente douce (n° 79)
Le Garçon enterré ce matin (n° 104)
Un pays de vieux (n° 155)
Le Livre de Bohannon (n° 214)

John Harvey

Cœurs solitaires (n° 144)
Les Étrangers dans la maison (n° 201)
Scalpel (n° 228)
Off Minor (n° 261)
Les Années perdues (n° 299)

Vicki Hendricks

Miami Purity (n° 304)

George V. Higgins

Les Copains d'Eddie Coyle (n° 114)
Le Contrat Mandeville (n° 191)
Le Rat en flammes (n° 243)
Paris risqués (n° 287)

Tony Hillerman

Là où dansent les morts (n° 6)
Le Vent sombre (n° 16)
La Voie du fantôme (n° 35)
Femme-qui-écoute (n° 61)
Porteurs-de-peau (n° 96)
La Voie de l'Ennemi (n° 98)
Le Voleur de temps (n° 110)
La Mouche sur le mur (n° 113)
Dieu-qui-parle (n° 122)
Coyote attend (n° 134)
Le Grand Vol de la banque de Taos (n° 145)
Les Clowns sacrés (n° 244)
Moon (n° 292)

Chester Himes

Qu'on lui jette la première pierre (n° 88)

Dolores Hitchens
La Victime expiatoire (n° 89)

Geoffrey Homes
Pendez-moi haut et court (n° 93)
La Rue de la femme qui pleure (n° 94)

Dorothy B. Hughes
Et tournent les chevaux de bois (n° 189)
Chute libre (n° 211)

William Irish
Manhattan Love Song (n° 15)
Valse dans les ténèbres (n° 50)

Bill James
Retour après la nuit (n° 310)

William Kotzwinkle
Midnight Examiner (n° 118)
Le Jeu des Trente (n° 301)

Jonathan Latimer
Gardénia rouge (n° 3)
Noir comme un souvenir (n° 20)

Michel Lebrun
Autoroute (n° 165)
Le Géant (n° 245)

Christian Lehmann
Un monde sans crime (n° 316)

Elmore Leonard
Zig Zag Movie (n° 220)
Maximum Bob (n° 234)
Punch Créole (n° 294)

Bob Leuci
Captain Butterfly (n° 149)
Odessa Beach (n° 290)

Ted Lewis
Le Retour de Jack (n° 119)
Sévices (n° 152)
Jack Carter et la loi (n° 232)
Plender (n° 258)

Richard Lortz
Les Enfants de Dracula (n° 146)

Deuil après deuil (n° 182)
L'Amour mort ou vif (n° 206)

John D. Mac Donald
Réponse mortelle (n° 21)
Un temps pour mourir (n° 29)
Un cadavre dans ses rêves (n° 45)
Le Combat pour l'île (n° 51)
L'Héritage de la haine (n° 74)

John P. Marquand
Merci Mr Moto (n° 7)
Bien joué, Mr Moto (n° 8)
Mr Moto est désolé (n° 18)
Rira bien, Mr Moto (n° 87)

Richard Matheson
Échos (n° 217)

Helen McCloy
La Somnambule (n° 105)

William McIlvanney
Les Papiers de Tony Veitch (n° 23)
Laidlaw (n° 24)
Big Man (n° 90)
Étranges Loyautés (n° 139)

Marc Menonville
Jeux de paumes (n° 222)
Walkyrie vendredi (n° 250)
Dies Irae en rouge (n° 279)

Ronald Munson
Courrier de fan (n° 226)

Tobie Nathan
Saraka bô (n° 186)
Dieu-Dope (n° 271)

Jim Nisbet
Les damnés ne meurent jamais (n° 84)
Injection mortelle (n° 103)
Le Démon dans ma tête (n° 137)
Le Chien d'Ulysse (n° 161)
Sous le signe du rasoir (n° 273)

Kyotaro Nishimura
Petits crimes japonais (n° 218)

Achevé d'imprimer sur rotative par l'Imprimerie Darantiere
à Dijon-Quetigny en février 1999

Dépôt légal : janvier 1992 - N° d'impression : 99-0065 - 3e édition